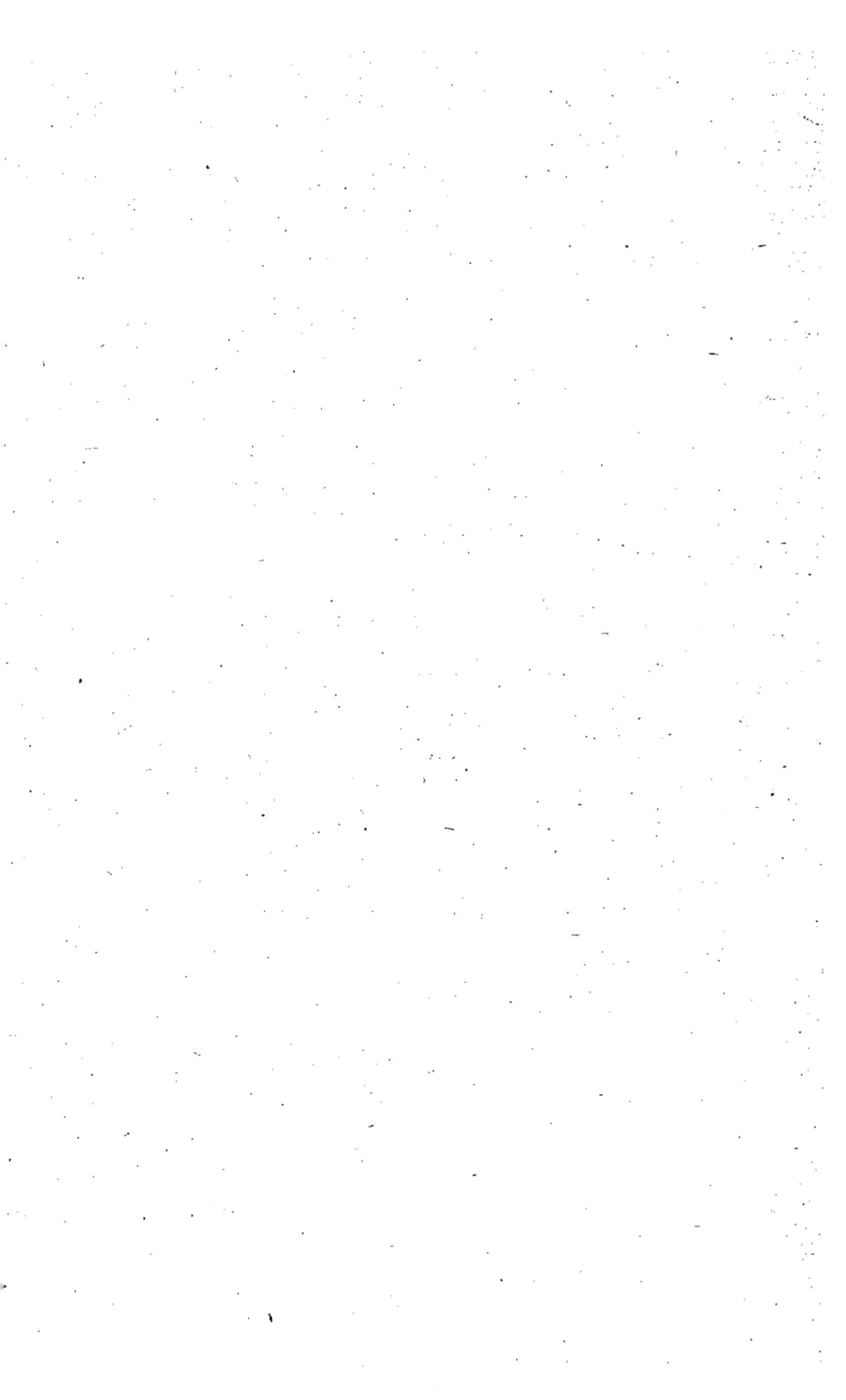

JOSEPH MELLERIO

FAMILLE MELLERIO

SON ORIGINE ET SON HISTOIRE

1000 — 1863

PARIS

IMPRIMERIE D. DUMOULIN ET CIE

5, RUE DES GRANDS-AUGUSTINS, 5

1893

FAMILLE MELLERIO

VALIDVS AT MELLERIVS

JOSEPH MELLERIO

FAMILLE MELLERIO

SON ORIGINE ET SON HISTOIRE

1000 — 1863

PARIS

IMPRIMERIE D. DUMOULIN ET Cⁱᴱ

5, RUE DES GRANDS-AUGUSTINS, 5

1893

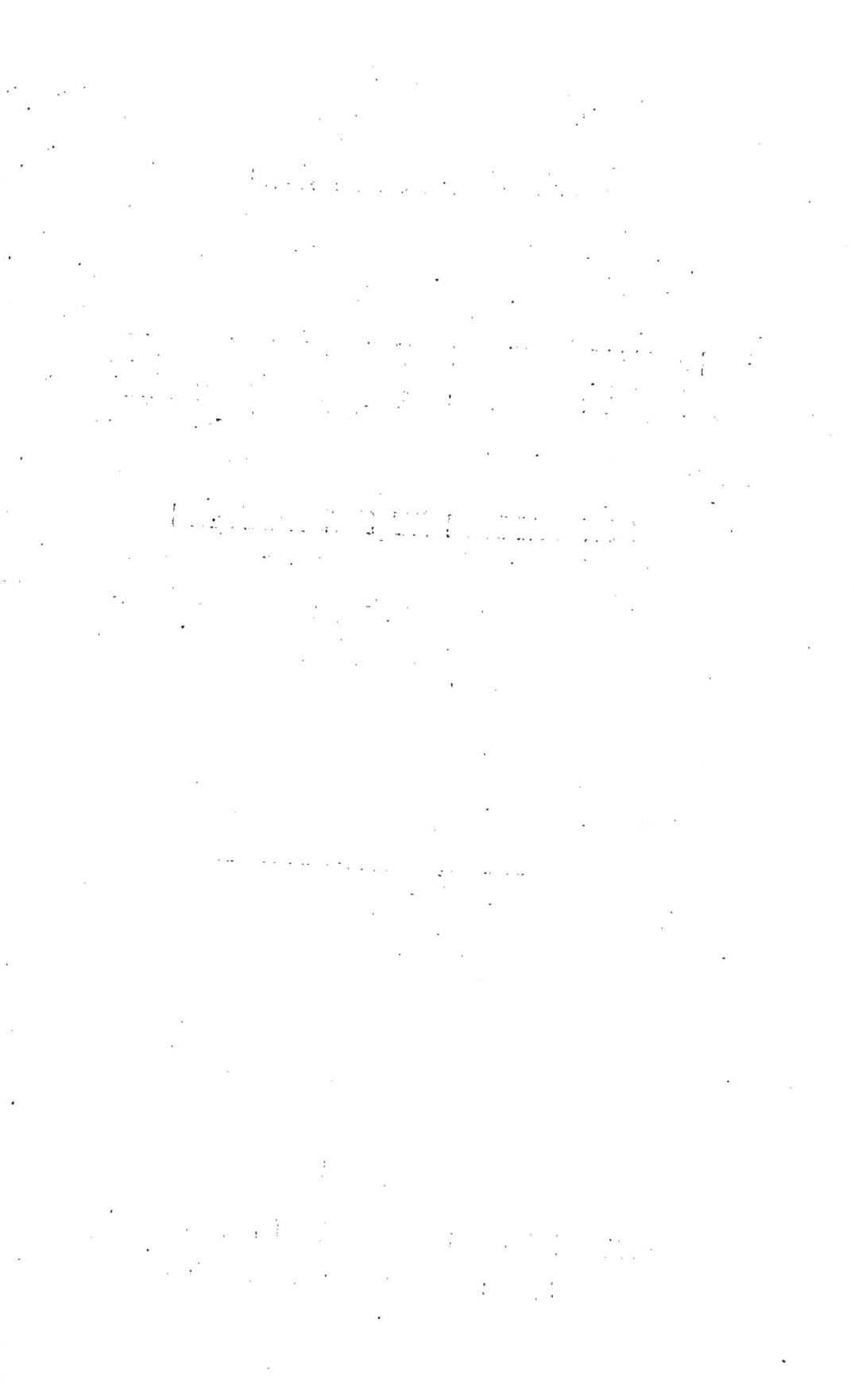

PREFACE

De nouveaux documents m'obligent à commencer ce livre par l'histoire des anciens Lombards, nos aïeux, dont j'avais déjà parlé dans ma première brochure.

Il existe des ouvrages importants sur l'Ossola, par Bianchetti; sur la vallée de Vigezzo, par Cavalli; et sur Craveggia, par le docteur Gubetta; j'ai trouvé là de précieux documents pour mon histoire.

Je ne m'occupe que des familles Mellerio, bien connues dans l'Ossola et dans le monde parisien.

Ce livre ne sera pas mis en vente, attendu qu'il n'aurait qu'un intérêt secondaire pour le public, qui ne connaît pas les coutumes de nos pays.

Je le dédie à mes enfants et à mes petits-enfants, dont j'ai le bonheur d'être entouré, ainsi qu'à mes nombreux neveux et arrière-neveux.

J'espère leur être agréable et les intéresser par la narration des faits dont leurs aïeux furent les héros.

Ils les auraient probablement toujours ignorés si je n'avais tenu essentiellement à les leur faire connaître, afin qu'à leur tour ils les communiquent à leurs descendants.

J'entreprends l'histoire de mon père, encouragé et édifié par les nombreux renseignements que j'ai

1

recueillis depuis plusieurs années, et qui sont tous à sa louange.

La vie de François Mellerio sera d'autant plus intéressante que la plupart des détails me furent communiqués par mes sœurs Catherine et Maria, elles eurent le bonheur de passer de longues années dans son intimité.

D'autres personnes, âgées, du pays, m'ont également raconté sur lui des anecdotes dont elles furent témoins ; nous connaîtrons ainsi les mœurs de ces temps-là.

J'avais déjà seize ans lorsque j'eus le malheur de perdre mon père : je l'ai donc bien connu ; j'ai vécu avec son frère, l'oncle Jean-Jacques ; j'ai fréquenté mon grand-oncle Jean-Baptiste (Mylord) ; je les ai entendus souvent raconter les histoires de leur jeune temps ; je serai leur interprète.

Je vais donc raconter ces faits dans leur sincérité ; je chercherai à mettre en pleine lumière cette belle figure de l'homme honnête, intelligent et chrétien, votre grand-père, dont nous devons être tous fiers.

Paris, ce 19 mars 1893.

JOSEPH MELLERIO

INTRODUCTION

Le 31 mars 1862, la Société Italienne, organisée à Paris, s'était réunie sous la présidence de l'ambassadeur d'Italie, S. Exc. le chevalier Nigra.

Le consul général d'Italie, le chevalier Cerruti, président de ladite Société, fit son rapport annuel.

Dans une partie de son discours, il fit connaître aux sociétaires qu'il résultait de ses recherches dans les archives de la légation, que les Lombards étaient les premiers émigrants italiens dont on retrouvait les traces depuis le douzième siècle.

Il ajouta que les habitants de l'Ossola, et spécialement ceux de la vallée de Vigezzo, venus au commencement du seizième siècle, étaient ceux qui avaient le plus prospéré, grâce aux privilèges qui leur avaient été accordés par les rois de France à différentes époques, en récompense d'une révélation faite par un petit ramoneur de cette vallée, qui avait surpris un complot contre la vie du jeune roi Louis XIII.

Le consul déclara que les Ossolani s'étaient toujours distingués par leur industrie et leur probité.

Joseph Mellerio, membre de la Société Italienne, et maire de Craveggia (valle Vigezzo), assistait à cette séance; il alla, le lendemain même, remercier le consul général des paroles flatteuses qu'il avait prononcées en faveur des Ossolani et Vigezzini, ses compatriotes, et le pria de lui donner copie des passages du rapport qui intéressaient ces pays.

De retour dans son pays, Joseph Mellerio convoqua le

conseil municipal de Craveggia, et lui communiqua le rapport du consul général à Paris.

Les conseillers municipaux, très flattés des éloges faits à leurs ancêtres, chargèrent le maire d'écrire une lettre de remerciements au chevalier Cerruti.

Joseph Mellerio fit imprimer le rapport du consul et en envoya des exemplaires aux communes de Malesco et Villette, avec cette préface :

Il sindaco di Craveggia, stimando sommamente utile ed interessante per gli abitunti della Valle Vigezzo, la lettura della lunga ed accurata relazione del Cav. L. Cerruti, console generale d'Italia, a Parigi, in data 31 marzo 1862, sull'industria e sul commercio del distretto consolare, di Parigi, fece stampare gli articoli riguardanti l'Ossola, e specialmente Craveggia, Malesco e Villette.

Vigezzini ! vi raccomando caldamente questa lettura; la quale sarà per voi e vostri figli di grande esempio, e stimolo per non degenerare dai vostri onorevoli Antenati, e fare si, che le future generazioni possano ripetere, con orgoglio, che la divisa dei loro Padri fu sempre : Onestà ed attività.

Il Sindaco,

GIUSEPPE MELLERIO

Il en envoya également deux exemplaires au consul, avec une lettre de remerciements, de la part du conseil municipal de Craveggia.

Le maire reçut de Paris la lettre suivante :

Parigi, li 13 dicembre 1862.

Consolato di S. M. il Re d'Italia.

Onorevolissimo Signor Sindaco, .

Ho ricevuto il foglio con cui volle accompagnare sotto la data delli 7 corrente due esemplari stampati dell'articolo concernente i cittadini di Val Vigezzo, Craveggia, Malesco e Villette, dimoranti in Parigi, estratto dal mio rapporto del 31 marzo ultimo, diretto al R. Governo, e mi affretto a renderle i più sentiti ringraziamenti del valore che codesto Municipio ha voluto dare a poche righe da me scritte, le quali non sono che un puro omaggio reso alla verità.

Da undici anni che ho l'onore di servire S. M. in questa residenza, ho studiato i miei compatriotti in qualsiasi ramo delle professioni da loro qui esercitate, e doveva rendere giustizia alla condotta esemplare ed ai sentimenti di probità che tanto distinguono gli Ossolani.

Era un dovere per me, non ho altro merito che quello di averlo compiuto.

Se il patriotismo, l'ordine e la concordia dei di lei compaesani fossero comuni a tutti gli Italiani, la nostra causa avrebbe gia trionfato dappertutto.

La prego di aggradire gli attestati della mia più distinta considerazione.

Il Console general d'Italia,

L. CERRUTI

Ill° Signore, il Signor Mellerio Giuseppe, Sindaco di Craveggia (Ossola).

Peu de familles peuvent retrouver la trace de leurs aïeux à une époque aussi reculée (l'an 1000), et les suivre à travers les siècles.

Ces Lombards, comme on les appela en France jusqu'au dix-neuvième siècle, puisèrent au foyer rustique de leurs pères la vigueur et la persévérance dont ils avaient besoin pour leurs rudes travaux; et dans leurs montagnes, ils se pénétrèrent également de cette foi antique qu'ils conservèrent toujours, dans le malheur comme dans la prospérité.

Ils trouvèrent en France ce que leur pauvre pays ne pouvait leur donner, l'instruction et l'aisance.

On peut dire avec raison que si l'Italie les a vus naître, la France les a vus prospérer.

FAMILLE MELLERIO

ORIGINE

L'apparition des premiers Mellerio dans la vallée de Vigezzo est antérieure au dixième siècle après Jésus-Christ.

Bien des indices font supposer qu'ils sont originaires de la Toscane.

Ils ne tardèrent pas à se multiplier, au point d'être obligés de se séparer, et d'aller fonder d'autres pays.

Il existe 'dans les archives municipales de Craveggia un texte consulaire très précieux, qui relate l'émigration de sept familles qui abandonnèrent Craveggia, et allèrent s'établir dans d'autres localités de la vallée, l'an 1200.

Ce document est intitulé : *Il distacco delle sette famiglie.* Voici les noms de ces familles :

1. BALCONIS. — 2. MELLERIUS. — 3. RUBEUS. — 4. FARINA. — 5. MENABENUS. — 6. BORGNIS. — 7. SIMONIS.

Ils fondèrent le petit bourg de Sainte-Marie-Majeure, qui est aujourd'hui chef-lieu de canton.

Les descendants des Mellerius, des Borgnis et Simonis y habitent encore.

Une branche des Mellerius alla à Malesco, elle fut la souche des comtes Mellerio dont nous parlerons à la fin de ce livre.

Nous voyons, d'après le parchemin du treizième siècle cité plus haut, que nos aïeux s'appelaient Mellerius;

nous avons voulu nous rendre compte de la signification de ce nom ; nous avons été à la Bibliothèque nationale consulter un Dictionnaire du bas-latin de Du Cange, Charles du Fresne, né à Amiens en 1610-1688, et nous avons trouvé le nom Mellerius, avec les explications suivantes : « Mellerius-Mespilus, gall. Néflier, alias Mellier. — Charta Mariæ comit.-Pontiv. ann. 1247, in lith. nig. 2 s. Vulfr. Abbavil. fol 20. Omnia supradicta fide mea interposita promisi me fideliter observare, retentis mihi et hæredibus Pontivi (indicto nemore de Cresciaco) alta justitia pomerio et mellerio ; exceptés pommier et Néflier. — In charta Galliæ reddita. — Joan. comit. Pontiv. ann. 1177 ejusd. urbis fol. 167 v°. »

Dans l'antiquité, les hommes avaient des noms qui étaient l'emblème de leurs défauts ou de leurs qualités, au moral comme au physique ; d'autres portaient le nom des métiers qu'ils exerçaient.

Le nom de Mellerius a dû être donné à une famille composée d'hommes vigoureux, résistants et bien trempés, car le bois de néflier est précisément très fort et très dur.

Les Basques n'emploient pas d'autre bois pour fabriquer leur fameux maquila, leur bâton inséparable, qui est une arme terrible entre leurs mains.

Lorsque M. Carnot, président de la République française, fit une tournée à Bayonne, en 1892, les délégués des provinces basques lui offrirent un superbe maquila en néflier, avec monture en or.

Les Mellerius ont prouvé qu'ils étaient d'une race résistante et vigoureuse ; ils ont traversé les siècles, en se maintenant toujours nombreux ; on les retrouve en Italie et en France, et certes, le nom Mellerio n'est pas près de disparaître !

Nous possédons des actes, de vieux parchemins, libellés

par des notaires, qui se nommaient Mellerio, et qui portent la date de 1300; on cite des médecins et des ecclésiastiques portant le même nom.

Sur les murs d'une ancienne maison de Craveggia, on voit les armes de Mellerius; elles sont parfaitement conservées et portent la date de 1600.

Il est probable que ce propriétaire tenait ces armes de ses ancêtres; elles sont très anciennes, et l'aigle en chef a les ailés déployées, ce qui ne se retrouve que dans les familles des temps les plus reculés.

Ces armes prouvent que les anciens Mellerius habitaient les grandes villes, qu'ils y occupaient des situations importantes, ce qui leur donna l'ambition d'avoir leurs armes, comme les autres grandes familles.

Nous verrons plus loin qu'une branche des Mellerio obtint des titres de noblesse.

Bien des familles, compromises dans la politique ou ruinées par les révolutions et les guerres, si fréquentes dans les petits états de l'Italie, retournèrent dans leurs montagnes, berceau de leurs aïeux, et y retrouvèrent le calme et la sécurité.

Mais comme elles n'étaient pas habituées à la vie pastorale, et que cette pauvre vallée n'offre que peu de ressources, elles se décidèrent à émigrer à l'étranger, et se répandirent en France et en Allemagne, pour y refaire leur fortune.

Les archives de la plupart des paroisses de la vallée de Vigezzo étaient déposées à Sainte-Marie-Majeure, le chef-lieu; elles furent détruites par l'incendie, à l'époque ou les Valaisans firent irruption dans la vallée et la saccagèrent, vers le quinzième siècle.

Ce désastre est cause que la généalogie de notre famille n'a été relevée sans interruption qu'à partir de cette époque, par M. Dell'Angelo, de Craveggia.

Dans les archives des communes de Craveggia, Buttogno, Sainte-Marie-Majeure et Malesco, on retrouve la
trace des Mellerius, antérieurs à 1400.

Voici quelques notes prises dans les archives de la
commune de Craveggia :

1573. — Jean-Baptiste Mellerio est nommé marguillier
de la paroisse Saint-Jacques et Saint-Christophe.

1600. — Charles Mellerio, peintre célèbre, est chargé
de la décoration du palais ducal de Milan.

On retrouve des fresques très estimées, œuvres de cet
artiste, dans l'église de Monte Crestese et dans l'oratoire
de la Madonna del Piaggio, placé entre Craveggia et
Zornasco.

1697. — Mellerio Jean-Marie, fils de François, est
nommé marguillier de l'église de Craveggia.

1698. — Le 11 avril, Jean-Marie Mellerio, notaire,
certifie, par acte public, que le recensement de la population de Craveggia, fait par le consul de l'époque, est
très régulier, et qu'il s'élève à 1 489 habitants.

Aujourd'hui, la population de ce pays est réduite de la
moitié, à cause de l'émigration et des familles éteintes.

1701. — Jean-Marie Mellerio, fils de Jean-Marie, est
nommé marguillier de la paroisse.

1717. — Le notaire Jérôme Mellerio est promoteur
d'une école pour les enfants de Craveggia.

1739. — Le 28 octobre, Charles-Octave Mellerio est
nommé maître d'école à Craveggia, avec 200 francs
d'honoraires fixes par an, et 50 centimes en plus par
mois, payés par l'élève qui désire apprendre à écrire
et faire des comptes, et 25 centimes par mois, payés
par l'élève qui se contente d'apprendre seulement à lire.

1816. — Quand la commune se décida à avoir des sages-
femmes munies de certificats de capacité, ce fut Maria
Mellerio qui fut la première titulaire.

1818. — Le 23 août, Joseph Mellerio, consul à cette époque, décréta la construction d'un établissement de bains, pour utiliser les eaux chaudes et ferrugineuses qui se trouvent dans la vallée de Montefracchio, sur le territoire de Craveggia, voisin de la Suisse.

ÉMIGRATION

Jusqu'au seizième siècle, les différentes familles Mellerio exercèrent leurs professions dans les villes d'Italie.

Plusieurs restèrent toujours dans leur vallée ; il y eut des notaires, des médecins, des ecclésiastiques et des artistes. Certaines familles, les plus pauvres, menaient l'existence pastorale, et, selon les saisons, elles conduisaient leurs troupeaux dans les superbes pâturages de leurs Alpes ; ceux-ci étaient les descendants de la grande famille, qui n'a jamais quitté Craveggia ; ils aimaient leurs montagnes par-dessus tout ; ils se contentaient de peu, conservaient les traditions de leurs pères, et n'étaient pas les plus malheureux ; nous sommes les descendants de ces patriarches.

Les divisions commencèrent malheureusement à régner dans ces paisibles pays ; ils se partagèrent en deux fractions, les Verts et les Rouges ; ce fut une époque lamentable qui eut pour conséquence de les réduire à la plus grande misère, parce qu'ils négligeaient leurs travaux pour s'occuper de cette politique malsaine qui n'avait jamais trouvé d'écho dans ces pays alpestres.

Ce fut alors, au commencement du seizième siècle, que l'idée d'émigrer commença à germer dans l'esprit de certains fils de famille, et les événements qui se passèrent en Italie leur en facilitèrent les moyens.

La Lombardie, le Novarais et l'Ossola étaient, à cette époque, sous la dépendance du duc Maximilien Sforza, dont on retrouve les armes, parfaitement conservées, sur le mur d'une ancienne maison de Craveggia, appartenant aux descendants de la famille Cottini ; cette fresque porte la date de 1431, et la maison était l'ancien prétoire.

L'an 1515, le duc Sforza fut battu à Marignano par le roi de France, François Ier, qui s'empara de ses États, et l'attira à sa cour en lui faisant une rente de 30 000 écus.

La Lombardie, le Novarais et l'Ossola se trouvèrent par le fait assujettis à la France.

Cette circonstance encouragea quelques habitants de l'Ossola, et spécialement ceux de la vallée de Vigezzo, à émigrer en France; ils pouvaient s'y rendre avec beaucoup plus de facilité, faisant valoir leur qualité de sujets français.

Ce qui confirme cette opinion, c'est la phrase dont se servit Louis XIII, cent ans plus tard, lorsqu'il accorda des privilèges aux marchands colporteurs et aux fumistes des trois pays de la vallée de Vigezzo, Craveggia, Malesco et Villette, en récompense de *services rendus*.

Voilà le passage de ce décret royal, signé le 8 janvier 1635 :

« Nous, désirant entretenir pour faveur la permission et concession qui est accordée et ordonnée, *de tout temps immémorial,* par les roys notres prédécesseurs, aux marchands et aux ramoneurs de pays de Lombardie de pouvoir trafiquer, vendre, etc. »

Depuis François Ier, bien des rois s'étaient succédé sur le trône de France; il n'est pas étonnant que Louis XIII ait considéré un espace de cent ans comme un temps immémorial.

Observons dans ce passage du décret, que nous donnerons bientôt en entier, que les Lombards, ou plutôt les émigrés de notre vallée, étaient en 1635 partagés en deux catégories : les marchands et les ramoneurs ou fumistes.

Les familles Acerro, Guglielmazzi, Mellerio, Borgnis, de Craveggia, étaient marchands.

Les familles Cottini, Gubetta, Delbraccio, Dell'Angelo, Guglielmi, également de Craveggia, étaient fumistes. Les habitants de Malesco et Villette étaient tous fumistes. Chacune de ces familles conserva sa profession jusqu'au dix-neuvième siècle, de père en fils.

LA RUE DES LOMBARDS

Les émigrés de nos pays logeaient presque tous dans le même quartier ; ils comprenaient qu'il était de leur intérêt, pour bien des motifs, de se tenir groupés et de ne former, pour ainsi dire, qu'une grande famille.

Ce quartier qu'ils avaient choisi était celui qui était habité depuis plusieurs siècles par les premiers Lombards, venus en France avant le règne de saint Louis.

Le choix qu'ils avaient fait de cette rue, abritée alors par les hautes tours de Saint-Jacques la Boucherie, lui fit donner le nom traditionnel « des Lombards », qui est resté même après que ses habitants primitifs eurent changé de quartier.

Cette rue est très ancienne ; elle s'est appelée pendant un certain temps rue de la Buffeterie, et puis de la Pourpointerie ; mais elle reprit bientôt son nom primitif de rue des Lombards.

On remarque encore dans cette rue des toits comme dans l'ancien temps, des madones dans des niches incrustées dans l'épaisseur du mur ; elle a conservé très longtemps l'aspect du vieux Paris.

Elle fut la véritable rue Laffitte d'autrefois ; c'est là que logeaient et ouvraient boutique d'or et d'argent tous les marchands lombards ; ce fut le centre financier de la capitale ; ils faisaient la banque et prêtaient de l'argent.

Charles IV, troisième fils de Philippe le Bel, s'en prit à ces prêteurs lombards : il s'empara de leurs biens et les chassa hors de France.

Mais, comme on avait besoin d'eux, ils ne tardèrent pas à y rentrer en plus grand nombre encore.

En 1334 fut fondé le collège des Lombards, pour onze pauvres écoliers ; ce fut un certain André Chini, Florentin, qui en fut le fondateur ; il était situé rue des Carmes, dans un terrain qui lui appartenait.

En 1440, Louis XI promulgua un arrêt concernant les Lombards : dans le cas où ils seraient admis dans les hôpitaux, ils devaient payer, à leur entrée, un droit de gîte, fixé à 22 deniers ; en outre, 4 deniers pour le lit, et 2 pour la place occupée.

De tout ceci il résulte que nos émigrés du seizième siècle trouvèrent la rue des Lombards déjà bien peuplée d'Italiens, lorsqu'ils vinrent s'y installer à leur tour pour y exercer leurs professions de marchands colporteurs et de fumistes.

L'église Saint-Merri est en tête de la rue des Lombards ; combien de fois, dans le silence de la nuit, et les jours de fête, les cloches de cette ancienne église ont-elles réveillé chez ces montagnards le souvenir des beaux carillons de leur pays !

Le dimanche, on devait les voir, avec leurs costumes pittoresques, groupés, comme chez eux, sur la place de l'église, assis sur les marches du temple, et les femmes agenouillées dévotement au pied des autels.

Ces Italiens étaient sobres, tranquilles et très actifs ; ils gagnaient assez d'argent pour vivre, et même pour en envoyer au pays, où régnait toujours la plus grande misère.

Ils firent venir leurs enfants pour leur apprendre le métier et se faire aider, parce qu'ils voyaient que leurs affaires prospéraient.

Bientôt la rue des Lombards devint une véritable colonie d'Ossolani.

Les descendants des premiers Vigezzini qui étaient venus en France possédaient déjà des maisons bien acha-

landées ; ils étaient très considérés par leurs compatriotes ; ils aidaient les nouveaux arrivés à se placer, et,
dans les grandes circonstances, on venait les consulter.

Ces Lombards, quoique prudents et paisibles, commencèrent bientôt à éprouver les effets de la basse jalousie qui
régnait chez les petits marchands du quartier, qui voyaient
avec peine la clientèle s'adresser de préférence à ces
rudes travailleurs, bien plus modestes dans leurs prix.
Les fumistes avaient obtenu des travaux dans les hôtels
des grands seigneurs ; d'autres étaient employés par le
gouvernement.

Jacques Pido, natif de Villette, petit pays de Vigezzo,
était le fumiste attitré du palais du Louvre, où résidait
la cour.

A mesure que la situation des Lombards s'améliorait,
ils voyaient l'orage grossir autour d'eux ; l'existence leur
fut rendue très pénible, et même, dans le quartier, on
ne se gênait plus pour dire qu'il fallait se débarrasser de
ces accapareurs.

Mais ils se contentaient d'aboyer, et ne se risquèrent
jamais à mettre leur dessein à exécution ; ils savaient que
ces Italiens, travailleurs et inoffensifs, devenaient terribles quand on se permettait de maltraiter un des
leurs.

Le gouvernement et la police ne s'occupaient nullement des Lombards ; on était certain de ne jamais les
rencontrer dans les réunions tumultueuses ; on connaissait leur habitude de ne jamais se mêler de la politique,
quand ils étaient en pays étranger.

Le soir, quand leur travail était terminé, ils rentraient
paisiblement chez eux, parlant de leurs affaires, et surtout *des nouvelles du pays.*

Le prévôt des marchands et les chefs des corporations
de métiers, ainsi que le fisc, excités par les plaintes et

la jalousie des industriels parisiens, commencèrent à persécuter sérieusement les marchands lombards.

On leur contesta le droit d'exercer à Paris et en France ; on leur défendit de s'installer sur les marchés avant d'avoir fait visiter leurs marchandises ; on leur fit payer des taxes exorbitantes ; on leur appliqua des amendes pour les motifs les plus futiles ; on alla même jusqu'à les mettre en prison.

Comme on le voit, la situation devenait intolérable, et, si ces persécutions eussent continué, on aurait été obligé de quitter ce pays.

Les doyens de la colonie et les patrons se réunirent, vers la fin de l'année 1612, pour remédier à cet état de choses ; et, finalement, ils décidèrent de s'adresser à Marie de Médicis, la régente, de la supplier d'adoucir leur triste situation, et de protéger ses compatriotes contre les vexations du fisc.

Les choses en étaient là lorsqu'un événement imprévu vint rétablir la tranquillité et la sécurité chez ces pauvres gens.

Comme on l'a vu plus haut, Jacques Pido avait l'entreprise du Louvre pour tout ce qui concernait la fumisterie. On était dans la saison d'automne ; Pido chargea un de ses apprentis de ramoner une cheminée du palais.

Ce ramoneur monta dans cette immense cheminée, et fit consciencieusement son travail.

Lorsqu'il fut arrivé tout à fait en haut, il se reposa, et chanta pour avertir son patron qu'il était sur le toit.

Après avoir bien respiré, il circula autour de ces hautes cheminées pour jouir de la belle vue.

Quand notre jeune explorateur voulut redescendre, il se trompa de cheminée, tellement elles se ressemblaient toutes.

Quand il fut presque en bas, il lui sembla entendre

parler dans la salle où il pensait retrouver son patron.

La cheminée était fermée par un grand paravent ; le ramoneur comprit qu'il s'était trompé de canne, et il se disposa à remonter.

Mais, comme il était bien caché, il eut la curiosité d'écouter ce que l'on disait de beau dans cette grande pièce. Dans cette salle se tramait secrètement un complot contre le jeune roi Louis XIII et son gouvernement.

Les conjurés arrêtaient leur plan définitif.

Le jeune ramoneur, terrifié par ce qu'il venait d'entendre, et craignant que, par méfiance, un de ces courtisans ne vînt explorer derrière le paravent, remonta avec les plus grandes précautions.

Arrivé en haut, il reconnut la cheminée qu'il avait ramonée, et redescendit au plus vite.

Son patron, furieux, lui demanda ce qu'il avait fait sur le toit pendant tout ce temps-là ; mais le ramoneur lui fit signe de ne pas crier si fort, parce qu'il avait un grand secret à lui dire.

Pido comprit qu'il s'était passé quelque chose d'extraordinaire, et dit à son apprenti, en patois du pays : « Ne parle pas ici, on pourrait t'entendre, parce que les serviteurs de la reine sont presque tous Italiens ; tu me raconteras cela à la maison. »

Le soir, le ramoneur conta à son patron ce qu'il avait entendu.

Pido saisit toute l'importance de cette révélation, et recommanda à l'enfant de ne dire à personne ce qu'il avait entendu, s'il ne voulait pas être tué, ainsi que son patron et tous ses parents.

Le soir même, Pido, qui avait ses ateliers rue des Lombards, fit prévenir les doyens de la colonie qu'il les attendait chez lui, pour leur communiquer une affaire importante.

Tadini, Delbraccio et Mellerio se rendirent de suite chez leur ami Pido, et quand ils furent secrètement informés du fait, il fut décidé que Pido irait, le lendemain matin, demander une audience à la régente, pour lui dévoiler le complot, puisqu'il en était encore temps.

Il y avait à peine trois ans que Henri IV avait été assassiné par Ravaillac.

La mère du jeune Louis XIII était régente, et comme elle était de Florence, elle avait entraîné beaucoup d'Italiens à sa suite.

Pidó, que sa profession appelait journellement au Louvre, s'était fait des amis parmi les serviteurs italiens de la régente.

Le matin, de bonne heure, il se rendit au Louvre, et alla trouver la première femme de chambre de la reine, la fameuse Galigaï; il la pria, en grâce, de lui fournir l'occasion de voir la souveraine, ayant un secret d'État à lui communiquer.

En attendant la réponse, Pidó, pour ne pas être remarqué par les courtisans soupçonneux qui circulaient dans le palais, s'en alla, comme d'habitude, surveiller ses ouvriers.

La régente connaissait bien la colonie de la rue des Lombards, elle avait vu avec plaisir que ces Italiens s'étaient fixés à Paris; pour elle, c'était le souvenir de la patrie; elle était pour beaucoup dans la faveur qu'avait obtenue Pidó d'être le fumiste attitré du Louvre : elle aimait bien s'entourer d'Italiens.

Mise au courant par sa confidente, la régente fit monter Pidó par un escalier dérobé.

Pidó raconta à la reine ce que son apprenti avait entendu, et comment les choses s'étaient passées.

La régente remercia beaucoup Pidó de son dévouement à sa personne, et du service qu'il venait de rendre au jeune roi et à son gouvernement, èt lui promit de le récompenser généreusement dès qu'elle se serait assurée de la vérité du fait.

Si Pidó eût été un ambitieux ou un égoïste, sa fortune était faite ; mais ce généreux et noble cœur ne profita des bonnes dispositions de la souveraine que pour plaider la cause de ses malheureux compatriotes ; il lui demanda sa protection, un cadeau pour le petit ramoneur, et des privilèges pour les trois pays de sa vallée : Villette, Malesco et Craveggia.

Les conspirateurs furent arrêtés et exécutés.

LES PRIVILÈGES

Quelque temps après les événements racontés plus haut, Pidó fut appelé au Louvre. Marie de Médicis, entourée des grands dignitaires de la cour, complimenta encore Pidó sur sa loyauté, et lui remit un décret royal qui lui accordait les privilèges qu'il avait demandés, et dont voici le texte :

EXTRAIT DES REGISTRES DES CONSEILS D'ÉTAT

Sur la requête présentée par Baptiste Assier[1], Antoine, Bibil, Jehan Mariciel[2], Étienne Bougean[3], Xavier Tadini, Jehan-Marie Mellerio, Jacques Pidó et Jacques Dubra[4], natifs du pays de Lombardie, faisant tant pour eux que tous leurs compagnons ramoneurs, des cheminées qui sont à présente en c'est royaulme tendant à ce, qu'attendu qu'il n'y a qu'eux en France qui puissent faire leur art dnquel ils ne peuvent vivre s'il ne leur est permis de faire le trafic de menues marchandises qu'ils sont accoustumez porter dans ses boistes à l'entour du cristal dit Inluminet ou simples il pleret au Roy lever les difficultés qui leur ont esté faite par le Procureur de Sa Majesté dans la ville de Paris. — Vu l'extrait des deffenses qui ont esté faites par le dit procureur de Sa Majesté audit Baptiste Assier, d'apporter aucune marchandise dépendant de l'Estat, si non en temps de foire, et a lui enjoint quand il en apportera entre la dite ville de Paris de la représenter aux sudit avant que de l'exposer en vente pour ester visitée à peine de confiscation et d'amende arbitraire.

Le Roi, en son Conseil, a levé et osté les dites deffances et a permis et permet aux suppliants de porter et vendre du cristal taillé, quincaillerie et autre menue marchandise meslée entre la dite ville de Paris et allieur partout le royaulme avec deffances à toutte personne de les y troubler, et empêcher à peine de toute dispence, dommage et intérest; dans touttes foires qu'il puissant installer la dite marchandise en boutique.

1. Acerro,
2. Marcelli.
3. Bonzani.
4. Delbraccio.

Fait au Conseil d'Estat du Roy tenu à Paris le dixième jour d'octobre 1613.

Signé : DE FLÉCELLEAU

Et scellé du grand sceaux de cire jaune.

La colonie des Lombards se réunit tout entière en séance extraordinaire ; elle comprenait l'importance du décret que Pidó venait de lui communiquer ; et séance tenante on nomma trois consuls chargés de garder précieusement le décret royal, afin de pouvoir l'exhiber aux autorités toutes les fois que les circonstances l'exigeraient.

Les consuls, nommés à l'unanimité, furent :

1° Jacques Pidó, pour le pays de Villette ;

2° Jean-Marie Mellerio, pour le pays de Craveggia ;

3° Xavier Tadini, pour le pays de Malesco.

On fit fabriquer une caisse en fer, ayant trois serrures différentes, dont chaque consul avait la clef.

Pour ouvrir cette caisse, il fallait donc que les trois consuls fussent présents, puisque chacun avait une clef différente.

Tous les parchemins, décrets ou privilèges intéressant la colonie italienne furent déposés dans cette caisse.

Les Lombards exercèrent librement leurs métiers, la colonie devint nombreuse et les affaires prospérèrent.

Vingt-deux ans après ces événements, les Lombards, travailleurs infatigables, avaient accaparé tellement les affaires que la jalousie du commerçant parisien se réveilla, et les vexations recommencèrent de plus belle.

Alors, les circonstances étant graves, les trois consuls en fonction à cette époque se présentèrent devant le roi Louis XIII, et le supplièrent de donner ordre à ses lieutenants de respecter les privilèges qu'ils avaient obtenus de la reine sa mère en 1613.

Louis XIII n'avait que dix ans quand le petit ramoneur découvrit le complot, mais l'histoire avait fait du bruit à cette époque, et le roi s'en souvenait parfaitement. Il renouvela donc aux Lombards l'assurance de sa puissante protection, et fit rédiger un nouveau décret plus étendu encore que le premier, et dont voici le texte :

DÉCRETS

DE PAR LE ROY. — A tout nos lieutenants généraulx de nos provinces, villes et châteaux, gouverneurs, directeurs baillifs, sénéchaulx et nos lieutenants, capitaines, prud'hommes, de nos gens de guerre tant de cheval que de pied de quelque rang et nation qu'ils soïent, maistre prévost de marchand, capitaines jurés de chemins et Consules capitaines de notres forteresses gardiens de notres portes, péages, passages, stations, notres justicier, officiers consulteur ayant titre à qui les présentes seront montrées, salut.

Nous, désirant entretenir pour faveur la permission et concession qui este accordée et ordonnée *de tout temps immémorial* par les Roys notres prédécesseurs aux marchands et aux ramoneurs de pays de Lombardie, de pouvoir trafiquer, vendre, débiter et colporter dans notre royaume des bouquets cristal taillier, et toutes sortes de quincailleries et menues marchandises meslés. A ces causes, nous vous mandons, enjoignons et ordonnons que vous et chaquun de votre juridiction et province vous êtes, vous ayez laisser passers librement, vendre, débiter, traverser pays et châteaux et faire ses affaires sans contradire aux dits marchands et ramoneurs des dits pays de Lombardie qui sont accostumers de vendre et débiter leur marchandise ordinairement dans notre Cour, suit, et partout notre Royaume, à la Reine notre très-chère Épouse, à la Reine notre chère Mère, princes et principaux de notre Maison, prieurs, Seigneurs de nos ordres, cours et suitte ; allant et retournant de nos Royaulme aux dits pays de Lombardie portant et conduisant leur sudites marchandises sans leur faire confisquer n'y permettre leur soit fait rien ou donner aucun troubles, et leur prester ainsi tout aide, protection, assistance s'il vous requirent d'aūtant que nous les avons munis expressement de notre protection et sauvegarde *en considération des services qu'ils nous ont rendus.* Car tel est notre bon plaisir.

Prions et requerons toutes roys, princes, potentats, autorités, officiers et magistrats, nous offrant de faire le semblable.

Donné à Paris, le VIII juor de janvier mil six cent trente-cinq.

Signé : LOUIS

Et par le Roy : DELOMÉNIE

Il fallait assurément que ces marchands lombards fussent des gens bien méritants et d'une honorabilité parfaite, pour que les rois de France, *de temps immémorial*, les aient toujours pris sous leur puissante protection !

Le *service rendu*, que chaque décret rappelle avec intention, n'aurait pas eu d'effet bien prolongé si ces marchands s'étaient fait remarquer par leur mauvaise conduite ; mais, bien au contraire, le décret de 1635 nous apprend qu'ils étaient déjà à cette époque les fournisseurs de Louis XIII, de sa femme Anne d'Autriche, de sa chère mère Marie de Médicis, et des principaux seigneurs de la cour.

Nous verrons par la suite de ces mémoires, quand nous tracerons la vie de François Mellerio, de la rue de la Paix, et de Jean-Baptiste Mellerio, de la rue Vivienne, que les descendants des marchands du temps de Louis XIII n'ont pas dégénéré de leurs aïeux.

1645. — Le 11 janvier, Anne d'Autriche, régente, ayant Mazarin pour premier ministre, renouvela les privilèges aux Lombards, en spécifiant toujours que c'était en récompense de services reçus.

1716. — Le 18 juin, Philippe d'Orléans, régent, confirmait par lettres patentes ces mêmes privilèges, en ajoutant que les marchands lombards étaient autorisés à vendre des bijoux montés avec pierres précieuses et pièces d'orfèvrerie.

Après tant de privilèges et de décrets royaux, les marchands colporteurs de la vallée de Vigezzo étaient en droit d'espérer qu'ils n'auraient plus rien à redouter de la partialité des autorités commerciales, et que la France serait désormais pour eux un champ libre où ils pourraient exercer leur commerce en paix; mais nous verrons bientôt qu'ils n'étaient pas au bout de leurs peines, surtout ceux qui s'éloignaient de la capitale.

Les marchands colporteurs partaient de Paris au printemps, avec une bonne pacotille préparée pendant l'hiver, et faisaient leur tour de France.

Ils adoptaient les contrées où ils étaient déjà connus, et ils faisaient toujours le même chemin, connaissant le goût et les habitudes des pays qu'ils traversaient.

On était habitué depuis bien longtemps à les voir arriver aux mêmes époques; on les attendait pour faire certaines emplettes et pour admirer les nouveautés qu'ils apportaient de Paris.

Ils étaient bien reçus partout, ils trouvaient l'hospitalité pour la nuit dans les châteaux isolés ; ils avaient le talent de gagner les bonnes grâces des serviteurs en leur faisant de petits cadeaux ; aussi les maîtres et les valets les considéraient comme de braves gens.

On accourait de tous côtés quand on entendait le chant des Lombards annonçant leur arrivée dans les villages et les châteaux.

Ils fréquentaient aussi les villes les plus commerçantes de la France et les petits ports de mer.

Un certain Jacques Mellerio s'était dirigé vers la ville du Havre, avec un assortiment complet des objets de luxe qui se vendaient en ce temps-là, et spécialement des pièces d'orfèvrerie, ainsi qu'il était autorisé par les lettres patentes accordées en 1716 par le régent Philippe d'Orléans.

Les orfèvres du Havre, poussés par la jalousie, intentèrent un procès à Jacques Mellerio et firent saisir une partie de ses marchandises.

Les orfèvres du Havre eurent bientôt à se repentir d'avoir agi d'une façon si arbitraire envers ce marchand lombard, car celui-ci, fort de son droit, se hâta d'informer ses consuls de l'injustice qu'on lui faisait. Aussitôt ceux-ci ouvrirent la fameuse caisse en fer contenant tous les privilèges accordés par tant de rois, et allèrent trouver le roi Louis XV, le suppliant de faire respecter les volontés de ses prédécesseurs ; ce fut bientôt fait, comme on va en juger par l'arrêt suivant :

1756. — Arrest du Conseil d'État du Roy qui casse un arrêt de la Cour des Monnoies de Paris, du 17 décembre 1755, rendu contre Jacques Mellerio, colporteur lombard, au profit des orfèvres du Havre, fait main-levée des marchandises sur luï saisies et les condamne en mille livres de dommages-intérêts et en tous les dépens.

Comme aussi permet aux colporteurs lombards de vendre toute sorte de menus ouvrages d'orfèvrerie et bijouterie, autres que ce qui peut être regardé comme vaisselle.

Du dix-sept février mil sept cent cinquante-six.

EXTRAIT DES REGISTRES DU CONSEIL D'ÉTAT

Le Roi s'étant fait représenter à son Conseil les lettres patentes accordées par Sa Majesté aux marchands, colporteurs et ramoneurs des villages de Craveggia, Malescho et Villeto, en Lombardie, le 18 juin 1716, portant permission aux dits Lombards de colporter et vendre, entre autres choses, des menus ouvrages d'orfèvrerie, pourvu qu'ils fussent marqués, et contre-marqués s'ils étaient capables de porter la marque ; avec dérogation à toutes ordonnances contraire, lesquelles lettres adressées à sa Cour de Parlement de Paris, et autres, ses officiers et justiciers qu'il appartiendroit, ont été enregistrées en la dite Cour, le 5 décembre de la même année, et Sa Majesté étant informée qu'au préjudice des dites lettres, les jurés-gardes orfèvres du Hâvre-de-Grâce ónt fait saisir suŕ le nommé Jacques Mellerio, du village de Craveggia, le 17 janvier 1755, différents menus ouvrages d'orfèvrerie, sans autre motif que celui qu'ils étaient pour la plupart d'un poids au-dessus de celui prescrit par un règlement de la Cour des Monnoies de Paris, du 20 juin 1699, qui a limité les menus ouvrages d'or à un gros, et ceux d'argent à une demi-once ; que l'affaire portée devant les officiers de la Monnoie de Rouen, il est intervenu sentence le 2 juillet 1755, qui a déclaré sur délibéré la saisie nulle, a accordé à Mellerio main-levée de ses marchandises, a ordonné qu'elles lui seraient restituées ; procès-verbal préalablement fait de leur état, et a condamné les jurés-gardes orfèvres du Havre aux dépens ; mais que la Cour des Monnoies de Paris sur l'appel intenté par les jurés-gardes orfèvres du Havre les a déchargés par

arrêt du 17 décembre suivant des condamnations contre eux prononcées par les officiers de la Monnoie de Rouen et a déclarés acquis et confisqués au profit des dits orfèvres ceux des effets et
marchandises saisis sur Mellerio, dont les matières d'or et
d'argent excèdent le poids fixé par l'arrêt de règlement par elle
rendu le 29 juin 1659, et faisant droit sur le réquisitoire du procureur général a fait *defenses à Mellerio et tous autres colporteurs lombards de s'immiscer dans le commerce des matières d'or
et d'argent*, même du poids fixé par le règlement jusqu'à ce qu'ils
ayent justifié et fait enregistrer en ladite Cour et dans les sièges
inférieurs du ressort leurs extraits batistères et lettres de privilège.

Et Sa Majesté s'étant aussi fait représenter l'état arrêté au
Conseil le 30 octobre 1679, qui n'assujetit à la marque et contre-
marque que les ouvrages d'une once et au-dessus pour l'or et
d'une once et demie pour l'argent, et la déclaration du 23 novembre 1721, qui met dans le rang des menus ouvrages les croix,
tabatières, étuis, boucles, houtons et boîtes de montres d'or,
d'après lequel Mellerio a pu croire être autorisé à se charger des
ouvrages qu'on lui a saisis, dont le plus considérable pour le
poids était des gardes d'épées de vermeil et d'argent bien au-
dessous pour la valeur de ceux appelés menus ouvrages par ladite
déclaration du 23 novembre 1721, et d'autant qu'aucun des ouvrages
saisis sur lui ne sont trouvés en contravention, qu'aucune loi n'a
prescrit précisément jusqu'à quel poids d'or ou d'argent pouvaient
être les ouvrages que les Lombards peuvent colporter, et qu'il
n'appartient pas à ses Cours de restreindre ou étendre les privilèges accordés par Sa Majesté.

Ouï le rapport du sieur Moreau de Séchelles, conseiller d'État
ordinaire, et un conseil royal, contrôleur général des finances.

Le Roi, étant en son conseil, a cassé et annulé l'arrêt de la
Cour des Monnoies de Paris, du 17 décembre 1755, et tout ce qui
s'en est ensuite, ce faisant, ordonne l'exécution de la sentence des
officiers de la Monnoie de Rouen, du 2 juillet précédent, et en
conséquence fait main-levée à Mellerio de tous les ouvrages saisis
sur lui à la requête des jurés-gardes orfèvres du Hâvre-de-Grâce,
lesquels lui seront tous rendus et restitué à quoi faire tous les
greffiers et autres dépositaires contraints par toutes voies, même
par corps, quoi faisant déchargés ; condamne Sa Majesté, les
jurés-gardes orfèvres du Havre en mille livres de dommages-intérêts envers Mellerio et en tous les dépens par lui faits, tant à
Rouen qu'à Paris et au Conseil. Et afin de prévenir de semblables
contestations, et de fixer autant qu'il est possible jusqu'à quel
point les colporteurs peuvent porter le commerce des ouvrages
d'or et d'argent, Sa Majesté, en confirmant, en tant que de besoin,

les lettres-patentes du 18 juin 1716 et sans avoir égard à l'arrêt de règlement de la Cour des Monnoies (de Paris), du 28 juin 1699, qui demeurera comme nul et non avenu, leur a permis et permet de colporter, vendre et acheter tous les ouvrages d'orfèvrerie et bijouterie, autres que ce qui peut être regardé comme vaisselle, pourvu qu'ils soient conformes aux ordonnances, sans qu'ils puissent y être troublés, ni inquiétés en quelque sorte et manière que ce soit, ni qu'ils soient tenus de faire enregistrer leurs lettres-patentee du 18 juin 1716 dans les Cours de Monnoies et juridictions y ressortissantes.

Enjoint Sa Majesté aux sieurs intendants et commiassires départis dans les provinces du royaume, de tenir la main à l'exécution du présent arrêt, qui sera lu, publié et affiché partout où besoin sera.

Fait au Conseil d'État du roi, Sa Majesté Louis XV, tenu à Versailles, le dix-septième jour de février mil sept cent cinquante-six.

Signé : M.-P. DE VOYER D'ARGENSON.

Louis, par la grâce de Dieu, Roi de France et de Navarre, Dauphin du Viennois, comte de Valentinois et Doys, Provence, Forcalquier et terres adjacentes; à nos aimés et feaux conseillers en nos conseils, les sieurs intendants et commissaires départis pour l'exécution de mes ordres dans les provinces et généralités de notre royaume, salut. — Nous vous mandons et enjoignons par ces présentes, signées de Nous, de tenir chacun en droit soi la main à l'exécution de l'arrêt dont extrait est ci-attaché dans le contre-scel de notre chancellerie, ce jourd'hui rendu en notre Conseil d'État, nous y étant, pour les causes y contenues.

Commandons au premier notre huissier ou sergent sur ce requis, de signifier ledit arrêt à tous qu'il appartiendra, à ce que personne n'en ignore, et de faire pour son entière exécution tous actes et exploits nécessaires sans autre permission, nonobstant Clameur de Haro, chartre normande et lettres à ce contraires aux copies duquel collationnées par l'un de nos aimés et feaux conseillers-secrétaires, voulons que foi soit ajouté comme à l'original; car tel est notre plaisir.

Donné à Versailles, le dix-septième jour de février, l'an de grâce mil sept cent cinquante-six, et de notre règne le quarante-unième.

Signé : LOUIS

Et plus bas : *Par le Roy-Dauphin, comte de Provence :* M.-T. DE VOYER D'ARGENSON.

En marge est écrit : Scellé le 25 février 1756, avec paraphe.

. Le cinq mars mil sept cent cinquante-six, à la requête des marchands, colporteurs et ramoneurs des villages de Craveggia, Malescho et Villetto, en Lombardie, qui ont élu domicile à Paris, en la maison de Me Bocquet de Tillière, avocat ès conseils du Roi, sise rue Sainte-Croix-de-la-Bretonnerie, le présent arrêt du Conseil a été signifié et d'icelui laissé copie, aux fins y contenues, à Messieurs les officiers de la Cour des Monnoies de Paris, en la personne de M. Gendré de Ferrière, leur greffier, en son domicile, rue et Hôtel des Monnoies, parlant au suisse du dit hôtel, auquel a été payé cinq sols, par nous huissier ordinaire du Roi en ses Conseils.

Signé : CORBET.

A Rouen, de l'imprimerie Jacques Dumesnil, rue de la Poterne. 1756[1].

Jamais le commerce des marchands lombards n'avait couru un aussi grand danger.

Les orfèvres et les petits industriels de Paris étaient ravis de ce procès qui les débarrasserait peut-être pour toujours de ces étrangers qui leur enlevaient les affaires.

Ce n'était plus seulement Jacques Mellerio qui était en cause, mais bien tous les colporteurs et marchands italiens qui trafiquaient de bijouterie et d'orfèvrerie.

On leur défendait de *s'immiscer dans le commerce d'or et d'argent ;* c'était la ruine !

Les résultats obtenus présentement par un travail assidu, et les privations de toutes sortes supportées courageusement de père en fils, depuis tant d'années, tout cela était perdu ! c'était un effondrement général.

Si ce procès eût été perdu, c'en était fait de la fortune des principales familles de l'Ossola, et des Mellerio en particulier !

On n'aurait jamais entendu parler de ces grandes maisons de bijouterie de la rue de la Paix, de la rue Vivienne, de la rue d'Argenteuil, du quai d'Orsay, et autres,

1. Ce document est la propriété de Marie Mellerio, fille de Jean-Antoine, mariée Cosson.

qui fleurirent au dix-neuvième siècle et dont la réputation s'est répandue dans tous les pays de l'Europe. La plupart de ces maisons subsistent encore : ce sont les descendants des premiers fondateurs qui, de père en fils, perpétuent la mémoire de leurs ancêtres.

Les consuls, les doyens de la colonie et tous les patrons s'intéressèrent solidairement dans ce procès.

A l'époque où ces événements se produisirent, les marchands italiens n'étaient plus les pauvres diables du temps de Marie de Médicis ; ils étaient déjà bien posés, ils avaient dans leur clientèle des protecteurs sérieux et puissants, et leurs moyens leur permettaient de se défendre vigoureusement.

Ils n'hésitèrent pas à choisir pour défenseur un des avocats les plus influents de l'époque, jouissant d'un grand crédit à la cour.

Les privilèges, les décrets royaux et autres parchemins furent retirés de la fameuse caisse en fer ; ils furent habilement et avantageusement utilisés : ils en bombardèrent les adversaires.

Les marchands bijoutiers et orfèvres, ayant obtenu tous les résultats qu'ils désiraient, renfermèrent soigneusement dans la caisse tous les privilèges et décrets, qui n'en sortirent jamais plus.

A partir de cette époque, les Ossolani et les habitants de la Valle Vigezzo ne furent plus inquiétés.

Alors commencèrent ces grandes fortunes dont on retrouve les traces dans nos pays, soit en constructions, soit en bienfaisances.

Les derniers consuls furent :

Les frères Ferini, habitant à Paris, rue Jean-Robert.

Les frères Mellerio, François et Jean-Jacques, bijoutiers, 5, rue de la Paix.

Le 28 du mois de septembre 1841, les consuls susnommés apportèrent à Craveggia une caisse en fer, munie de trois serrures dont les clefs avaient été égarées. Ils déclarèrent au maire qu'ils désiraient consigner cette caisse entre ses mains, comme un dépôt précieux. Le maire, Joseph-François Borgnis, connaissant la valeur des papiers renfermés dans cette caisse, se hâta de prévenir les autorités de Villette et de Malesco, et fit réunir le conseil municipal de Craveggia.

Séance tenante, on fit ouvrir la cassette, et on en retira quatorze parchemins, tous privilèges et décrets royaux, accordés par les rois de France aux habitants des trois pays dont les autorités étaient présentes.

Voici les dates de ces parchemins :

10 octobre 1615 (il y en avait deux à cette même date); 20 mars 1616 ; 8 janvier 1635 ; 18 janvier 1635 ; 1er mars 1635 ; 11 janvier 1645 ; 6 février 1645 ; 5 décembre 1716 ; 18 juin 1716 ; 14 juillet 1760 (il y en avait deux de la même date); 12 mars 1766, et un parchemin de 1774, sans signature.

En plus, un parchemin daté du 14 août 1760, contenant une sentence en faveur des trois communes privilégiées.

Tous ces parchemins portent la signature de Marie de Médicis, régente ; de Louis XIII ; de Louis XIV ; de Louis XV et du régent, Philippe d'Orléans.

On fit un procès-verbal, pour la décharge des derniers consuls qui avaient conservé religieusement ces précieuses archives, véritables talismans qu'ils avaient reçus de leurs ancêtres.

Après lecture de l'acte, tous le signèrent : Borgnis (Joseph-François), maire de Craveggia ; Salati Jacques-Marie), maire de Malesco ; Adorna (Jean-Baptiste), maire de Villette ; Cottini (Jean-Pierre), secrétaire.

Nota. — La cassette en fer, contenant tous ces parchemins, est déposée dans les archives de la commune de Craveggia.

DESCENDANTS DES MARCHANDS LOMBARDS

DEVIENNENT

LES BIENFAITEURS DE LEUR PAYS[1]

1770. — Hyacinthe Mellerio, fils de Jacques-Antoine, fait décorer à ses frais une partie de la voûte de l'église de Craveggia.

1772. — Jean-Marie Mellerio, fils de Jean-Marie, dit le Gros, fait peindre à ses frais une partie de la voûte de l'église de Craveggia.

1803. — Mellerio (Jean-Antoine), fils de Jean-Marie, lègue 170 francs à la Congrégation de charité.

1810. — Mellerio (François), fils de Jean-François, bijoutier, rue de la Paix, donne un capital de 2 000 francs pour l'école des filles, à Craveggia.

1821. — Jean-Baptiste Mellerio (Mylord), fils de Jean-Marie, fonde une bourse au profit du plus pauvre de ses parents pour le faire étudier au séminaire.

1825. — Mellerio (François) et Mellerio (Jean-Jacques), fils de Jean-François, bijoutiers, rue de la Paix, donnent un capital de 1 400 francs pour l'école des filles.

1826. — Jean-Marie Mellerio, fils de Jean-Antoine, donne 500 francs pour l'école des filles.

1. Comme je l'ai indiqué dans ma préface, je ne m'occupe dans ce livre que des familles Mellerio. Cependant, je dois faire connaître que beaucoup d'autres familles de Craveggia méritent d'être appelées bienfaitrices de leur pays.

Je laisse à leurs descendants le soin et la satisfaction de faire leur éloge.

1827. — Jean-Antoine Mellerio (Tony), fils de Jean-Antoine, donne 200 francs pour l'école des filles.

1829. — Les deux frères François et Jean-Jacques Mellerio, de la rue de la Paix, fils de Jean-François, font don à l'église de Craveggia d'un riche ostensoir en argent doré, enrichi de pierres précieuses.

1832. — Jean Mellerio (Bucet), fils de Jean-Marie, fait don à l'église d'un tableau représentant la Sépulture de Jésus-Christ.

1838. — Jean-Antoine Mellerio (Tony), fils de Jean-Antoine, fait don à l'église d'une grande croix en argent, garnie de pierres précieuses, pour être portée en tête des processions.

1839. — Jean Mellerio, fils de François, rue de la Paix, fait don à l'église, pour la Vierge des douleurs, d'une couronne d'argent, avec pierreries, et d'un poignard à poignée d'argent ornée de perles fines.

1841. — Victoire Mellerio, née Rabouin, femme de Joanino, conjointement avec ses filles, Amélie, Célestine et Laure, fait don à l'église d'un calice en argent.

1843. — François Mellerio, fils de Jean-François, bijoutier, rue de la Paix, lègue une somme de 8 000 francs à la commune de Craveggia pour construire un pont entre Vocogno et Craveggia.

1845. — Jean-Jacques Mellerio, architecte, fils de François, est chargé par le conseil municipal de Craveggia de faire exécuter des travaux importants dans la commune et dans les caveaux de l'église de Sainte-Marthe; il ne réclama aucun honoraire, mais à la condition que son père et sa mère auraient leur sépulture dans la chapelle souterraine de cette église; ce qui lui fut accordé par décret du 21 août 1845.

1848. — Jean-Baptiste Mellerio (Mylord), fils de Jean-Marie, bijoutier, 22, rue Vivienne, par son testament du

23 août 1850, lègue à Craveggia la somme de 40 000 francs, moitié pour les écoles, et moitié pour la Congrégation de charité.

1850. — Jean-Jacques Mellerio, architecte, fils de François, fait don à l'église de Craveggia d'un tableau représentant Jésus au Jardin des Oliviers, œuvre du peintre Murazzoni.

1850. — Joseph Mellerio, fils de François, fait don à l'église de Craveggia d'un tableau de maître, représentant saint Augustin avec l'enfant à la cuillère.

1856. — Jean-Jacques Mellerio, fils de Jean-François, bijoutier, rue de la Paix, par testament du 8 janvier 1856, lègue à la Congrégation de Craveggia un capital de 4 000 francs.

1868. — Félix Mellerio, fils de François, bijoutier, rue du 29 Juillet, fait don à la commune de Craveggia d'un champ qui longe le cimetière, pour faciliter la construction de tombes particulières ; et l'argent provenant de la vente de ces terrains sera encaissé au profit de la Congrégation de charité.

1874. — Antoine Mellerio, fils de François, bijoutier, rue de la Paix, 9, remet entre les mains de Joseph Mellerio, son frère, surintendant des écoles, la somme de 500 francs, dont la rente sert de prix à l'élève qui aura été le plus recommandable de l'année ; ce prix de 25 francs annuel est donné une année aux garçons et l'autre année aux filles, alternativement.

1880. — Félix Mellerio, fils de François, a donné des sommes considérables à la commune de Masera (Ossola) pour des routes et pour la reconstruction de l'église.

GÉNÉALOGIE DE LA FAMILLE MELLERIO [1]

LIGNE MATERNELLE

1516. — Giovanni Maria Mellerio [2] generavit :

1546. — Giovanni Angelo, marié avec Catterina Bertolini, eut huit enfants : 1576, Giovanni Maria [3]; 1579, Angelina; 1582, Catterina; 1584, Giovanni Maria; 1588, Lucia [4]; 1590, Giacomo Antonio; 1593, Lucia; 1598, Maria.

1584. — Giovanni Maria, marié [5] en premières noces avec Maria Albertollo, eut cinq enfants : 1605, Catterina [6]; 1607, Catterina; 1608, Giovanni Angelo; 1609, Francesco; 1611, Giovanni Maria; en deuxièmes noces, avec Maddalena del Cotto, il eut encore deux enfants : 1646, Giovanni Maria; 1648, Bartolomeo.

1611. — Giovanni Maria, marié avec Antonia Melini, eut deux enfants : 1636, Maria; 1640, Giovanni Maria.

1640. — Giovanni Maria, marié avec Marie Guglielmazzi, eut onze enfants : 1658, Giovanni Maria [7]; 1660, Antonio; 1662, Giuseppe; 1664, Giovanni Maria; 1667,

1. Comme il a été expliqué dans le chapitre de l'*Origine*, la généalogie ne devient régulière qu'à partir de 1516, puisque les archives des paroisses ont été détruites par un incendie, à Sainte-Marie-Majeure, en 1400. Il est à remarquer que, par une coïncidence extraordinaire, tous les grands-pères maternels s'appellent Jean-Marie, de 1516 à 1725.

2. Ce Jean-Marie, né en 1516, émigra vers la France à l'âge de vingt-cinq ans, sous François Ier.

3. Mort en bas âge.

4. Morte en bas âge.

5. Ce Jean-Marie, né en 1584, est mentionné dans le privilège donné aux Lombards par Marie de Médicis, en 1613. Il fut un des premiers consuls nommés par la colonie italienne.

6. Morte en bas âge.

7. Mort en bas âge.

Maria ; 1669, Guglielmo ; 1671, Pietro ; 1673, Domenica ; 1675, Gio Battista ; 1678, Camillo ; 1680, Giacomo.

1664. — Giovanni Maria, marié avec Catterina del Brazzo, eut quatre enfants : 1691, Giovanni Maria ; 1694, Maria ; 1697, Margherita ; 1700, Antonio.

1691. — Giovanni Maria, marié en premières noces avec Maria Blondina, eut trois enfants : 1715, Catterina ; 1718, Domenica ; 1720, Marta.

Marié en secondes noces avec Domenica Mellerio di F[co], il eut sept enfants : 1725, Giovanni Maria ; 1728, Maria[1] ; Catterina ; 1732, Francesco Maria[2] ; 1735, Maria Catterina ; 1739, Antonia Maria ; 1742, Francesco Maria ; 1743, Maria.

1725. — Giovanni Maria, dit le Gros, marié avec Francesca Maria Rossetti di Gioanni Antonio, eut dix enfants : 1748, Domenica Maria ; 1750, Gioanni Maria[3] ; 1751, Gioanni Antonio ; 1754, Domenica ; 1755 ; Giuseppe Antonio ; 1758, Giovanni Giacomo ; 1760, Francesco Antonio ; 1763, Domenica Maria ; 1765, Gioanni Battista[4] ; 1768, Pietro Maria.

1751. — Gioanni Antonio, marié avec Domenica Maria Mozzanino di Carlo Antonio, eut six enfants : 1780, Francesca Maria[5] ; 1785, Gioanni Maria[6] ; 1788, Gioanni

1. Morte en bas âge.

2. Mort en bas âge.

3. Ce Jean-Marie, né en 1750, épousa Marie Guglielmazzi, fille de Jean. Il en eut trois enfants : 1780, Gioanni-Maria ; 1783, Francesca-Maria ; 1788, Gioannino, marié à Victoire Rabouin, connu à Craveggia sous le nom de Bucet.

4. Jean-Baptiste, le grand-oncle (Mylord).

5. Cette Françoise-Marie, née en 1780, se maria avec un Mozzanino, père de François Mozzanino, propriétaire, rue Basse-du-Rempart, qui se maria avec Jeanne-Adélaïde-Victoire Boutillier, qui fut la marraine de Joseph Mellerio, fils de François. Ils eurent deux filles : Pauline, mariée Auger, et Maria, mariée Morel.

6. Mort en bas âge.

Maria ; 1790, Maria Maddalena[1] ; 1797, Giuseppe Maria ; 1798, Gioanni Antonio[2].

1790. — Maria Maddalena, mariée avec François Mellerio, bijoutier, 9, rue de la Paix, eut huit enfants : 1814, Maria Catterina[3] ; 1816, Gioanni Francesco[4] ; 1817, Gioanni Antonio[5] ; 1818, Gioanna Maria Paolina[6] ; 1819, Gioanni Giacomo[7] ; 1823, Maria[8] ; 1827, Giuseppe[9] ; 1830, Felice[10].

1827. — Giuseppe, marié en 1855 avec Cécile-Ernestine Barbier, eut trois enfants : 1856, Enrico ; 1858, Stéfano ; 1863, Antonia.

LIGNE PATERNELLE

1517. — Gerolamo Mellerio[11] generavit :

1542. — Francesco, marié avec Margherita de Martini[12], eut six enfants : 1567, Francesca ; 1568, Marta ; 1570, Giacomo Filippo ; 1578, Giovanni Antonio ; 1580, Carlo ; 1583, Gioanni Battista.

1578. — Gioanni Antonio, marié avec Maria Ciolina,

1. Marie-Madeleine Mellerio, deuxième femme de François Mellerio, né en 1772, bijoutier, rue de la Paix.
2. Jean-Antoine Mellerio, l'oncle Tony, bijoutier, 1, quai d'Orsay; connu à Craveggia sous le nom de Cianten.
3. Marie-Catherine, mariée avec François Guglielmazzi.
4. Jean-François, marié avec Eugénie Dru.
5. Jean-Antoine, marié avec Coralie Grippierre.
6. Pauline, adoptée par Jean-Baptiste (Mylord), mariée avec Jean-Gaspard Agnel, avocat, fils d'un général de l'Empire.
7. Jean-Jacques, architecte, marié avec Marie Tignet.
8. Maria, mariée avec Jean Protasi.
9. Joseph, marié avec Cécile Barbier.
10. Félix, marié avec Émilie Borgnis.
11. Les archives ayant été brûlées en 1400, on ne connaît pas les ancêtres de ce Jérôme Mellerio, qui fut un des premiers à émigrer en France sous François Ier.
12. Famille noble du Piémont.

eut sept enfants : 1604, Margherita[1] ; 1605, Margherita[2] ;
1606, Francesco[3] ; 1607, Francesco ; 1609, Margherita[4] ;
1611, Margherita ; 1613, Gerolamo[5].

1607. — Francesco[6], marié avec Paola de Romeri[7],
eut neuf enfants : 1631, Giovanni Antonio[8] ; 1633, Giovanni Battista ; 1636, Giuseppe Francesco ; 1638, Maria ;
1640, Lucia ; 1643, Margherita[9] ; 1645, Carlo Mattia ;
1650, Gerolamo[10] ; 1651, Margherita.

1636. — Giuseppe Francesco, marié avec Camilla Buffo-
netti, eut dix enfants : 1657, Paola ; 1659, Francesco ;
1662, Gioanni Battista[11] ; 1664, Gioanni Antonio ; 1666,
Carlo Andréa ; 1668, Gérolamo ; 1670, Giacomo Filippo ;
1672, Mattia ; 1674, Gioanni Pietro ; 1676, Giuseppe Maria.

1676. — Giuseppe Maria, marié avec Susanna Nicolaï,
eut sept enfants : 1711, Maria ; 1715, Catterina ; 1717,
Camilla ; 1720, Francesco ; 1724, Gioanni Giuseppe ;
1726, Paola ; 1732, Marta.

1720. — Francesco[12], marié avec Antonia-Maria Antonietti, eut trois enfants : 1748, Susanna ; 1752, Giu-
sepppe[13] ; 1756, Gioanni Francesco.

1. Morte en bas âge.
2. Morte en bas âge.
3. Mort en bas âge.
4. Morte en bas âge.
5. Ce Jérôme Mellerio était notaire ; il fut le grand-père de Jacques Mellerio, qui fit un procès aux orfèvres du Havre en 1756, dont on verra la généalogie plus loin.
6. Ce François Mellerio etait également notaire.
7. Famille noble de Florence.
8. Ce Jean-Antoine se fit capucin.
9. Morte en bas âge.
10. Ce Jérôme Mellerio devint archiprêtre de Losa.
11. Ce Jean-Baptiste fut un ecclésiastique de grand talent ; il était recherché pour prêcher dans les grandes villes d'Italie.
12. Ce François Mellerio était surnommé à Craveggia le Tara-gnolino, ce qui signifie roitelet, à cause de sa petite taille.
13. Ce Joseph Mellerio, né en 1752, était surnommé Tarapatara, parce qu'il disait sans cesse ce mot, en se frottant les mains.

1756. — Gioanni Francesco [1], marié avec Maria Catterina Borgnis, di Gioanni Giacomo, eut trois enfants : 1772, Francesco [2]; 1774, Gioanni Giacomo [3]; 1784, Gioanni Giacomo [4].

1772. — Francesco, marié en premières noces en 1808 avec Maria Borgnis di Gioanni Maria, n'eut pas d'enfants [5].

Marié en secondes noces avec Maria Maddalena Mellerio, il eut huit enfants : 1814, Marie Catherine; 1816, Jean François; 1817, Jean Antoine; 1818, Jeanne Pauline; 1819, Jean Jacques; 1823, Maria; 1827, Joseph; 1830, Félix.

GÉNÉALOGIE DE JACQUES MELLERIO

1613. — Jérôme, notaire, épousa trois femmes dont il eut onze enfants en tout; de sa seconde femme, Catherine Thadeo, il eut quatre enfants : 1635, Jean-Baptiste, qui fut également notaire; 1636, Jean-François; 1641, Jean-Antoine; 1648, Angela.

1635. — Jean-Baptiste, notaire, épousa Anne-Marie-Buria (de Villette), ils eurent douze enfants : 1669, Jérôme [6]; 1671, Jérôme, qui succéda à son père comme notaire; 1673, Charles Antoine; 1674, Jean Antoine, qui devint pénitencier et curé de Sainte-Marie-Majeure;

---

1. Ce Jean-François Mellerio avait repris le fonds d'un certain Borgnis (Lirone), marchand, rue des Lombards.

2. Ce François Mellerio est le fondateur de la maison de bijouterie, 9, rue de la Paix, avec l'enseigne : *Mellerio, dit Meller, fournisseur de S. M. la Reine des Français.*

3. Mort en bas âge.

4. L'oncle Jean-Jacques, frère et associé de François, 9, rue de la Paix.

5. Elle mourut en couches le même jour que son enfant.

6. Mort en bas âge.

1676, François; 1681, Jean-Baptiste[2]; 1682, Catherine; 1684, Jean-Baptiste; 1686, Jacques-Philippe; 1689, Joseph, qui devint archiprêtre de Calasca; 1692, Jacques, le marchand lombard au Havre (il avait alors soixante-quatre ans); 1694, Angèle.

2. Mort en bas âge.

JEAN-BAPTISTE MELLERIO (MYLORD)

1765-1850.

Il est fils de Jean-Marie Mellerio, dit le Gros, né en 1725.

Sa mère, Françoise - Marie Rossetti, est descendante d'une famille patricienne dont les membres s'illustrèrent dans la finance. Ils étaient riches banquiers à Milan, et, quand ils faisaient des apparitions à Craveggia, ils déployaient un faste dont on raconte des merveilles.

La grande et belle maison qui est aujourd'hui la propriété de la famille Gubetta était leur résidence.

Ce Jean-Marie, ayant eu dix enfants, fut obligé comme ses parents d'émigrer en France, où il entreprit la carrière de tous les Mellerio, c'est-à-dire celle de bijoutier.

Il faisait cependant de fréquents voyages au pays pour voir sa femme et ses enfants.

Jean-Baptiste était le neuvième, il était né en 1765, et se faisait remarquer par son intelligence.

Sa mère s'occupa de son éducation première, elle l'envoyait régulièrement à l'école de Craveggia.

En 1777, Jean-Marie fit un voyage au pays; il apprit par les parents et les autorités du pays que son fils Jean-Baptiste, qui avait alors douze ans, était rempli de bonnes dispositions; il résolut de l'emmener à Paris avec lui, pour compléter son éducation et se faire aider dans son commerce.

Jean-Marie ne tarda pas à s'apercevoir que son fils était doué pour le commerce; il lui fit faire une petite table qu'il suspendait à son cou pour se transporter sur les marchés et dans les endroits les plus fréquentés de la ville.

Jean-Baptiste, voulant se rendre digne de la confiance que lui témoignait son père, qui lui avait confié des marchandises, se mit à faire l'article avec ardeur, invitant les acheteurs avec cet accent italien qui divertissait beaucoup les passants.

Trois ans plus tard, Jean-Marie et son fils firent une tournée du côté de Versailles. Jean-Marie étala ses marchandises sur la grande place du marché, et recommanda à Jean-Baptiste d'aller du côté du château. Notre jeune marchand remarqua de suite que les grands seigneurs et les beaux équipages se rendaient à la cour du côté de la grille qui fait face à la grande avenue de Paris : c'est là qu'il s'installa avec sa petite table devant lui.

La reine Marie-Antoinette, revenant de promenade, remarqua ce jeune marchand rangé contre la grille, elle donna ordre à une de ses suivantes d'aller voir ce qu'il vendait. La dame s'approcha de la petite table où les bibelots étaient rangés avec soin ; aussitôt le jeune colporteur fit valoir sa marchandise avec tant de persuasion que la dame d'honneur consentit à lui faire quelques emplettes.

Tout le temps que son père resta à Versailles, le jeune marchand conserva sa place devant la grille du château ; on finit par le connaître, on s'intéressa à lui, et on lui fit de petites commandes qu'il exécutait avec intelligence et promptitude. Peu à peu Jean-Baptiste devint le fournisseur des gens et employés du palais ; alors il ne s'arrêta plus à la grille : il avait ses entrées au château.

Ce fut de la sorte qu'il finit par avoir la clientèle des seigneurs de la cour.

1785. — Quand il eut vingt ans, son père, qui avait alors soixante ans, se retira au pays pour finir ses jours paisiblement ; il laissa à son fils une bonne pacotille et aussi une clientèle sérieuse.

Jean-Baptiste, très capable et actif, augmenta vite sa maison et s'amassa un petit capital.

Quand vint la terrible Révolution de 93, Jean-Baptiste s'empressa de quitter Paris en même temps que tous ses compatriotes; seulement, il ne les suivit pas tout de suite jusqu'à Craveggia : il s'arrêta à Genève, chez son frère Joseph, qui faisait valoir ses terres; de la sorte il pouvait suivre de plus près les événements qui se passaient en France.

Trois ans après, la Lombardie étant devenue province française, Jean-Baptiste fit un tour au pays pour voir ses parents et respirer l'air de ses chères montagnes qu'il n'avait plus revues depuis vingt ans.

De retour à Paris, le premier soin de Jean-Baptiste fut de s'installer d'une façon convenable.

Il quitta le quartier des Lombards et ouvrit une belle boutique, 22, rue Vivienne, à l'enseigne suivante :

« MELLERIO-MELLER. — *A la Couronne de fer.* »

Comme ses affaires l'appelaient souvent hors de son magasin, il sentit la nécessité d'avoir une personne de confiance pour recevoir ses clients et tenir sa comptabilité en règle.

On proposa à Jean-Baptiste une dame encore jeune qui cherchait une place de caissière.

Cette dame était grande, brune, au teint mat; elle avait l'air distingué. — Elle s'appelait Pauline, elle était la fille de M. Laval, maire de Provins.

Pauline Laval avait reçu une belle éducation, seulement son père l'avait mariée jeune à un homme qui la rendit très malheureuse : il la maltraitait tellement qu'elle dut plaider en séparation ; le jugement fut rendu en sa faveur.

Comme elle n'avait pas eu d'enfants, devenue libre de sa personne, elle vint à Paris chercher une place de caissière ou d'institutrice, afin de ne pas être à charge à son père.

Jean-Baptiste eut bientôt à se féliciter de sa caissière ; elle recevait les clients avec beaucoup de grâce, tenait les écritures en ordre et surveillait tout dans la maison.

La maison Mellerio-Meller devint une des plus importantes maisons de bijouterie de Paris ; on la cite dans l'histoire de Napoléon Ier, à propos d'un collier de perles que Jean-Baptiste vendit à l'impératrice Joséphine.

Pauline Laval prit tellement à cœur les intérêts de son patron qu'il régna bientôt la plus grande intimité entre eux.

Comme on n'entendait plus parler du mari de Pauline, on supposa qu'il devait être mort.

1810. — Alors on alla se marier sous l'arbre de la liberté.

Désormais on l'appela Madame Mellerio, et elle devint la grande-tante.

Admirablement secondé par sa compagne, Jean-Baptiste acquit une fortune considérable.

1824. — Ils n'eurent pas d'enfants, et ils avaient déjà un très grand confortable chez eux ; malgré cela leur intérieur manquait de gaieté.

Jean-Baptiste s'appelait déjà l'oncle Mylord ! C'est alors qu'il se décida à adopter Pauline Mellerio, âgée de six ans, la fille de sa nièce Madeleine, mariée à François Mellerio, bijoutier, 9, rue de la Paix, qui avait huit enfants. La petite Pauline fut la joie de la maison.

1828. — L'oncle Jean-Baptiste avait alors soixante trois ans, et possédait une grande fortune ; il songea à se retirer tout doucement des affaires. Comme il avait un cœur généreux et qu'il avait toujours été le bienfaiteur de sa famille, il ne voulut pas que sa maison passât dans des mains étrangères : il chercha à faire le bonheur de deux de ses neveux.

Tony, fils de son frère Jean-Antoine, et Joannino, fils de son frère Jean-Marie, furent choisis par Jean-Baptiste pour lui succéder dans sa maison de commerce.

Ces deux cousins germains ne se ressemblaient guère : Tony était plein d'ardeur et d'intelligence ; Giovanino était indolent et d'une incapacité notoire.

L'oncle les eut bientôt jugés ; il comprit que ces deux caractères ne s'accommoderaient jamais ensemble.

Tony avait une fille et deux garçons.

Giovanino avait quatre filles.

L'oncle Mylord, qui était très bon, mais qui aimait à dire ce qu'il pensait, interpella un jour Giovanino avec bonté : « Mon pauvre Giovanino, lui dit-il, je ne veux pas t'abandonner à ton malheureux sort ! Écoute-moi bien : si tu es capable d'avoir un garçon, je te donnerai cent mille francs ! »

Ce brave oncle savait bien que Giovanino n'était pas capable d'autre chose, aussi lui tendait-il la perche.

En effet, deux ans après ce discours mémorable, la mère Giovanino mit au monde un gros garçon que l'on appela Théodore.

Théodore hérita des cent mille francs de son grand-oncle et fut fort mal élevé ; il mourut comme un débauché, très jeune encore, abruti par les excès de toutes sortes, grâce aux mauvais sujets qu'on lui laissa fréquenter.

1830. — Jean-Baptiste, ayant mis ordre à toutes ses affaires, se retira définitivement du commerce.

A partir de cette époque commença pour l'oncle cette belle existence de gentilhomme campagnard dont il sut si bien prendre les allures.

Toujours en contact avec les grands seigneurs, cet ancien marchand colporteur avait vraiment grand air : il avait pris le ton et les manières de ses clients.

Pauline Laval se tenait droite et avait la dignité de ces châtelaines d'autrefois.

Le grand oncle eut de suite son équipage et il monta sa maison en conséquence.

Il acheta un superbe château à Ozouer-la-Ferrière, avec un beau parc; il y avait un canal qui le traversait, il y avait également une ferme et de belles chasses.

Ce brave homme, qui fut un travailleur infatigable, un bienfaiteur pour ses parents et pour son pays natal, a joui pendant vingt ans de cette vie paisible; il ne révenait à Paris que dans la mauvaise saison d'hiver.

1855. — Pauline Mellerio, la fille adoptive de Jean-Baptiste, avait alors dix-sept ans, elle en paraissait moins; cependant les partis se présentaient déjà : on visait la riche héritière.

Le grand-oncle, un peu ébloui par sa fortune, ne cherchait que dans la haute société.

On refusa un jeune homme accompli nommé Ducloux qui devint un des plus riches et renommés notaires de Paris.

Il se présenta le fils d'un adjudant-général de l'empire, nommé Jean-Gaspard-Louis-Guillaume Agnel; il était fils unique et avocat à la cour de Paris.

C'est à celui-ci qu'on donna la préférence, sans s'informer de sa moralité ; fils de général ! ça flattait l'oncle Mylord.

Pauline, mariée Agnel, fut malheureuse en ménage ; elle eut deux enfants : un fils, nommé Paul, et une fille, nommée Émilie ; ils furent élevés par leur mère qui fut obligée de se séparer de son mari, de corps et de biens; ce fut un grand chagrin pour l'oncle Jean-Baptiste.

1835. — Le grand-oncle ayant marié Pauline, désira revoir sa chère patrie avant de mourir; il avait alors soixante-dix ans.

Il voulait faire voir l'Italie à celle qui avait été sa compagne dévouée. Comme il n'y avait pas de chemins de fer à cette époque, Jean-Baptiste voulut voyager avec tout le confort que lui permettait sa grande fortune.

On acheta une superbe berline; on emmena valet de chambre pour Monsieur et femme de chambre pour Madame; on voyagea en poste à petites journées, visitant toutes les villes qui se rencontraient sur le passage, ne voyageant jamais de nuit : c'était bien un mylord qui voyageait. A Genève, on alla trouver Joseph, le frère de Jean-Baptiste, qui l'avait accueilli pendant la Révolution de 93; on parcourut avec lui les plus beaux endroits du lac, car Joseph était connu partout.

Le bruit se répandit bientôt au pays que le Mylord arrivait avec sa femme : ce fut tout un événement!

C'était un grand bienfaiteur que ce Mylord qui arrivait : il avait donné plus de cinquante mille francs à Craveggia; on se disposa à faire un accueil sympathique à cet enfant du pays.

Les parents, les amis allèrent à sa rencontre jusqu'à Domodossola. La grande berline fut remisée, car il n'y avait qu'une route muletière pour aller dans la vallée de Vigezzo. Il ne fallut pas moins de douze mulets pour les gens, les bagages et les provisions de toutes sortes que l'on fit en prévision des grands dîners que le Mylord donnerait au pays, à ses parents et amis. La grande-tante, comme on l'appelait, voyagea en chaise à porteurs style Louis XV, que la famille Guglielmazzi avait mise à sa disposition.

Quand la caravane se mit en marche et s'échelonna dans les défilés de ces montagnes, ce fut un spectacle imposant : c'était un cheik qui voyageait avec toute sa smala !

En reconnaissance des dons qu'il avait faits aux écoles et à la Congrégation de charité, la municipalité et les élèves, conduits par leurs professeurs, vinrent lui souhaiter la bienvenue et le complimenter à son entrée à Craveggia.

Les cloches sonnaient à grande volée ! Ces chères cloches ont fait pleurer d'attendrissement bien des enfants du pays, quand ils revenaient après une longue absence.

Jean-Baptiste resta deux mois au pays, ce fut une fête continuelle.

Il se montra généreux envers ses parents pauvres, et quand il partit, tout le pays l'accompagna pendant une heure de route. Il emporta les bénédictions et le respect de tous ceux qui le connaissaient.

À Domodossola, il reprit sa berline. Il visita les principales villes de l'Italie.

Il dépensa vingt mille francs dans ce voyage, ce qui équivaut à trente mille francs de nos jours, attendu qu'un franc valait 1 fr. 50 en monnaie italienne de ce temps-là.

De retour dans son château d'Ozouer, le grand-oncle reprit son existence paisible.

Il vécut encore quinze ans ; sa vieillesse fut égayée par les enfants de Pauline Agnel ; il était entouré de leur affection.

Tous les ans, à la Saint-Pierre, tous les neveux résidant à Paris venaient passer la journée auprès de ce patriarche.

Dans leurs vieux jours, Pauline Laval et Jean-Baptiste régularisèrent leur union devant l'Église.

La grande-tante mourut en 1849.

1850. — Le grand-oncle mourut un an après, d'un anévrisme, à l'âge de quatre-vingt-cinq ans.

Il laissa toute sa fortune à Pauline Agnel, qui repose auprès de ses bienfaiteurs, dans le tombeau de famille qu'elle leur fit ériger à Ozouer-la-Ferrière.

DEUXIÈME PARTIE

HISTOIRE

DE

FRANÇOIS MELLERIO

1772-1843

LES GRANDS PARENTS

Avant de commencer l'histoire de François Mellerio, le fondateur de la maison de bijouterie de la rue de la Paix, il est nécessaire de donner quelques détails sur sa famille.

Son grand-père, François Mellerio, né en 1720, était d'une très petite taille : on lui avait donné le sobriquet de « roitelet » *taragnolino*.

Il se maria à vingt-sept ans, en 1747, avec Antonia-Maria Antonietti, qui était d'une taille ordinaire.

Le Taragnolino ne se hasarda jamais à passer le Simplon pour venir en France, comme le firent ses parents ; sa femme s'y opposa toujours ; elle prétendait que son mari se perdrait en route, tant il était petit.

Il resta au pays, près de sa mère, Susanne Nicolaï, et vécut heureux dans ses chères montagnes, avec sa femme et ses enfants.

De ce mariage naquirent trois enfants :

1738. — Susanne, qui ne quitta jamais ses parents.

1752. — Joseph, surnommé « Tarapatara »; c'était un gros garçon, toujours de bonne humeur, aimable avec tout le monde; il avait une forte chevelure toute frisée, il était presque toujours nu-tête; il était d'une taille moyenne, aux larges épaules, et très fort.

Il avait l'habitude d'introduire dans sa conversation cette exclamation : tarapatara! il l'employait aussi bien quand il plaisantait que dans ses moments de colère.

Il se maria à vingt ans, en 1772, avec Anne-Marie

Castellano. De ce mariage naquirent quatre filles, mais il n'en conserva que deux.

1773. — Antonia-Maria, sa fille aînée, qui se maria avec François-Marie Ponti, qui habitait à Sainte-Marie-Majeure; et ses nombreux descendants y habitent toujours.

1782. — Anne-Marie, qui épousa un Rossetti, habitant également à Sainte-Marie-Majeure.

1756. — Le second fils de Taragnolino, Jean-François, était d'une taille moyenne, également robuste, la figure colorée.

Il avait à peine quinze ans lorsqu'il se prit d'une belle passion pour Marie-Catherine Borgnis, fille de Jean-Jacques Borgnis, qui faisait le métier de doreur.

Marie-Catherine, notre grand'mère, était une belle femme; la physionomie fine, d'un caractère énergique, elle avait alors vingt-cinq ans : dix ans de plus que Jean-François.

Les parents de celui-ci désapprouvaient leur fils, non pour la famille, qui était des plus honorables, mais à cause de la disproportion d'âge; ils résistèrent long-temps, mais tout fut inutile; ils finirent par consentir à cette union.

Le mariage eut lieu à Craveggia, en 1771.

De cette union naquirent trois enfants.

1772. — François, dont nous allons écrire l'histoire.

1774. — Jean-Jacques, qui mourut en bas âge.

1784. — Jean-Jacques, qui fut l'associé de François.

DÉPART DU PAYS

Après la naissance de son troisième fils, Jean-François, qui avait déjà vingt-huit ans, se décida à quitter le pays pour aller tenter la fortune en France.

Son fils aîné, François, avait déjà douze ans ; il était très grand pour son âge, et paraissait vigoureux.

Il venait de faire sa première communion, et comme l'évêque était en tournée pastorale dans la vallée, il fut également confirmé cette même année 1784.

Il avait terminé les études élémentaires qui se faisaient à Craveggia, et il était mentionné pour sa belle écriture.

Tout en allant régulièrement à l'école, il rendait déjà beaucoup de services à ses parents dans leurs travaux de la campagne.

Lorsqu'il apprit que son père voulait l'emmener à Paris, il en fut très attristé en pensant qu'il allait quitter sa mère, ses vieux parents et ses chères montagnes, pour bien longtemps peut-être !

Huit jours avant le départ, toute la famille fit un pèlerinage à la Madonna di Re, pour la supplier de protéger nos voyageurs pendant la route.

A cette époque, le voyage de Craveggia à Paris était très long ; on le faisait à pied ; il fallait près d'un mois.

Nos ancêtres partaient par bandes, pour ne pas être dévalisés par les malfaiteurs qui infestaient les routes.

Le Taragnolino avait déjà soixante-quatre ans ; il se désolait ainsi que sa femme ; ils disaient, en voyant partir leur fils et leur petit-fils : « C'est bien fini ! nous ne les reverrons plus ; les enfants trouveront la maison vide quand ils reviendront. » Le petit François, tout ému, les consolait de son mieux ; il leur faisait remarquer qu'ils ne restaient pas seuls, puisque la tante Suzanne et l'oncle Joseph restaient auprès d'eux : « Je vous écrirai souvent, leur dit-il ; je vais tâcher de gagner beaucoup d'argent pour vous en envoyer, et de temps en temps je viendrai vous voir. » Ils embrassèrent leur cher enfant et le bénirent, touchés de ses bons sentiments.

Ils quittèrent Craveggia en septembre 1784, ils profitèrent des derniers beaux jours ; il y avait très peu de neige sur le Simplon, et les passages étaient libres.

Les adieux furent pénibles pour tous : c'était la première fois que l'on quittait le pays, les parents, les amis.

Les vieux parents et la mère de François les accompagnèrent jusqu'à Saint-Sylvestre, premier village de la vallée ; arrivé là, François se retourna et jeta un dernier regard vers les montagnes de Craveggia ; il aperçut dans le lointain les deux arbres isolés qui dominent les prés d'Amblitz, à l'ombre desquels il s'était assis si souvent ; à cette vue, les larmes lui vinrent aux yeux ; c'était encore deux amis qu'il quittait, mais il dissimula son émotion pour ne pas augmenter le chagrin de ses parents.

Marie-Catherine faisait peine à voir dans sa désolation de quitter son mari et son cher petit François.

Elle leur remit à tous deux un chapelet ; et prenant François à part, elle suspendit à son cou une petite médaille bénite à la Madonna di Re, en lui disant de ne jamais s'en séparer, parce qu'elle lui porterait bonheur ; elle le serra contre son cœur et lui fit une foule de recommandations :

Ici commence ton voyage,
Si tu n'allais pas revenir !
Ta pauvre mère est sans courage,
Pour te quitter, pour te bénir ;
Travaille bien, fais ta prière,
Cela te donnera du cœur,

Et quelquefois pense à ta mère,
Cela te portera bonheur!

Va, mon enfant, adieu,
A la grâce de Dieu[1].

Les enfants de la vallée de Vigezzo, semblables aux petits Savoyards, étaient obligés de quitter leurs montagnes et leurs familles, très jeunes, pour aller gagner leur vie dans les grandes villes lointaines.

La mère de François et les vieux parents, en larmes, retournèrent lentement à Craveggia; mais l'oncle Joseph et d'autres parents et des amis accompagnèrent les voyageurs jusqu'à Domodossola, où se trouvaient réunis les autres compagnons de route.

En sortant de Domodossola, le père de François retira ses souliers, et celui-ci en fit autant, afin de ne pas les user de suite dans les sentiers rocailleux du Simplon; on ne les remettait que pour entrer dans les villes.

Les montagnards étaient habitués à marcher nu-pieds dans leurs Alpes, ainsi que cela s'est toujours pratiqué.

Les voyageurs se reposèrent deux jours à Genève; Jean-François en profita pour aller rendre visite aux cousins Mellerio, les fils de Jean-Marie, dit le Gros.

Cette pose que l'on faisait régulièrement chez ces parents, dans leur belle propriété d'Archamp, était comme une oasis pour les caravanes qui se rendaient de Craveggia en France; on était reçu par ces bons compatriotes avec la plus grande cordialité; on leur apportait les nouvelles toutes fraîches du pays, et en échange ils vous donnaient l'hospitalité.

Jamais, comme nous le verrons dans le courant de cette histoire, on ne traversait cette partie de la Suisse, du côté du lac de Genève, sans s'arrêter chez ces bons amis.

1. La Grâce de Dieu.

PARIS!

Finalement, ils arrivèrent dans les environs de Paris, dans les premiers jours d'octobre; l'approche de la grande ville les émotionnait; ils ne pensaient plus à la fatigue; ils mirent leurs souliers, s'époussetèrent, et voulurent être convenables. Ils arrivaient de Fontainebleau, et firent leur entrée à Paris par la barrière d'Italie.

(Pour éviter des confusions, le père de François ne sera plus désigné que sous le nom de Jean.)

François, notre jeune montagnard, ne se doutait pas qu'il entrait dans la ville où devaient se dérouler les principaux actes de sa vie : ses débuts pénibles, 1793, la fondation de sa maison et sa belle fortune!

A mesure qu'ils pénétraient dans la capitale, ils étaient comme ahuris; ils s'arrêtaient à chaque instant pour voir ceci, admirer cela, mais toujours bien groupés pour ne pas se perdre; ils étaient assourdis par le bruit des voitures et le cri des marchands ambulants; ils étaient ballottés, bousculés par les passants affairés; en un mot, ils étaient comme affolés.

Ils mirent un temps infini à se rendre rue des Lombards; ils se perdirent dans les rues étroites et populeuses du vieux Paris; ils parlaient si peu le français qu'ils eurent beaucoup de peine à se faire comprendre, pour demander leur chemin.

Le jeune François avait une mine superbe, il respirait la force et la santé; il portait crânement son sac de voyage sur le dos, aussi, les commères qui étaient devant leurs portes, disaient, en le voyant passer : « Tiens! il est gentil le petit Savoyard! »

Un compatriote mit à leur disposition une grande chambre où il y avait une cheminée pour faire leur cuisine; ils furent vite installés, et prirent un repos bien mérité.

Les premiers jours se passèrent à parcourir la ville et à rendre visite aux parents et compatriotes qui étaient établis dans la bijouterie et dans la fumisterie.

Ce fut grâce à ces connaissances qu'ils trouvèrent à s'occuper pendant l'hiver de 1784 à 1785.

Au commencement de 1785, il se trouva qu'un certain Borgnis (Lirone), colporteur de bijouterie, déjà d'un certain âge, se disant fournisseur du duc d'Orléans, manifesta le désir de quitter les affaires pour se retirer au pays.

Il proposa à Jean de] lui céder sa clientèle et une partie de ses marchandises.

L'affaire fut vite conclue, car le capital de ce brave homme n'était pas bien important; il garda quelques-uns des articles qu'il désirait emporter à Craveggia, et Jean lui acheta ceux qui pouvaient encore se vendre ; il s'engagea à les payer à des époques déterminées, mais ne dépassant pas l'année.

Il fut convenu que Borgnis resterait avec Jean pendant une année, pour le mettre au courant des affaires et le présenter à sa clientèle de province.

Jean se prépara à faire avec Borgnis la tournée annuelle dans les petits pays situés aux environs de Paris; mais son fils François l'embarrassait beaucoup; il était encore trop jeune pour porter la boîte contenant les marchandises; il parlait peu le français et ne savait pas l'écrire; à qui le confier? il n'était pas prudent de laisser à Paris un enfant de treize ans, qui en parais-sait quinze, c'est vrai, mais qui n'avait jamais quitté son père; il se trouverait exposé à faire de mauvaises connaissances en fréquentant les gamins du quartier.

Il fit part de son embarras à Borgnis; celui-ci lui conseilla de le mettre en pension, à la campagne, au grand air, chez un maître d'école qu'il connaissait, aux environs de Paris.

Sur ces entrefaites, on reçut la visite d'un bon compatriote de Craveggia, Jean Margaritis, surnommé Gioanaccino, qui était quincaillier; Jean lui parla de l'excellente idée de Borgnis d'envoyer son fils à la campagne, où il se développerait tout en apprenant la langue française, sous la direction d'un bon maître d'école.

Margaritis avait aussi un garçon de l'âge de François, qui s'appelait Jean-Antoine; ils avaient été camarades à Craveggia; on lui proposa de les placer ensemble, pour qu'ils aient moins de regret de quitter leurs parents.

Margaritis accepta d'autant plus volontiers que son fils n'était pas très fort en français, et qu'il avait un caractère un peu timide; il fut enchanté de lui donner un camarade aussi sérieux que François, qui serait également un ami dévoué sur lequel il pouvait compter.

On prépara le petit trousseau des enfants, et lorsque l'assortiment des marchandises fut complet, on se mit en route.

BOISSY-SAINT-LÉGER

On se dirigea du côté de Boissy-Saint-Léger, chef-lieu de canton, dans le département de Seine-et-Oise, à 22 kilomètres de Paris; ce n'était alors qu'un petit village, sur la lisière de la forêt de Sénart.

C'était là que florissait, en 1785, l'école primaire de maître Dubuisson; c'était un petit vieux, doucereux et intéressé, le type perfectionné du marchand de soupe.

Il accepta les deux jeunes gens comme pensionnaires et promit de les soigner comme ses fils, ce qui serait d'autant plus facile qu'ils étaient les seuls internes.

Il leur donna une chambre au rez-de-chaussée, avec fenêtre prenant jour sur le potager de la pension; ils eurent deux lits, une table, deux chaises et une grande caisse pour y mettre leurs affaires.

Après avoir assisté à cette installation, les parents payèrent six mois d'avance pour la pension et dirent adieu à leurs enfants.

Quelle déception pour François! lui qui avait toujours été libre comme l'air, parcourant les montagnes comme un chamois, de se voir enfermé dans cette boîte, dans un pays inconnu! S'il n'eût eu la compagnie de ce bon Margaritis, il se fût sauvé à travers bois.

Quand on partage la captivité avec un ami, c'est un grand adoucissement; aussi, le premier chagrin passé, ce fut François qui consola son camarade : « Ne pleure pas, Jean-Antoine, lui dit-il, le maître n'a pas l'air méchant, et puis, tu sais, avec moi tu n'as rien à craindre. »

Le lendemain, M. Dubuisson fit passer un petit examen

à ses deux pensionnaires; il s'assura qu'ils lisaient et écrivaient très bien, et qu'en plus ils connaissaient les quatre règles d'arithmétique sur le bout du doigt.

Cela le fit réfléchir, il se dit qu'il n'avait plus grand'-chose à leur apprendre, puisque lui-même n'en savait pas davantage.

L'école de ce village n'était fréquentée que par les petits paysans de l'endroit; c'était déjà bien beau pour ce temps-là, plus d'un siècle en arrière, d'avoir une école pour apprendre aux enfants à lire, écrire et bien compter; combien de pays n'en avaient pas autant, à une époque où l'éducation n'était pas obligatoire!

Nos deux amis étaient trop grands pour aller dans la classe avec les autres, ils n'y auraient rien appris; ils travaillaient dans leur chambre; le maître leur faisait copier des pages dans des livres et leur faisait des dictées, pour les familiariser avec la langue française.

Sous prétexte de les distraire et de développer leurs forces physiques, cet homme pratique les fit travailler à son potager; ils arrachaient les mauvaises herbes, bêchaient la terre et brouettaient le fumier; en un mot, ils cultivaient son jardin.

Les deux jeunes gens étaient enchantés de cette occupation qui leur donnait beaucoup de liberté.

Tous les dimanches, le maître conduisait ses élèves à la grand'messe, et comme il avait remarqué que François avait une belle voix, il le fit chanter au lutrin : ce qui faisait son bonheur.

Margaritis avait une petite voix de crécelle, qu'il conserva ainsi toute sa vie; il se contentait de servir la messe.

M. Dubuisson voyant que son potager était bien tenu, voulut récompenser ses deux jardiniers; il leur permit d'aller se promener dans la forêt de Sénart.

C'était le rêve de François; parcourir cette superbe forêt dans tous les sens; marcher avec précaution, pour voir passer les cerfs et les biches dans ces longues allées couvertes; quel bonheur!

Au pays, il fallait courir une demi-journée pour débusquer un malheureux lièvre, et ici, les lapins et les lièvres lui partaient dans les jambes! Il aurait planté sa tente dans les bois, et fait le trappeur, tellement il était enthousiasmé.

C'en était fait! la passion de la chasse s'emparait de François, et le domina toute sa vie.

Il y avait auprès de l'école une petite boutique de droguerie et épicerie, où l'on pouvait boire un verre de vin blanc, sur une petite table disposée près de la fenêtre.

Au-dessus de la porte d'entrée se trouvait accrochée comme enseigne une botte de chiendent, pour indiquer que l'on vendait aussi des herbes médicinales.

Ce modeste établissement était tenu par M. Poilfin, ancien piqueur du duc de Montmorency.

Dans le pays, on l'appelait le père Chiendent, à cause de son enseigne.

Dans une chasse au sanglier, le duc, désarçonné, eût été tué par l'animal furieux, si son piqueur ne se fût élancé à son secours, et n'eût reçu le coup de boutoir destiné à son maître.

Il resta estropié, mais le duc lui fit une pension et lui avança une somme pour monter un petit commerce dans son pays.

Si la jambe traînait un peu, les poumons étaient excellents, et le père Chiendent continuait à jouer du cor de chasse comme par le passé.

Après le coucher du soleil, il prenait son cor de chasse et allait s'installer sur la lisière de la forêt; c'était là qu'il faisait résonner les échos d'alentour.

Un jour, le père Chiendent était installé comme d'habitude à son poste favori, avec une bouteille de vin blanc près de lui, pour s'humecter le gosier, lorsqu'il aperçut, à quelques mètres, un jeune garçon, appuyé contre un arbre, et paraissant en extase; il reconnut l'élève de M. Dubuisson; il lui fit signe de s'approcher, et lui dit avec bienveillance : « Ça te fait donc plaisir de m'entendre? — Oh! oui, M. Poilfin, répondit François, je n'ai jamais rien entendu de si beau? — Eh bien, assieds-toi là, bois d'abord un coup, tu verras que mon vin blanc n'est pas mauvais, et à présent je vais te jouer la Saint-Hubert. »

François n'avait pas osé donner le nom de Chiendent à un si grand artiste; il lui avait dit : « Oui, M. Poilfin ; » cette marque de respect produisit son effet, et il lui joua ses plus belles fanfares.

En rentrant au village, ce fut François qui porta le cor de chasse en bandoulière; il marchait la tête haute, fier comme Artaban.

De ce jour ils furent amis.

Comme il est vrai de dire que les impressions de jeunesse sont souvent celles que l'on conserve toute sa vie !

Le cor de chasse eut pour François un attrait qui ne fit qu'augmenter avec l'âge; il prit ses premières leçons avec le père Chiendent, et plus tard il cultiva cet instrument au point d'en jouer admirablement, ce qui lui fut d'une grande utilité dans bien des circonstances de sa vie.

Margaritis et François étaient si raisonnables et aimés dans le pays, que M. Dubuisson n'exerça plus aucune surveillance sur eux; il n'exigeait qu'une chose, c'était que son jardin soit bien cultivé.

La nourriture de la pension n'était plus en rapport

avec l'activité que déployaient ces jeunes garçons ; le maître d'école les rationnait au point de leur faire souffrir la faim ; mais ils ne se plaignirent pas à leurs parents, dans la crainte de voir cesser la vie de cocagne qu'ils menaient ; ils se rattrapaient chez le bon curé, qui les invitait à dîner tous les dimanches, pour les récompenser des services qu'ils rendaient à l'église en chantant au lutrin et en servant la messe ; mais il ne parvenait jamais à les rassasier.

Cependant la ladrerie du marchand de soupe devint telle que François dut aviser à y porter remède.

Le seul domestique de la pension était un vieux bonhomme qui cumulait les fonctions de cuisinier, de garçon de salle et de surveillant ; il déplorait la parcimonie du patron qui refusait le nécessaire à ces jeunes gens qu'il aimait beaucoup, parce qu'ils l'aidaient dans son service pour le soulager un peu, parce qu'il était très âgé.

François, voyant que Margaritis maigrissait, faute de nourriture suffisante, résolut de pourvoir lui-même aux provisions, en utilisant certains talents qu'il avait acquis au pays quand il accompagnait son oncle Joseph dans les Alpes.

Il fabriqua des lacets pour prendre du gibier dans la forêt ; il se fit braconnier : c'était la lutte pour l'existence !

Il s'assura d'abord du concours du vieux serviteur et de celui du père Chiendent.

Ces braves gens étaient indignés de voir que ces pauvres enfants souffraient de la faim ; ils furent tout disposés à leur venir en aide par tous les moyens que leur permettrait leur modeste position.

Ils admiraient François, qui était un garçon énergique et plein de ressources, et ils approuvèrent le parti qu'il avait pris.

5

Voici ce qui fut convenu : François, qui connaissait la forêt comme sa poche, irait à la tombée du jour placer ses lacets dans des endroits que lui seul connaissait, et le matin, à l'aube, il irait enlever tout ce qui serait pris ; il aurait soin ensuite de cacher ses pièges dans des trous ou sous des feuilles mortes.

Il s'était fabriqué une grande poche, en dedans de son habit, dans le dos, où il pouvait cacher lièvres, lapins, perdrix et faisans ; c'était une carnassière qui ne le quittait jamais, elle était toujours remplie d'un tas d'ustensiles.

Quand François revenait de ses excursions matinales, il se faufilait chez le père Chiendent, par une petite porte au fond de son jardin, donnant sur la campagne ; il en avait toujours la clef dans sa poche ; c'était chez lui qu'il vidait sa carnassière.

Ensuite on procédait de la sorte : le père Chiendent faisait cuire le gibier et fournissait le vin, on achetait le pain en commun, et les trois amis, installés dans une petite pièce donnant sur le jardin, faisaient bombance, à l'abri de tous regards indiscrets.

Quand la chasse était abondante, ce qui arrivait souvent, car la forêt fourmillait de gibier, le vieux serviteur se chargeait de le vendre à des personnes discrètes qu'il connaissait, et le produit de la vente était partagé entre les quatre compères. Je dis les quatre, parce que Margaritis était également utile à la société en entretenant le potager en bon état, pendant que François pourvoyait à la nourriture. A partir de ce moment, l'existence devint supportable, et nos amis se la coulèrent douce.

François aimait beaucoup à lire, mais le maître d'école n'avait aucun livre intéressant ; il s'adressa à M. le curé qui lui prêta l'Histoire romaine, la *Vie des saints*, *Télémaque* et d'autres ouvrages sérieux qui firent ses délices.

Il s'instruisait ainsi tout seul ; et pendant les longues soirées d'hiver il faisait la lecture à ses amis.

Retournons un peu en arrière et voyons ce qui s'était passé à Paris depuis que les enfants étaient confinés à Boissy-Saint-Léger.

Après avoir dit adieu à son fils, Jean Margaritis était retourné à Paris.

Jean et Borgnis avaient continué leur route vers les villes, villages et châteaux où celui-ci avait l'habitude d'aller.

La campagne fut assez fructueuse, et quand ils rentrèrent à Paris, à la fin de septembre, ils avaient épuisé leur stock de marchandises et reçu beaucoup de commandes.

La tournée se faisait pour le compte de Jean, et Borgnis recevait un tant fixe, par jour, pour ne pas compliquer la situation qui avait été réglée avant le départ, ainsi que nous l'avons expliqué plus haut.

Dans le courant d'octobre, Borgnis partit définitivement pour le pays.

Jean profita de l'occasion pour envoyer de l'argent à son père et un châle à sa mère, pour le mettre sur la tête.

Il s'aperçut alors qu'il était bien seul ; il pensa un moment à faire revenir son fils pour lui tenir compagnie, mais celui-ci lui écrivait toujours qu'il se portait très bien, et qu'il commençait à écrire et à s'exprimer en français ; il ne voulut pas arrêter ses progrès, et jugea qu'un enfant de treize ans ne lui serait encore d'aucune utilité pour son commerce ; il préféra le laisser encore un an au bon air.

Il lui vint à l'idée d'écrire à son frère Joseph et de lui proposer de venir travailler avec lui à Paris.

Il y eut bien des tiraillements au pays ; la femme de

Joseph ne voulait pas rester seule avec ses petites filles, et son beau-père, Taragnolino, et les vieux parents la soutenaient avec énergie.

Cependant, Joseph avait un grand désir de voir Paris ; il laissa passer l'orage et fit savoir à son frère qu'il profiterait de la première occasion pour venir le rejoindre.

L'automne avait été superbe, et comme le beau temps continuait, une compagnie d'émigrants n'hésita pas à traverser le Simplon, malgré la saison avancée.

Joseph se joignit à eux ; il les quitta à Genève pour aller rendre visite aux cousins Mellerio, suivant la tradition.

Il arriva à Paris à la fin de 1785, il avait alors trente-trois ans.

Les deux frères éprouvèrent une grande joie de se retrouver ; Joseph lui donna les détails les plus circonstanciés sur tout ce qui s'était passé au pays depuis un an.

Les parents et amis accoururent à la maison, ils l'accablèrent de questions sur leurs familles ; Joseph, qui était très expansif et grand parleur, leur raconta tous les potins de la vallée.

Quand le calme fut revenu, les deux frères organisèrent leur intérieur et s'occupèrent des commandes que Jean avait reçues pendant la campagne d'été.

Au printemps de 1786, on prépara tout pour la tournée annuelle ; ce fut alors que l'on s'aperçut que les caisses étaient nombreuses et volumineuses, à cause des articles d'église dont on avait reçu la commande dans les paroisses et les couvents que l'on avait visités.

Il fut décidé que l'on achèterait un cheval et une petite charrette recouverte d'une toile, pour y charger les caisses et se faire traîner, au lieu de s'éreinter comme par le passé à faire la route à pied avec les boîtes sur le dos.

Ce fut dans cet équipage que les deux frères firent leur entrée à Boissy-Saint-Léger, à la fin d'avril.

C'était un samedi ; les deux enfants étaient sur la place de l'église, causant avec M. le curé, lorsqu'ils virent déboucher une petite charrette dans laquelle se trouvaient deux hommes assis sur la planchette de devant.

François reconnut de suite son père et l'oncle Joseph ; il s'élança à leur rencontre, suivi de Margaritis, et tous les quatre s'embrassèrent avec effusion.

L'oncle Joseph trouva François bien grandi, s'exprimant déjà en français avec beaucoup de facilité, et il lui en fit ses compliments.

La soirée se passa en petit comité, dans l'arrière-boutique de M. Poilfin, où l'on dîna ; il leur servit un beau lièvre qu'il disait avoir reçu d'un garde-chasse de ses amis.

On resta très tard à causer du pays ; l'oncle Joseph, égayé par le vin blanc, était intarissable d'anecdotes qu'il terminait invariablement par des « tarapatara, » des plus concluants.

Le lendemain, dimanche, ils allèrent tous à la grand'-messe ; François chanta avec entrain et ses parents en firent autant.

Après la cérémonie, M. le curé les retint tous les quatre à déjeûner ; ils furent fort gais et mangèrent copieusement.

Quand le repas fut terminé, M. le curé prit Jean à part et le félicita d'avoir un garçon aussi raisonnable ; il lui prédit qu'il ferait son chemin.

On se rendit ensuite chez M. Dubuisson ; on le remercia des bons soins qu'il avait prodigués à ses élèves, qui avaient des mines de prospérité qui faisaient honneur à sa cuisine.

On lui paya d'avance la pension jusqu'à fin septembre,

époque à laquelle les deux enfants devaient rentrer dans leurs familles.

On alla boire une bouteille chez M. Poilfin et le remercier de son hospitalité ; après cela, les voyageurs se remirent en route, accompagnés par les enfants bien au delà du pays.

La saison d'été s'écoula à Boissy-Saint-Léger, sans incidents marquants ; la moitié du temps se passait dans la forêt, le potager était toujours bien entretenu, et les vivres ne firent jamais défaut.

A la fin de septembre, Margaritis et l'oncle Joseph vinrent chercher les enfants, qui n'étaient pas fâchés de revenir à Paris pour reprendre cette bonne vie de famille.

On promit à M. le curé et à M. Poilfin de revenir les voir, en les priant de passer rue des Lombards chaque fois qu'ils viendraient à Paris.

Quant au marchand de soupe, on le quitta sans regrets.

LES DÉBUTS DU COMMERCE

Nous voici arrivés à la fin de 1786 ; François va entrer dans la vie active du commerçant, et bientôt nous le verrons prendre une place prépondérante dans la famille.

Il allait avoir quinze ans ; il était très grand pour son âge et paraissait robuste ; ce qui n'était pas étonnant après la vie en plein air qu'il avait eue pendant ces deux dernières années.

Il était d'un naturel très observateur, comme le sont en général les chasseurs ; Paris ne l'étourdit plus comme la première fois ; les monuments l'intéressaient davantage : les longues lectures qu'il avait faites le mettaient à même d'en apprécier la magnificence.

Le Palais-Royal était le rendez-vous des riches étrangers et des gens à la mode ; il y allait souvent pour admirer les richesses exposées dans les magasins de bijouterie.

En rentrant chez lui, il comparait les petites ventes dont se contentaient ses parents avec les grosses affaires qui devaient se brasser au Palais-Royal.

Il allait quelquefois rendre visite à son cousin Jean-Baptiste Mellerio (Mylord), qui devait plus tard devenir son oncle ; il admirait son activité et l'ordre qui régnait dans sa maison.

Tout cela le faisait réfléchir ; il se sentait animé d'une noble ambition ; il se promit d'en faire autant, et il tint parole.

Il chercha d'abord à se rendre compte de la façon dont opéraient ses parents ; il les accompagnait en fabrique et chez les clients ; il inscrivait tout ce qui avait été dit et tout ce qu'il y avait à faire.

Il avait remarqué que ses parents n'inscrivaient presque rien, qu'ils se fiaient entièrement à leur mémoire ; ce qui était un défaut commun à tous nos ancêtres.

On cite un certain Borgnis-Gallanty qui n'avait pour tout registre qu'un petit cahier comme celui des blanchisseuses, sur lequel il inscrivait pêle-mêle les ventes, les recettes et les commandes ; ce qui ne l'empêchait pas de trafiquer pour des centaines de mille francs par an.

Sa fille lui succéda, rue d'Argenteuil ; et cette maison devint une des plus importantes de Paris, grâce à ses capacités et à l'ordre qu'elle y introduisit.

Au printemps de 1787, on prépara le nécessaire pour la tournée en province ; on acheta un cheval et on se servit de la même petite charrette qui avait été remisée pendant l'hiver.

LA TOURNÉE EN PROVINCE

On emporta un stock de marchandises plus complet que les autres années ; ce fut François qui les enveloppa et les examina avec soin ; chaque objet fut étiqueté par lui, mais cela fut considéré par ses parents comme un travail inutile ; ils disaient qu'ils se rappelaient très bien tous les prix.

Pour ne pas augmenter les frais, on décida que Jean resterait à Paris, pour s'occuper des affaires courantes, et que l'oncle Joseph ferait la tournée avec son neveu, pour l'initier aux affaires et lui faire connaître la clientèle de province.

Lorsque l'on passa par Boissy-Saint-Léger, François rendit visite à tous ses amis.

On traversa la forêt de Sénart, et, dans un moment d'expansion, François confia à son oncle que c'était lui qui avait pris le beau lièvre qu'on avait mangé l'année précédente chez M. Poilfin ; il lui raconta toute sa petite existence de braconnier : on est si communicatif en voyage ! il lui fit même voir les endroits où il plaçait ses lacets ; l'oncle Joseph riait aux éclats, il lançait des tara-patara à effaroucher toutes les biches de la forêt ; mais lorsqu'il apprit que son neveu faisait ce métier, forcé par la faim, il voulut retourner en arrière pour administrer une volée au marchand de soupe, et François eut beau-coup de peine à le calmer.

Quelle délicieuse journée ils passèrent ! ils avaient dételé le cheval, le laissant libre de manger l'herbe qui poussait dans la clairière ; ils sortirent leurs provisions, et s'installèrent à l'ombre d'un chêne séculaire.

Pendant leur repas frugal, François raconta à son oncle les chasses royales dans la forêt; les meutes superbes, les piqueurs et leurs fanfares; les grands seigneurs et les belles amazones qui traversaient les routes au grand galop; le pauvre cerf qui allait mourir dans l'étang, dévoré par les chiens: c'était émouvant! L'oncle Joseph enthousiasmé vidait sa bouteille sans s'en apercevoir; il s'écriait de temps en temps: « Tarapatara! Tarrrapatarrra! que ça devait être beau! »

Ils quittèrent la forêt à regret, et continuèrent leur route. Il faut croire que l'oncle Joseph avait laissé de bons souvenirs après son dernier voyage avec son frère, car il ne rencontrait que des amis partout; c'étaient des poignées de mains et des trinquades qui se renouvelaient dans tous les pays que l'on traversait.

François en fut d'abord étonné, puis il s'en inquiéta lorsqu'il s'aperçut que toutes ces stations finissaient par rendre son oncle d'un bruyant et d'un expansif tout à fait nuisibles aux affaires, le seul but du voyage.

Il en fit respectueusement l'observation à son oncle; celui-ci lui donna raison, mais n'en absorba pas un verre de moins.

Alors, François comprit qu'il devait prendre la direction des affaires; il s'occupa de la vente et prit bonne note des commandes, sans se préoccuper de son oncle qui faisait beaucoup plus de bruit que de besogne.

De tout temps les commis-voyageurs ont été de bons vivants; il faut attribuer cela à leur vie nomade, à la rencontre journalière, d'anciennes connaissances, à l'habitude de traiter les affaires au café, où l'on retrouve des clients à ramener et d'autres à conquérir; tout cela, le verre en main: est-il donc bien étonnant que l'oncle Joseph, qui venait de quitter la vie tranquille et sobre des montagnes, ait subi l'influence de ces gens-là? et puis il est difficile de prendre amour aux affaires lorsque l'on est resté trente-trois ans, sans en connaître le premier mot : en toute chose il faut faire son apprentissage.

François ne se fit pas d'illusions, il comprit de suite la tâche qu'il devait s'imposer : c'était d'empêcher son père de suivre la pente fatale dans laquelle son oncle s'engageait.

Dans l'après-midi, il ne pouvait plus compter sur lui.

Ces cinq mois de pérégrinations furent pour François un apprentissage très profitable : il s'habitua au contact du monde, il apprit à se méfier des intrigants et à surveiller sa marchandise.

Si l'oncle Joseph eût entrepris seul ce voyage, non seulement les affaires eussent été nulles, mais il aurait été dévalisé par les compères qui savaient l'accaparer.

Lorsque l'on rentra à Paris, à la fin de septembre, François était bien décidé à supprimer ces tournées en province, peu lucratives et plutôt nuisibles, à cause des occasions et des connaissances peu recommandables auxquelles ses parents ne savaient pas résister.

On vendit le cheval et la charrette, et il ne fut plus question à l'avenir de ces tournées en province.

Cette détermination nous prouve l'ascendant que François exerçait déjà sur ses parents.

Mais il devenait urgent d'augmenter la clientèle de Paris, afin que le besoin de parcourir la province ne se fît plus sentir.

Tous les matins, François accompagnait ses parents, soit en fabrique, soit chez les clients.

Un jour, Jean dit à son fils : « Voyons un peu, mets la boîte sur ton dos, pour savoir si elle est trop lourde pour toi ? » Alors, François la plaça sur ses épaules et se promena dans la chambre avec la plus grande aisance : « Tiens, mais, elle te va très bien ! » s'écrièrent Jean et l'oncle

Joseph. Alors Jean dit à son fils : « A présent, c'est toi qui la porteras quand nous irons chez les clients. » En effet, à partir de ce jour, ce fut François qui porta la boîte.

Ils se présentaient dans les hôtels des grands seigneurs, des financiers, et chez ceux qui avaient la réputation d'être riches et solvables ; c'était François qui faisait les offres de services : il avait moins l'accent italien que ses parents, et il s'y prenait avec tant de grâce que l'on refusait rarement d'examiner ses marchandises.

Il glissait adroitement une petite pièce de monnaie ou un bijou de peu de valeur dans la main du majordome et des femmes de chambre ; souvent même aux suisses ; aussi, lorsqu'il retournait chez ces mêmes personnes, était-il certain d'être bien reçu.

La rue des Lombards était le rendez-vous de tous les Italiens ; il en résultait que les parents de François se trouvaient assaillis par les amis et les compatriotes ; ce qui était un obstacle à la prospérité de la maison : ce n'était que perpétuelles visites au marchand de vin ; un jour, pour fêter l'arrivée de celui-ci ; une autre fois, pour se consoler du départ de celui-là ; sans compter les voisins qui venaient tous les soirs faire la causette et vider des bouteilles ; tout cela empêchait François de régulariser les opérations de la journée.

Il chercha encore à mettre bon ordre à cet inconvénient ; il décida ses parents à changer de quartier, sous prétexte que le local était devenu trop restreint et peu approprié aux affaires. Ils se rendirent à son observation, parce qu'ils avaient la plus grande confiance en lui.

Il trouva un appartement rue Grenéta, et on s'y transporta en janvier 1789.

François avait dix-sept ans ; il était grand et paraissait déjà un homme, tellement il était sérieux en affaires.

Tout lui passait par les mains, et les clients ne voulaient plus avoir affaire qu'à lui.

Ses parents en éprouvaient un peu de dépit, surtout son père ; cette remarque fit beaucoup de peine à François.

Quant à l'oncle Joseph, il n'y avait plus à se le dissimuler, il était devenu bambocheur !

La maison continua néanmoins à progresser pendant les trois années qui suivirent, grâce à la vigilance et à l'activité de François.

DÉPART DES LOMBARDS

1793

Nous arrivons à l'époque terrible de la grande Révolution de 1793.

Le commerce était absolument nul, tout était bouleversé.

Le 21 janvier, Louis XVI avait péri sur l'échafaud; Paris était consterné; la terreur régnait en France.

Telles les hirondelles, qui aux approches de l'hiver s'agitent et se rassemblent en jetant leurs petits cris de ralliement, de même les Lombards, ou plutôt les Ossolani, très effrayés, se groupaient et délibéraient, ne se sentant plus en sûreté dans cette ville livrée à l'anarchie et au déchaînement des passions révolutionnaires.

Les trois consuls et les hommes les plus importants de la colonie se réunirent d'urgence; ils jugèrent la situation dangereuse, et décidèrent qu'il était prudent de quitter la France.

Le rendez-vous général fut fixé au 31 janvier, à la barrière d'Italie.

Les Mellerio tenaient conseil; il s'agissait de prendre une résolution au plus vite, parce que la situation devenait grave.

Un soir, ils rentraient tous les trois à la maison, après avoir monté leur garde, comme le faisaient les autres négociants du quartier; ils étaient fatigués et n'avaient rien mangé depuis le matin, lorsqu'ils furent apostrophés par des mégères qui les injurièrent, et vociféraient, en les montrant au doigt : « Voyez donc! ces trois feignants! n'est-ce pas honteux, jeunes et forts comme ils sont, de

les voir se balader dans les rues de Paris au lieu d'être
à la frontière, se battre comme les nôtres ! — Ce sont des
aristocrates, » hurlaient d'affreux gamins en les accompa-
gnant jusqu'à leur porte.

A partir de ce jour, le pauvre Jean fut pris d'une grande
frayeur, il ne dormait plus et ne mangeait plus, il croyait
toujours entendre que l'on venait les arrêter pour les
guillotiner.

L'oncle Joseph, qui avait vu défiler les ignobles charrettes chargées de braves gens que l'on conduisait à la
mort, en était également tout bouleversé.

Ces deux hommes, d'une nature si bonne et pacifique,
devenaient malades en voyant toutes ces horreurs; ils
disaient à chaque instant : « Andiamo al paese, andiamo a
Craveggia, facciamo presto. »

Quand ils connurent la décision de la colonie de partir
tous en masse, à cause des dangers de la route à travers
un pays en pleine révolution, ils éprouvèrent un grand
soulagement, et se mirent en devoir d'être prêts pour le
jour fixé.

François aida ses parents à faire leur petit paquet,
car il s'agissait de le porter sur le dos jusqu'au pays,
puisque l'on devait faire la route à pied.

L'argent et les papiers précieux furent cousus dans la
doublure des habits, ainsi que quelques menus bijoux
faciles à dissimuler.

François avait déclaré formellement qu'il ne partirait
pas : « Je suis trop jeune, disait-il, pour aller me confiner
dans nos montagnes; mon devoir est de rester ici pour
garder la maison ; vous deux, vous êtes mariés, vos jours
sont précieux, vous devez vous conserver pour le bien de
votre famille. »

Tout en faisant ces beaux raisonnements, il les aidait,
et finit par les persuader et les mettre en état de partir.

Le 31 au matin, François mit sur son dos le sac de son père, et ils s'acheminèrent tous les trois vers la barrière d'Italie.

Toute la colonie des Ossolani était réunie ; on compta cinq cents partants.

François fit ses adieux à ses parents, qui pleuraient en songeant aux dangers qu'il allait courir en restant à Paris, si jeune et étranger.

Pauvre François ! il donnait une grande preuve de courage et d'abnégation en restant ; il aurait tant aimé revoir sa mère, ses vieux parents et ses chères montagnes qu'il n'avait pas revus depuis neuf ans !

Il avait atteint ses vingt et un ans, la fortune commençait à lui sourire, et tout s'écroulait autour de lui ! Il n'avait d'autre consolation que celle d'avoir mis ses parents hors de danger.

Les trois consuls se placèrent en tête de la colonne ; on déploya un étendard sur lequel était écrit : « Savoie », et on donna le signal du départ en criant : « Vive la Fance ! »

François embrassa encore ses parents, tout ému ; il leur souhaita bon voyage en les chargeant de mille tendresses pour sa mère.

Ils étaient mornes et abattus tous ces compatriotes qui partaient, ils se savaient ruinés sans espoir, car plusieurs avaient atteint l'âge où le repos est la récompense du travail honnête ; ils rentraient dans leurs foyers presque aussi pauvres que le jour où ils les avaient quittés ; ils étaient forcés d'abandonner leur commerce et leurs établissements avec précipitation, persuadés qu'ils ne retrouveraient plus que ruine et désolation si un jour il leur était possible de revenir.

Mais, plus heureux que François, ils allaient retrouver leurs familles, leurs belles montagnes ; cette pensée leur mettait un peu de baume dans l'âme.

Ai nostri monti ritorneremo
L'antica pace, ivi godremo (*Trovatore*).

C'était bien une légion italienne qui allait traverser la France, mais elle n'était pas composée de guerriers comme les légions romaines : c'étaient des hommes pacifiques, des travailleurs ; il n'était pas possible de les prendre pour des aristocrates fuyant leur pays pour échapper à la guillotine.

On les regardait passer avec sympathie, on les prenait pour des ouvriers qui rentraient chez eux pendant la morte saison d'hiver, ainsi que cela se faisait depuis des siècles.

On criait : « Vive les Savoyards ! Vive les Piémontais ! » Ils répondaient : « Vive la France ! » et continuaient leur route en colonne serrée, évitant les grandes villes, ne se reposant que dans les fermes ou les petits villages.

Ils arrivèrent à Genève, épuisés de fatigue ; il y avait plus de quinze jours qu'ils étaient en route.

Les Suisses leur firent un accueil sympathique.

Ils s'arrêtèrent quelques jours dans cette ville pour se reposer et réparer leurs vêtements, qui étaient dans un état pitoyable.

Ni le froid ni la pluie n'avaient pu ralentir leur marche, tant ils avaient eu hâte de sortir de France, où ils ne se sentaient pas en sûreté depuis que des bruits de guerre avec leur pays commençaient à se faire entendre.

Les parents de François profitèrent de cette halte pour aller rendre visite à leur cousin Joseph Mellerio.

Ce Mellerio, frère de Jean-Baptiste (Mylord), était un bon propriétaire. Il possédait une belle maison de rapport à Genève, rue du Vieux-Collège, et une belle propriété à Archamp, en Savoie, qu'il faisait valoir lui-même.

Il reçut nos deux voyageurs de la façon la plus cordiale, et les garda chez lui.

On vivait largement chez ce bon parent, et les vins qu'il récoltait étaient exquis.

L'oncle Joseph ne tarissait pas d'éloges sur le fumet de ces vins ; Jean en vantait également l'excellente qualité : ces pauvres gens avaient si besoin de réparer leurs forces !

Le cousin était flatté des éloges que faisaient ces deux connaisseurs ; les bouteilles se succédaient avec entrain : on avait tant de choses à se raconter ! finalement, le soir, ils étaient tous dans les vignes du Seigneur.

Les amis eurent beaucoup de peine à les séparer de cet aimable parent, ils ne voulaient plus quitter ce pays enchanteur ; ils durent cependant s'y résigner quand la colonne reprit sa marche autour du lac de Genève, se dirigeant vers Lausanne, et de là dans le Valais.

Quand on arriva à Brigg, on apprit que le Simplon était couvert d'une neige épaisse et que la traversée était très dangereuse.

Mais ce qui était dangereux pour des voyageurs ordinaires l'était bien moins pour des montagnards habitués aux ascensions des Alpes, dans n'importe quelle saison.

Ils se concertèrent pour arriver à Domodossola le samedi, jour de marché.

Ils prirent de suite toutes les précautions nécessaires pour marcher dans la neige et se frayer un chemin à travers ces glaciers et ces précipices.

Il est nécessaire de rappeler que la superbe route militaire qui existe aujourd'hui sur le Simplon ne fut exécutée qu'en 1800, par ordre de Napoléon Ier.

En 1793, il n'existait qu'une route pour les mulets, très étroite, que la neige faisait disparaître complètement.

Nos voyageurs étaient assez nombreux et expérimentés pour affronter cette ascension, périlleuse en février, où quelques avalanches pouvaient déjà se détacher.

Ils se mirent de longues raquettes aux pieds, pour se maintenir au-dessus de la neige ; ils entourèrent leurs jambes de pièces de grosse laine retenues au-dessus du genou et aux jarrets par de fortes ficelles : ce qui leur faisait des guêtres chaudes et imperméables.

Ils s'armèrent tous de longs bâtons ferrés.

Ils formèrent une longue file de deux de front, et tous les quarts d'heure, cinquante de ceux qui étaient en tête se repliaient en arrière pour se reposer ; de la sorte, chacun à son tour, on passait dans les premiers, ayant de la neige jusqu'au ventre, pour frayer le chemin aux autres.

On avançait lentement, c'est vrai, mais comme on était plus de cinq cents, on montait toujours.

On arriva le soir au village du Simplon, trempés et harassés de fatigue ; mais le plus difficile était fait, on avait franchi le sommet, il n'y avait plus qu'à descendre.

On s'installa comme l'on put dans ce petit village enfoui dans la neige, on se sécha, et on y passa la nuit.

Dès qu'il fit jour, on se remit en route en procédant de la même façon.

A mesure que l'on approchait d'Iselle, les cœurs se dilataient : c'était la frontière d'Italie, on allait bientôt fouler le sol de la patrie.

Finalement, ils sortirent de ces gorges sauvages, ils débouchèrent à Crevola, et la superbe vallée de l'Ossola se déroula devant leurs yeux.

Ils entrèrent à Domodossola à la tombée du jour ; ils se dispersèrent dans les différents hôtels de la ville, et prirent un repos bien mérité.

Le lendemain était un samedi, jour de marché ; cela avait été combiné, comme nous l'avons déjà dit, afin de se rencontrer avec les gens de leur pays qui viennent au chef-lieu ce jour là, pour le commerce des bestiaux et faire leurs provisions.

Toute la matinée se passa en embrassades et poignées de mains : on était si heureux de voir des figures de connaissance, que Jean et son frère embrassaient tous ceux de leur vallée, même ceux qu'ils connaissaient à peine.

A cette époque, il n'y avait pas de route carrossable pour aller dans la vallée de Vigezzo, tous les transports se faisaient à dos de mulets ; la route qui existe aujourd'hui fut tracée par l'ingénieur Joseph-Antoine Borgnis, en 1825, et ne fut entièrement terminée qu'en 1840.

Plus de la moitié des voyageurs restèrent à Domodossola et se répandirent dans les vallées environnantes.

Les Vigezzini se mirent en route assez à temps pour arriver chez eux avant la nuit.

Il n'y avait ni poste ni journaux de ce temps-là, et cette pauvre vallée, située à plus de huit cents mètres au-dessus du niveau de la mer, aux confins de là Suisse et du Piémont, connaissait à peine ce qui se passait dans le monde.

Depuis quelque temps, des bruits sinistres s'étaient répandus dans ces régions alpestres : on disait que Paris était en révolution, que l'on avait tué le roi, et que les nobles et les étrangers fuyaient avec précipitation.

A Craveggia, tout le monde était dans la consternation, on n'avait aucune nouvelle de ceux qui étaient à Paris, et ils étaient nombreux ; aussi les pèlerinages à la Madonna di Rè se suivaient-ils sans relâche.

L'angelus sonnait au clocher de Craveggia ; les femmes se rendaient à l'église pour réciter le rosaire, et les hommes, réunis sur la place par petits groupes, causaient de leurs affaires en attendant le retour de ceux qui avaient été au marché de Domodossola, et qui devaient leur apporter des nouvelles toutes fraîches de ce qui se passait dans le monde.

On entendit la clochette des mulets qui montaient ;

tous s'élancèrent à l'entrée du pays, n'ayant pas la patience d'attendre.

Quel ne fut pas l'étonnement général en apercevant une longue file d'hommes qui arrivaient derrière les bêtes de somme.

Ils questionnèrent les premiers muletiers, et dès qu'ils surent que c'étaient les Parisiens qui arrivaient, ce ne fut plus qu'un cri, qui en un instant fit le tour du pays : « Sono i Nostri ! che arrivano da Parigi ! » et tous se précipitèrent à leur rencontre, dans l'espoir d'y trouver quelqu'un des leurs.

Les voyageurs arrivaient lentement, très fatigués de leur long voyage ; ils ne manifestaient aucune allégresse, ils étaient sérieux.

Ils étaient certainement heureux d'embrasser leurs parents, mais ils apportaient des nouvelles peu consolantes.

Lorsque Jean entra chez lui, sa femme se jeta à son cou et l'embrassa tendrement.

Elle remarqua de suite la tristesse qui était peinte sur le visage de son mari, elle tressaillit, et regardant autour d'elle, elle demanda avec inquiétude : « Et François ?

— Il est resté là-bas, répondit Jean à voix basse, il n'a pas voulu nous suivre ; il est resté pour garder la maison.

— Madonna Santa ! » s'écria la pauvre mère, et elle fondit en larmes.

A partir de ce soir-là, après avoir récité le rosaire en famille, *per i poveri morti*, on disait un *Ave Maria* pour François, afin de le mettre sous la protection de la sainte Vierge.

L'ARMÉE DU NORD

Après avoir dit adieu à ses parents, à la barrière d'Italie, François s'en retourna lentement à la maison, bien triste, réfléchissant au parti qu'il devait prendre.

Il se décida à transporter chez un ami dévoué ce qu'il avait de plus précieux, ne conservant rue Grenéta que les gros meubles et le nécessaire pour se coucher.

Cela fait, il disposa son temps de façon à ne rentrer chez lui que le soir, afin de ne pas être remarqué dans le quartier.

Ne pouvant rester inactif, il s'offrait spontanément aux chefs de sa section pour monter la garde et assister aux parades et aux manifestations auxquelles son bataillon devait prendre part.

Son service fini, il rentrait chez lui se reposer, au lieu de fréquenter les cafés et les réunions tumultueuses, comme le faisaient les autres gardes nationaux.

La belle saison s'écoula sans qu'il fût inquiété.

Le 15 octobre, il était de garde à la Conciergerie; il savait que Marie-Antoinette s'y trouvait enfermée; cette pensée le désolait; il eût volontiers tenté un coup de main pour la délivrer, si ses compagnons eussent été du même avis que lui; mais il était entouré de gens farouches, abrutis et incapables d'un sentiment généreux.

Il se garda bien de manifester son sentiment, et fit son service sans avoir l'air de se préoccuper de ce qui se passait autour de lui.

Il l'aperçut, cette malheureuse reine, traînée au sanglant tribunal révolutionnaire qui devait la juger.

Il la revit encore passer, lorsqu'elle fut ramenée à la

Conciergerie, condamnée à mort; calme et digne, elle promenait un regard indifférent sur ce peuple qui tant de fois avait applaudi à sa beauté, et qui aujourd'hui applaudissait à sa condamnation.

François tressaillit lorsqu'elle passa devant lui; des larmes coulaient le long de ses joues à ce spectacle navrant; mais sa physionomie resta impassible : le moindre signe de commisération eût été sa condamnation à mort.

Le lendemain, 16 octobre, au matin, la reine Marie-Antoinette fut guillotinée, sur la même place où son mari avait péri dix mois auparavant.

Ce jour-là, François ne sortit pas de chez lui : il craignait de se trahir, tellement son indignation débordait. Il chercha à se distraire en lisant et en écrivant; mais toujours la figure de cette malheureuse reine lui revenait à l'esprit.

Le soir, il sortit un instant pour prendre un peu d'air; et, lorsqu'il revint dans sa rue, il remarqua qu'il était observé par des individus aux allures suspectes; il vit des gens qui causaient à voix basse en le regardant; il passa crânement devant eux, et rentra chez lui.

Très intrigué par ce qu'il avait vu, il ne se coucha pas et laissa sa chambre dans l'obscurité, afin de pouvoir regarder dans la rue sans être aperçu.

Il vit un attroupement sous ses fenêtres : on avait l'air d'attendre quelque chose; puis il se produisit un grand mouvement : on regardait en l'air, vers les fenêtres de son appartement; et, tout à coup, des cris féroces se firent entendre : « A mort, l'aristocrate! Enlevons-le! A la guillotine! » Et on frappait à la porte cochère pour se faire ouvrir.

François comprit qu'il avait été dénoncé comme suspect, et que l'on venait l'arrêter.

Il ne perdit pas la tête ; il chercha le moyen d'échapper à la fureur de cette populace en délire.

Le moment était critique ; déjà on entrait dans la maison.

Pendant que l'on parlementait avec le concierge, il sortit de l'appartement, qu'il ferma à double tour, mit la clef dans sa poche, et s'élança vers le grenier de la maison, dont il ferma également la porte derrière lui et jeta la clef dans un coin ; il passa à travers une lucarne donnant sur le toit, et, favorisé par l'obscurité, il rampa derrière les cheminées, gagna le toit de la maison voisine, et, suivant le même manège, sautant d'un toit à l'autre, il se trouva bientôt au-dessus de la rue Montorgueil ; là, il s'orienta un instant et reprit sa course folle. Il rencontra une petite fenêtre ; il put distinguer qu'elle donnait dans un corridor ; il se laissa glisser par cette ouverture et sauta dans cette maison. Il respira un instant, et descendit tranquillement, comme s'il venait de rendre visite à un locataire, et réussit heureusement à sortir sans être inquiété.

Pendant ce temps-là, on fouillait la maison rue Grenéta.

Il traversa les halles, le Pont-Neuf, et gagna la rive gauche. Il se rendit chez l'ami auquel il avait confié ses valeurs, et celui-ci lui donna l'hospitalité.

Pourquoi l'avait-on dénoncé ? Parce que François, toujours correct, d'une mise modeste mais irréprochable, était estimé des honnêtes gens et détesté des révolutionnaires, avec lesquels il ne frayait pas, ce qui les exaspérait ; ils l'accusaient d'être fier : il n'en fallait pas davantage pour qu'il fût considéré comme un aristocrate.

Après cette chaude alerte, le séjour de Paris n'était plus tenable, il courait le risque d'être reconnu et arrêté sur-le-champ ; il fallait prendre une résolution prompte et énergique : c'est à quoi il réfléchit toute la nuit.

Il était inutile de songer à s'en aller au pays, la traversée de la France, seul, eût été un danger continuel.

Dans cette alternative qui ne lui offrait aucune issue, il prit le seul parti qui lui restât : c'était de se faire soldat. Il résolut de s'engager au service de la France. Mais encore fallait-il agir avec circonspection et ne pas compromettre son avenir.

La France avait, à cette époque, trois armées sur pied.

L'armée d'Italie, qui se préparait à envahir le Piémont. Il ne voulait pas se battre contre sa patrie ; il n'eut pas même un instant d'hésitation : cette direction fut écartée.

Il y avait l'armée de la Vendée ; elle avait pour mission d'écraser les nobles et les émigrés royalistes, qui avaient soulevé la Bretagne dans l'espérance de rétablir un roi sur le trône. Il éprouvait également une grande répugnance à se battre contre les rois de France, qui avaient si bien accueilli ses ancêtres, qui avaient favorisé leur commerce et contribué à leur bien-être ; il ne voulut pas être ingrat : ce parti fut également rejeté.

Il y avait l'armée du Nord ; elle devait chasser les Autrichiens et les Prussiens coalisés, qui voulaient envahir la France ; ce but était noble : il sourit au caractère chevaleresque de François.

Oui, il irait se battre contre les Autrichiens, les oppresseurs de sa patrie ; il se sentait enthousiasmé par l'idée qu'il prouverait à la France combien était grande sa reconnaissance pour ce noble pays où ses aïeux avaient trouvé le chemin de la fortune.

Il se leva de bonne heure, emprunta des habits d'ouvrier, et, sans hésitation, il se rendit au ministère de la guerre. Il demanda le bureau des enrôlements, et s'y présenta de suite.

Quand le commissaire vit entrer ce grand jeune homme,

aux larges épaules, à l'air martial, il se dit : « A la bonne heure! en voilà un qui est solide! »

Il lui demanda : « Vous venez vous engager ! — Oui, citoyen, » répondit François d'un ton ferme.

La patrie était en danger, on avait besoin de soldats, on n'était pas difficile pour les renseignements : on trouvait toujours les hommes bons pour en faire de la chair à canon. L'affaire de François fut bien vite réglée.

« Dans quelle armée voulez-vous servir? — Dans l'armée du Nord. — Comment vous nommez-vous ? — François Mellerio. — De quel pays ? — Lombard. — Quel âge? — Vingt et un ans. — Quelle est votre profession ? — Employé bijoutier. — Vous vous engagez pour combien de temps? — Pour deux ans. — Ça suffit. Vous servirez dans les grenadiers ; on va vous donner votre feuille d'engagement ; tenez-vous prêt à partir demain, avec les recrues qui seront dirigées vers le Nord. — Merci, citoyen, » répondit tranquillement notre jeune grenadier.

François rentra chez son ami ; il lui donna ses dernières instructions pour la garde des meubles qu'il laissait rue Grenéta; ensuite il écrivit une longue lettre à ses parents, pour les informer des motifs qui le déterminaient à prendre du service dans l'armée française.

Le lendemain matin, il prit son inséparable cor de chasse, mit dans son sac une paire de gros souliers de rechange, avec quelques objets indispensables, et se rendit à l'endroit désigné aux recrues qui devaient se diriger vers le Nord.

Alea jacta est! il esquivait la guillotine pour affronter une autre mort, presque certaine aussi, mais plus glorieuse.

Il fut équipé sur-le-champ, et expédié en hâte sur Wattignies.

Il reçut là une instruction rapide et sommaire du ma-
niement des armes. On n'avait pas le temps de les perfectionner ; on comptait beaucoup plus sur leur courage
que sur leur expérience ; ils se formaient d'eux-mêmes,
au contact des anciens ; ils s'aguerrissaient au bruit du
canon et de la mitraille ; la victoire les dédommageait de
toutes les souffrances et des privations endurées pendant
cette guerre si longue et si meurtrière.

Après huit jours d'exercice, il en savait suffisamment
pour se faire tuer ou tuer les autres.

Sa division était commandée par le général Hoche. Le
but de ce chef intrépide était de débloquer Landau. Il
avait électrisé ses soldats, qui se battaient comme des
lions, en criant : « Landau ou la mort ! »

Ce fut pour François le baptême du feu, et quel baptême !

Landau fut débloqué après des efforts inouïs : les
Autrichiens et les Prussiens durent se replier et abandonner toutes leurs positions.

La saison étant avancée, l'armée prit ses quartiers
d'hiver dans le Palatinat.

L'armée entière n'avait plus rien reçu de l'administration que la poudre et les projectiles ; depuis longtemps,
elle ne campait plus sous la tente ; elle bivouaquait sous
des branches d'arbres, malgré le commencement d'un
hiver très rigoureux.

Beaucoup de soldats, manquant de souliers, s'envelop-
paient les pieds avec des tresses de paille, ou se cou-
vraient avec des nattes en place de capotes.

Pendant le repos forcé de l'hiver, François sut se rendre agréable à ses camarades en les charmant avec son
cor de chasse. Ses chefs lui demandaient souvent de leur
jouer des fanfares, ce qu'il faisait volontiers ; et, pour la
peine, ils lui épargnaient bien des corvées.

Au printemps, les hostilités reprirent avec plus d'acharnement encore.

Nous ne suivrons pas François à travers les péripéties de cette longue campagne : ces faits appartiennent à l'histoire.

Nous dirons seulement qu'il prit part à tous les combats, et qu'il passait des journées dans les marais qui couvrent les Pays-Bas.

En décembre 1794, il prit ses quartiers d'hiver à Bréda, dans le Brabant ; il pensait s'y reposer pendant la mauvaise saison, ayant guerroyé toute l'année ; mais cette douce espérance se dissipa bientôt.

L'hiver s'annonça par des froids exceptionnels, et tous les grands fleuves furent gelés : la Hollande était enclavée dans une mer de glace.

Le général Pichegru, qui commandait alors l'armée du Nord, voyant que les fleuves se changeaient en grandes routes, ne voulut pas laisser échapper une si belle occasion de pénétrer dans l'intérieur de la Hollande, qui était précisément protégée par ses fleuves, ses marais et ses digues immenses.

Il lança toute son armée sur ces larges chemins improvisés, qui lui aplanissaient toutes les difficultés, et s'empara de la Hollande en un tour de main.

La flotte hollandaise était bloquée dans le port, au milieu de la glace ; le général détacha des hussards et des artilleurs à cheval, qui se lancèrent au galop et cernèrent ces immenses navires de guerre, les sommant de se rendre, ce qu'ils firent sans résistance.

Ce spectacle, de voir des vaisseaux capturés par la cavalerie, émerveilla François, qui en parlait souvent.

L'armée entra à Amsterdam le 20 janvier 1795, et y passa le reste de l'hiver.

Les habitants d'Amsterdam reçurent les Français avec

enthousiasme, et furent très empressés auprès de ces pauvres soldats, si mal équipés et si peu réparés du froid ; ils leur donnèrent des vivres en abondance et des vêtements.

Les soldats étaient payés en papier ; le gouvernement hollandais et la République s'entendirent pour que les boutiquiers et les petits marchands fussent obligés de recevoir les assignats de la main des soldats français, au taux de neuf sous pour franc ; ils ne pouvaient vendre pour plus de dix francs au même soldat ; les municipalités retiraient ensuite les assignats au taux d'après lequel ils avaient été reçus.

François se reposa complètement à Amsterdam. Ce fut pour lui l'hiver le plus rigoureux, mais celui où il trouva le plus de bien-être. De leur côté, les soldats français usèrent de tous les ménagements et de la plus grande réserve vis-à-vis des habitants de cette ville hospitalière.

Depuis six mois, François était sergent, et il n'eût tenu qu'à lui d'avoir un grade supérieur. Ses chefs avaient beaucoup d'estime pour lui, ils reconnaissaient qu'il tenait bien ses hommes et qu'il faisait son service avec régularité et beaucoup d'entrain.

Le colonel le fit appeler ; il avait remarqué ce sergent, instruit, et portant fièrement son uniforme de grenadier ; il avait vu avec quelle ardeur il entraînait ses hommes au combat. Il lui dit : « Sergent, vous êtes bien noté, je vais vous proposer pour le grade d'officier. — Merci, mon colonel, répondit le jeune grenadier, je ne désire pas suivre la carrière des armes ; je ne suis pas d'une race guerrière ; mes ancêtres étaient négociants : je n'ai pas d'autre ambition, je désire faire comme eux, si je ne suis pas emporté par quelque boulet autrichien. »

Malgré les sollicitations pressantes de ses supérieurs,

François ne voulut jamais accepter un grade au-dessus de sergent.

Au printemps de 1795, les hostilités contre les Allemands reprirent de plus belle; mais, à présent, c'était la France qui les attaquait, les rôles étaient changés : on voulait aller les châtier jusqu'au cœur de leur pays.

Combien de fois, en allant au feu, la vision des parents et du pays est-elle apparue à François! Quel désespoir, s'il allait périr dans ces vastes plaines! loin des siens! ils n'auraient jamais retrouvé trace de lui. Oh! Madone de Rè, protégez-moi! murmurait-il; et, serrant contre sa poitrine la petite médaille bénite que sa mère lui avait donnée lorsqu'il quitta le pays, il s'élançait au combat, plein de confiance, emporté par ce tourbillon humain qui semait la mort sur son passage.

La position était enlevée, l'ennemi fuyait en désordre; alors seulement François regardait autour de lui; il ne reconnaissait plus ses camarades : ils avaient été fauchés par la mitraille; d'autres avaient serré les rangs, et lui, il était encore debout! sa prière avait été exaucée!

Pendant plus de deux ans, il prit part aux combats les plus meurtriers, et toujours il fut protégé par la Madonna de Rè, qu'il invoquait au moment du danger, avec cette foi que sa mère avait su graver dans son cœur.

En décembre 1795, il y eut armistice entre les belligérants; les Français prirent leurs quartiers d'hiver sur les bords du Rhin.

L'engagement de François était terminé; il s'estimait bien heureux d'avoir échappé à la mort, et s'attendait à recevoir son congé. Vain espoir! les hostilités reprirent de bonne heure, on voulait passer le Rhin et pénétrer en Allemagne; ce n'était donc pas le moment de congédier des soldats, surtout les anciens, qui étaient aguerris et qui entraînaient les recrues par leur exemple et leur intrépidité.

Notre sergent fut obligé de recommencer une nouvelle campagne, plus terrible encore, parce que l'ennemi se défendait chez lui.

« En avant ! en avant ! » criaient les chefs ; et les sans-culottes se ruaient sur l'ennemi à la baïonnette, en faisant un carnage épouvantable.

Quand arriva le mois d'août, la fatigue et les grandes chaleurs finirent par avoir raison de la vigueur et du courage de François ; il tomba malade, dévoré par la fièvre ; ses forces l'abandonnèrent, il dut rester en arrière avec d'autres qui étaient blessés.

L'armée française se trouvait alors sur les confins du royaume de Wurtemberg.

Lorsqu'ils virent approcher ces guerriers intrépides, Bade et le Wurtemberg s'empressèrent de signer la paix définitive avec la République, en permettant aux armées belligérantes de passer sur le territoire.

Cette circonstance heureuse facilita le transport de François à l'hôpital de Stuttgart.

Pendant sa convalescence il reçut finalement son congé définitif.

Il avait entendu dire que dans cette ville se trouvaient des négociants italiens, nommés Pironi ; il se mit à leur recherche et les trouva de suite, parce qu'ils étaient très connus.

Il se présenta à la famille Pironi, originaire de Finero, dans la vallée de Vigezzo ; ils le reçurent avec bonté dès qu'ils apprirent qu'il était un fils des Mellerio de Craveggia. François était dénué de tout ; ces deux années et demie de campagnes avaient épuisé le peu d'argent qu'il avait emporté ; ses vêtements militaires étaient dans un état déplorable, et sa solde ne lui avait pas été payée depuis longtemps; il lui était donc impossible de se mettre en route pour rentrer dans ses foyers.

La famille Pironi lui vint en aide; elle lui avança l'argent nécessaire pour s'acheter du linge propre, et pouvoir faire convenablement le voyage jusqu'au pays.

François leur en conserva toujours une grande reconnaissance.

La frontière suisse n'est pas bien éloignée de Stuttgart; notre sergent, tout joyeux, se dirigea vers Bâle; il alla à Zurich et traversa le Saint-Gothard.

Arrivé à Locarno, il se reposa deux jours; son intention était d'aller au sanctuaire de Rè, en passant par les Cent Vallées.

Ainsi, François avait payé sa dette de reconnaissance à la France; ce descendant des anciens Lombards qui avaient été protégés par les rois de France ne fut pas un ingrat. Que ses petits-enfants ne l'oublient jamais !

Que s'était-il passé à Craveggia, depuis 1793 ?

Quand on eut appris, par la lettre de François, le danger qu'il avait couru rue Grenéta, et son enrôlement dans l'armée française, la désolation fut à son comble.

Sa mère n'avait plus revu son petit François depuis qu'il avait quitté le pays, à l'âge de douze ans; à présent, il en avait vingt-quatre; elle avait entendu dire par son père et par son oncle, lorsqu'ils étaient revenus de Paris en 1793, qu'il était beau garçon, grand, robuste et très sérieux : ça lui avait fait plaisir; et maintenant elle se désolait; tous les jours elle disait : « Je ne le reverrai plus, c'est fini, il sera mort dans ces pays lointains : il y en a si peu qui en réchappent ! » et elle s'isolait pour donner un libre cours à ses larmes.

Il y avait deux ans et demi que l'on n'avait plus de nouvelles de François; tout le monde, au pays, était persuadé qu'il avait été tué à la guerre, et on plaignait sincèrement les pauvres parents.

Cependant, la confiance que sa mère avait dans la sainte Vierge était si grande que tous les mois elle faisait son pèlerinage au sanctuaire de Rè, pour la prier de lui rendre son cher enfant.

François, après s'être bien reposé à Locarno, en partit le matin, de très bonne heure, désirant arriver le soir même au pays, parce que c'était la veille de la fête de la Madone des Sept douleurs, célébrée avec pompe à Craveggia.

Il s'achemina vers les Cent Vallées ; il marchait d'un bon pas, il avait recouvré toutes ses forces ; il respirait à pleins poumons le bon air des montagnes dont il avait été privé pendant si longtemps.

Lorsqu'il arriva sur le territoire italien, à la hauteur de Olgia, son cœur se dilata ; il s'arrêta un instant pour se reposer, et, transporté de joie, il s'écria : « O ! cara patria, degli avi miei, alfin, a te ritorno ! » et prenant son cor de chasse, il joua ses plus belles fanfares, qui furent répercutées à l'infini par l'écho des Cent Vallées.

(Ce cor de chasse célèbre est resté à Craveggia, c'est son fils Joseph qui le conserve précieusement.)

François arriva à Rè dans l'après-midi ; il trouva le pays désert, tous les habitants étaient occupés aux travaux de la campagne.

Lorsque l'on arrive à Rè par la Suisse, on est tout de suite au sanctuaire ; il éprouva une grande émotion en entrant dans cette petite église, consacrée à la Madonna qu'il avait invoquée si souvent au moment du danger ; il alla la remercier de tout son cœur.

Lorsqu'il eut fini sa prière, il se leva, l'âme rayonnante d'avoir pu accomplir ce devoir sacré de reconnaissance.

Quand il fut hors de l'église, il vit au bout de la place une femme qui arrivait lentement, tenant à la main un chapelet qu'elle récitait à voix basse.

Elle était habillée comme les femmes de Craveggia ; François eut la curiosité de voir s'il la connaissait : il s'arrêta sous le portique de l'église, pour la voir entrer.

Cette femme avait également remarqué qu'un jeune homme était debout, devant l'entrée principale de l'église ; mais comme elle ne le connaissait pas, elle pensa que c'était un étranger qui était venu visiter le sanctuaire, et elle continua à s'avancer, les yeux baissés, récitant toujours ses prières.

François était toujours à la même place, il semblait pétrifié. Les larmes lui coulaient le long du visage, il était suffoqué, l'émotion l'étouffait : il avait reconnu sa mère !

Lorsqu'elle arriva près de lui, il fit un grand effort sur lui-même, et ouvrant ses bras, il put à peine articuler ces mots : « O cara mamma ! » et ce fut tout ; il la serrait dans ses bras, en la couvrant de baisers.

Catherine avait bien reconnu la voix de son fils, mais elle croyait être le jouet d'une hallucination, elle pensait que cette vision allait disparaître ; elle écoutait avec ravissement cette voix émue qui lui disait : « Oui, chère mère, c'est bien moi, ton petit François d'autrefois ; regarde-moi, je suis bien vivant ! je désirais tant te revoir ! »

Plus de doute, c'était bien son fils qui lui était rendu ! La pauvre femme sanglotait ; elle murmurait : « Madonna Santa ! O Vergine Maria ! » et si elle n'eût été soutenue par les bras vigoureux de son fils, elle serait tombée sur le seuil de l'église.

Quand ils furent remis de leur émotion, ils se regardèrent ! Il y avait si longtemps qu'ils ne s'étaient plus revus ! Et puis ils s'embrassèrent encore avec effusion.

Ensuite, la mère de François, le prenant par la main, lui dit: « Viens, allons la remercier. »

Et tous deux, se tenant toujours par la main, comme s'ils eussent peur d'être encore séparés, ils allèrent se prosterner aux pieds de la Madonna, la remerciant du fond de l'âme de cette miraculeuse rencontre qui leur faisait oublier tout ce qu'ils avaient souffert depuis tant d'années.

Ils retournèrent ensemble à Craveggia; que de choses ils avaient à se raconter !

On peut s'imaginer la surprise qu'éprouvèrent les gens du pays lorsqu'ils virent arriver François, donnant le bras à sa mère; ils étaient tous les deux rayonnants de bonheur !

Le père de François et l'oncle Joseph se jetèrent à son cou, en pleurant de joie; ils avaient été si persuadés qu'il était mort, qu'ils n'en croyaient pas leurs yeux en le voyant si bien portant.

François prit un repos bien mérité au sein de sa famille.

Pendant les longues soirées d'hiver, il y eut cercle dans la maison Mellerio; on ne se lassait pas d'écouter le récit de ses campagnes et la description des nombreux pays qu'il avait parcourus.

Les femmes pleuraient au récit des batailles, et l'oncle Joseph, tout émotionné, murmurait des « tarapatara », si ronflants, que l'on croyait entendre le bruit du tonnerre dans le lointain.

MANINI DE MILAN

Après les fêtes de Paques de 1797, François songea à se créer une occupation utile : il ne voulait plus rester inactif; il était certainement très heureux au milieu de sa famille, mais il savait qu'en restant au pays il perdrait dans l'oisiveté les plus belles années de sa jeunesse.

Il se sentait attiré vers Milan, où il retrouverait les soldats français; il se décida à chercher de l'occupation dans cette ville, en attendant qu'il lui fût possible de retourner à Paris.

Il avait suivi avec intérêt les victoires rapides et éclatantes du général Bonaparte; il savait que, depuis le mois de mai de l'année précédente, il avait fait son entrée à Milan, et établi la République cisalpine.

Il savait également que le roi de Sardaigne Charles-Emmanuel avait conclu un armistice avec Bonaparte, en lui donnant de sérieuses garanties de sa neutralité.

Il fit part de son intention à ses parents, qui l'encouragèrent dans cette voie.

Lorsqu'il revint au pays, après la guerre, François n'eut pas la consolation de revoir son grand-père Taragnolino, ni sa grand'mère; ils étaient morts en 1792, lui, à l'âge de soixante-douze ans, et elle, à l'âge de soixante-cinq ans; ils ne connurent pas la terrible révolution de 93, ni les dangers auxquels fut exposé leur cher petit-fils; ils avaient bien eu le pressentiment qu'ils ne le reverraient plus lorsqu'il les quitta en 1784.

François fit ses préparatifs pour aller à Milan ; il emporta dans son sac quelques menus objets de bijouterie que son père avait rapportés de Paris en 1793, pour tâcher de les vendre.

Il n'oublia pas son congé qu'il aurait à exhiber aux autorités francaises en entrant en Lombardie, ni son cor de chasse.

Il alla droit à Canobbio, laissant l'Ossola de côté ; il arriva le soir, très fatigué, parce qu'il y avait encore de la neige qui fondait au soleil, et rendait les sentiers glissants et dangereux.

Le matin, il alla se promener sur le rivage du lac Majeur, qu'il ne connaissait pas et qui l'émerveilla ; il prit ensuite une barque et se fit conduire à Laveno, pays situé sur la rive opposée, faisant déjà partie de la Lombardie.

Le trajet est assez long, et, pour se distraire, François joua de belles fanfares qui produisaient des effets superbes et intriguaient les habitants des pays riverains.

C'était le jour du marché à Laveno, il y avait grande affluence de monde ; on y voyait les costumes les plus variés de tous les pays des environs ; cela intéressait beaucoup notre jeune voyageur, qui était observateur et très enthousiaste.

Il parcourut avec grand plaisir ces belles plaines de la Lombardie, si fertiles, si admirablement cultivées, et faisant un contraste frappant avec les misérables campagnes de nos pays.

Il arriva le lendemain à Milan ; il mit deux jours à visiter les monuments èt les églises de cette ville, et de suite il se mit à la recherche d'un emploi, seul but de son voyage.

En examinant les magasins, il arriva en face d'une belle boutique de bijouterie qui lui rappela celles du Palais-Royal, à Paris.

Il resta longtemps en contemplation devant ce riche

étalage, et il lui vint à l'idée de demander un emploi de commis dans cette maison.

Le propriétaire de ce magasin s'appelait Manini : c'était le premier bijoutier de Milan; il y avait quelque temps déjà qu'un de ses commis était parti, et il cherchait quelqu'un pour le remplacer, mais sans se presser, parce que les affaires étaient très difficiles depuis l'arrivée des Français.

François expliqua à Manini qu'il avait déjà exercé le métier de bijoutier à Paris, dans la maison de son père, qui avait été forcé de rentrer dans son pays à cause de la révolution de 1793, et que lui-même avait dû s'engager dans l'armée du Nord pour sauver sa tête; il termina en lui disant qu'il serait très heureux s'il voulait bien lui donner un emploi dans son honorable maison.

Pendant que François s'expliquait, Manini paraissait intéressé par la façon aimable et pleine de franchise avec laquelle ce jeune homme s'exprimait.

Il lui demanda s'il connaissait quelqu'un à Milan; François lui répondit qu'il venait pour la première fois dans cette ville, mais qu'il y avait un parent éloigné, portant le même nom que lui, originaire de la même vallée, lequel certainement lui donnerait des renseignements sur l'honorabilité de sa famille.

Il lui donna le nom et l'adresse du comte Jean-Baptiste Mellerio, ex-conseiller intime de S. M. I. R. l'empereur d'Autriche.

Manini lui répondit que Son Excellence était son client et un des plus riches seigneurs de Milan; puis il le congédia en lui disant de revenir le lendemain pour avoir une réponse.

Le jour suivant, François se représenta; il fut reçu avec bienveillance par Manini, qui avait vu le comte Mellerio, et il fut accepté comme commis dans la maison.

A cette époque, les patrons logeaient et nourrissaient leurs employés; ils faisaient partie de la famille.

Manini ne tarda pas à apprécier les qualités de ce jeune commis, et il lui accorda bientôt toute sa confiance.

Ce fut dans cette maison que François s'initia au mouvement des grandes affaires, qu'il se familiarisa avec les pierres précieuses et se passionna pour ce métier.

Manini avait une propriété sur le lac de Como, et y passait une grande partie de la belle saison, après avoir fait toutes ses recommandations au jeune Mellerio, qui prenait les intérêts de son patron comme s'ils étaient les siens.

Dans ses moments de loisir, François se dirigeait souvent du côté où casernaient les soldats français; il fraternisait avec eux, et se faisait raconter leurs victoires sur les Autrichiens, en Italie; et de son côté, il les émerveillait par les récits de ses campagnes dans les Pays-Bas et la Hollande; les jours de fête, il passait ainsi de longues heures agréables avec eux.

Son plus grand plaisir était d'aller à l'Opéra; il y allait presque à toutes les représentations : les places ne coûtaient pas cher, et il en profitait.

Il se tenait toujours auprès de l'orchestre, afin de causer avec les musiciens : il les connaissait tous; ce fut ainsi qu'il se lia avec un jeune violoniste, nommé Barni, que nous retrouverons plus tard à Paris, où il devint premier violon au théâtre des Italiens.

L'année s'écoula sans incident, sauf le déménagement du magasin de Manini, qui fut transféré en appartement au lieu d'être en boutique.

Manini s'était décidé à ce changement à cause des circonstances politiques qui avaient attiré à Milan des gens de tous les pays, et en avaient fait le rendez-vous de toutes les sociétés secrètes et de tous les mécontents, sans compter les chevaliers d'industrie ; il trouvait que son riche magasin était trop en vue de ces oiseaux de passage, dont il n'avait que faire, ayant une belle clientèle qui viendrait le trouver plus commodément en appartement.

Vers la fin de mars 1798, François fut averti par un habitant de Craveggia que de grands malheurs menaçaient la vallée de Vigezzo, et que ses parents le suppliaient de venir auprès d'eux pour les protéger.

François, très intrigué par ce message, ne voulut pas laisser ses parents dans l'embarras et l'inquiétude ; il pria Manini de lui accorder un congé d'un mois, ce qui lui fut accordé d'autant plus facilement que les fêtes de Pâques approchaient, et que pendant les derniers jours de carême les affaires étaient presque toujours insignifiantes.

Nous allons juger, par le récit suivant, si les craintes des Vigezzini étaient bien fondées.

LE VŒU DES BRIGANDS

30 AVRIL 1798

L'année 1798 devait être bien terrible pour notre pauvre vallée.

De gros nuages s'amoncelaient à l'horizon et s'avançaient lentement, présages d'un cataclysme qui menaçait de tout exterminer.

Dès les premiers jours de l'année, les paisibles habitants de ces montagnes furent alarmés par de perfides insinuations qui leur donnaient à entendre que les plus grands malheurs les menaçaient.

La proclamation de la République cisalpine dans la Lombardie, dans le duché de Modène et dans les Légations, avait fait de Milan le centre et le rendez-vous de tous les exaltés, de tous les mécontents, des gens compromis dans le Piémont, et des déserteurs.

Le 11 avril, huit cents hommes armés, des Cisalpins, des Polonais et des Français, se concentrèrent à Varese.

Dans la nuit du 13 au 14 avril, un autre corps de grenadiers cisalpins les rejoignit à Laveno.

Le 14 avril, à l'aube, trois cents hommes s'emparèrent de trente bateaux appartenant aux pêcheurs du lac Majeur, et débarquèrent entre Pallanza et Intra.

Ils surprirent ces deux villes, et s'en emparèrent sans résistance.

Les barques retournèrent ensuite chercher le restant des troupes républicaines.

Une fois réunis, leur premier soin fut de faire main-basse sur tout l'argent qu'ils trouvèrent dans les caisses publiques, et de mettre une forte contribution de guerre sur les riches.

Ensuite, ils plantèrent les arbres de la liberté et dansèrent la carmagnole autour, en gesticulant comme des fous.

Le chef de cette invasion était un Français, Jean-Baptiste Léotaud.

On s'attendait à voir tous ces factieux se répandre dans les vallées de l'Ossola.

Les temps étaient difficiles; il y avait autant de danger à s'opposer qu'à laisser faire ces envahisseurs.

Cependant, les consuls de la vallée de Vigezzo penchaient pour la résistance, et finalement ils se décidèrent à mettre tous les hommes valides sous les armes pour défendre le sol de la patrie.

Leur premier soin fut d'envoyer un piquet de trente hommes au Sasso di Finero, avec ordre de détruire les sentiers qui bordent ces précipices, afin de rendre ce passage impraticable.

Pendant ce temps, le général Léotaud, ayant appris que les troupes sardes, déjà à Arona, s'avançaient pour le combattre, résolut de s'emparer de la province de l'Ossola, comme situation stratégique, de s'y fortifier, et de soulever toutes ces populations.

Pour mettre son projet à exécution, il établit son quartier général à Ornavasso.

Il expédia des agents dans toutes les directions, afin de faire des recrues, promettant un gros salaire aux adhérents et menaçant les récalcitrants de se venger d'eux par le pillage et le sang.

Le 19 avril, Léotaud s'empara par surprise de la place de Domodossola; elle n'était gardée que par trente invalides qui ne firent aucune résistance et furent faits prisonniers.

On trouva dans cette petite citadelle deux canons, des armes, des munitions, des provisions de bouche et quelques chevaux.

Devant un nombre aussi considérable de gens armés, les habitants de la vallée de Vigezzo comprirent que toute résistance devenait inutile et même dangereuse.

Il y eut un grand conseil de tous les consuls, et il fut décidé de rappeler le piquet de trente hommes et d'ordonner le rétablissement des passages au-dessus des précipices.

Ils préférèrent envoyer une députation à Domodossola, et supplier les chefs républicains d'épargner les habitants et de respecter les propriétés de cette misérable vallée.

Malgré cette démarche, la panique régnait au pays; on s'attendait à toutes les horreurs du pillage, on se hâtait de mettre en sûreté ce que l'on possédait de plus précieux, on les emportait dans les chalets les plus élevés, en haut des montagnes, recouvertes en cette saison d'une neige épaisse.

Les consuls siégeaient en permanence à Sainte-Marie-Majeure, attentifs à toutes les nouvelles qui arrivaient de l'extérieur, pour parer autant que possible aux dangers qui menaceraient le pays.

Le 20 avril, un certain Bertarelli, qui s'intitulait président de la nouvelle municipalité établie à Pallanza, et le chef de bataillon Jules Albertazzi, avec trente-cinq soldats, arrivaient à Sainte-Marie-Majeure où ils devaient se rencontrer avec le capitaine Fontana, un Milanais, qui de son côté débouchait par la vallée Canobbina, avec soixante dragons.

Ces novateurs, aussitôt arrivés sur la place du chef-lieu, abattirent les écussons de la maison de Savoie, firent sonner les cloches et plantèrent l'arbre de la liberté; puis ils se mirent à danser autour, haranguèrent le peuple et firent toutes sortes de folies.

Le peuple était consterné de voir les écussons royaux foulés aux pieds ; il murmurait, et restait étranger aux singeries de ces hommes, n'y comprenant rien.

Quelle erreur d'avoir espéré un seul instant que ces populations paisibles et naïves, éloignées de tous les événements plus ou moins libéraux qui se passaient dans le monde, se seraient ralliées à ces républicains, pour la plupart étrangers, et sujets à caution !

Le clergé de la vallée, qui se voyait en danger de perdre tous ses bénéfices et privilèges, ne cessait, du haut de la chaire et partout, detonner contre ces innovateurs, les appelant *briganti*, qui venaient dans ces régions alpestres pour piller et commettre toutes sortes d'horreurs.

Les doyens de chaque pays, ceux qui étaient revenus de France, racontaient les atrocités commises par les républicains de ces pays lointains ; tout cela avait affolé la population, et sans chercher à se rendre compte de rien, ils considérèrent ces factieux comme des brigands capables de tous les forfaits.

Quelques chefs républicains, accompagnés de soldats, se répandirent dans les villages voisins, y plantèrent l'arbre de la liberté en faisant les mêmes folies.

Le commandant Albertazzi et le président Bertarelli firent une proclamation au peuple, et installèrent au chef-lieu une municipalité de leur choix.

Cette municipalité était composée de huit membres, et le juge de paix en était le président.

Mais, dans la nuit du 20 au 21 avril, ce juge de paix, nommé Saverio Marotti, se sauva en Suisse.

Cette fuite produisit un effet déplorable sur la population, qui se voyait abandonnée à la discrétion de ces gens suspects.

En effet, les factieux entrèrent en fureur en apprenant cette désertion, et mirent sous séquestre tout ce qui appartenait à ce juge.

Ils nommèrent un autre président, et ces malheureux conseillers municipaux devinrent les instruments de ces farouches législateurs.

Le commandant Albertazzi fit afficher une proclamation annonçant à toutes les communes que la vallée était mise à contribution pour la somme de vingt mille francs, à titre d'emprunt, remboursables avec les intérêts par la grande trésorerie de la République.

Une autre proclamation ordonnait, au nom de la République, à toutes les milices de la vallée de se mettre sous les armes et de se réunir dans le bourg de Sainte-Marie-Majeure, dans l'espace de quatre heures, pour être à la disposition du commandant, promettant trois francs par jour à chaque soldat.

Tout cela se faisait par autorisation spéciale du général en chef Léotaud.

C'était mal débuter que de demander de suite à ces montagnards de mettre la main à la bourse; aussi furent-ils encore plus convaincus qu'ils avaient affaire à une bande de brigands.

La taxe de vingt mille francs fut répartie entre les personnes aisées, le clergé et les congrégations de charité.

La difficulté ne consistait pas dans la répartition, mais dans l'encaissement.

De tous côtés, on refusa énergiquement de débourser quoi que ce soit.

Il suffira de connaître comment furent reçus à Craveggia les délégués chargés de toucher la somme assignée à cette commune, considérée à juste titre comme étant la plus peuplée et la plus riche de la vallée.

Depuis l'apparition dans la vallée des exploiteurs dont nous avons mentionné les proclamations, le consul de Craveggia envoyait tous les jours des hommes à Sainte-Marie-Majeure, pour se tenir au courant de tout ce qui s'y faisait et des nouvelles qui arrivaient de l'extérieur.

Ce fut ainsi qu'il fut informé que l'on devait mettre la main sur le trésor de l'église si les particuliers n'arrivaient pas à parfaire la somme réclamée.

Cette nouvelle mit la population dans un état de surexcitation indescriptible.

Tous les hommes valides s'armèrent, et jurèrent de se faire massacrer jusqu'au dernier plutôt que de laisser emporter un seul cierge de leur église.

Les portes du temple furent fermées, et jour et nuit on monta la garde autour.

On plaça une sentinelle en permanence sur le clocher, pour surveiller le moindre mouvement qui se produirait à l'extérieur.

Les vieillards, les femmes, les enfants et les infirmes furent expédiés dans la montagne ; on y conduisit également les troupeaux, et tous les objets les plus précieux furent cachés avec soin dans les cavités des rochers.

Ces précautions prises, tous les hommes se confessèrent et firent bénir leurs armes : ils étaient dès lors prêts à la résistance.

Le consul de Craveggia, Jacques-Bernard Borgnis, de feu Jacques, était un homme énergique ; il était revenu au pays, en 1793, avec les autres compatriotes ; ce n'était pas cette poignée de braillards installés à Sainte-Marie-Majeure qui l'inquiétait, mais ces gens-là pouvaient être les précurseurs de bandes beaucoup plus nombreuses : il fallait donc agir avec prudence et tempérer l'ardeur intempestive de ses administrés.

Le 22 avril, au matin, la sentinelle placée sur le clocher avertit le consul que dix hommes armés sortaient du chef-lieu et prenaient la direction de Craveggia.

Le consul prit immédiatement ses dispositions pour les recevoir.

Il rassembla toute la milice, et la divisa en deux corps; il défendit expressément toute agression, voulant se contenter de désarmer ces républicains s'ils manifestaient des intentions hostiles.

Les soldats républicains apparurent bientôt à l'entrée du pays, ils prirent des airs de conquérants et s'avancèrent fièrement vers les Craveggiesi, qui restaient impassibles.

A cette époque, la population de Craveggia était bien plus nombreuse qu'aujourd'hui, attendu que tous les émigrés étaient rentrés dans leurs foyers.

Les révolutionnaires, voyant l'attitude pacifique des habitants, pensèrent qu'ils étaient terrifiés, et pour compléter l'effet, ils prirent des airs farouches.

A mesure qu'ils avançaient sur la place de l'église, une partie de la milice se repliait derrière eux, tandis que l'autre partie, placée au bout de la place, venait à leur rencontre, sans se presser ; il résulta de cette manœuvre que ces fanfarons se trouvèrent bientôt cernés, et tellement enserrés qu'il ne leur fut plus possible de faire un mouvement, ni de se servir de leurs armes.

Ces factieux avaient autour d'eux une muraille épaisse d'hommes armés qui ne paraissaient nullement effrayés, et dont les yeux n'annonçaient rien de bon.

Le consul s'adressa au chef de cette troupe et lui demanda ce qu'ils venaient faire dans ce pays, armés jusqu'aux dents?

Le plus grand silence régnait sur la place. Les républicains se regardèrent, étonnés ; ils comprenaient un peu tard, qu'ils s'étaient fourvoyés, et le calme de la milice de Craveggia leur paraissait sinistre.

Cependant, le chef voulut payer d'audace, il prit un ton impérieux et répondit : « Citoyen ! nous venons, de la part du général en chef, vous signifier que la République étant proclamée dans toute la province, vous ayez à donner l'ordre de planter l'arbre de la liberté sur la place du pays ; en plus, le grand conseil républicain, siégeant au chef-lieu, vous ordonne de nous remettre la part de contribution assignée à cette commune.

— Va benissimo, » répondit le consul, en faisant un signe à ses hommes.

Sur l'ordre du consul, ces factieux furent terrassés, désarmés et enlevés comme des fétus de paille.

Cela fait, le consul cria : « Maintenant, allons planter l'arbre de la liberté ! »

Ces malheureux furent emportés comme des veaux ; on les tenait par la tête, par les jambes et par les bras, et tout ce monde descendit hors du pays.

Pendant le trajet, ces farouches soldats demandaient grâce de la vie, ils s'attendaient à être massacrés par la population ; on ne fit aucune attention à ce qu'ils disaient.

Arrivés au bas du pays, le consul ordonna de s'arrêter.

On remit ces fameux républicains sur leurs pieds, et pendant qu'on les maintenait par les bras, on leur administra des claques et des coups de pied formidables qui les étalèrent tous sur le chemin.

Le consul leur cria que cela suffisait pour cette fois, mais que s'ils avaient le malheur de reparaître dans ce pays, eux, ou d'autres, ils seraient assommés comme des chiens enragés.

La sagesse de ce consul empêcha certainement cette population de commettre des meurtres bien inutiles sur ces pauvres exaltés, assez imprudents pour venir braver chez eux des gens armés, nombreux et fanatisés.

La modération des Craveggiesi les rendait bien plus redoutables à ces écervelés, établis à Sainte-Marie-Majeure, qui n'avaient aucune chance d'établir la République dans l'Ossola, essentiellement monarchique et religieuse.

Ces gens n'inspiraient aucune confiance, on ne les connaissait pas ; ils n'étaient pour la plupart qu'un ramassis du rebut de tous les pays.

Les habitants de Craveggia remontèrent tranquillement au pays et prirent toutes leurs précautions en cas d'une attaque plus sérieuse.

Les armes enlevées aux républicains furent distribuées aux hommes qui n'en avaient pas.

Pendant que toutes ces choses se passaient dans la vallée et que ces innovateurs perdaient leur temps en proclamations et en fanfaronnades, le chef de bataillon Albertazzi était secrètement informé que les troupes royales, parties de Arona, étaient déjà à Stresa, sur le lac Majeur, et que, les républicains se disposant à la résistance, sa présence et celle de ses hommes étaient nécessaires.

Avant de partir, ce chef se fit verser de force, par la municipalité de Sainte-Marie-Majeure, la somme de 2 452 livres.

Il laissa dans la vallée, Bertarelli, Cieti et quelques factieux, avec ordre d'encaisser les vingt mille francs de contribution, et de mettre immédiatement toutes les milices sous les armes, d'en prendre le commandement et de les diriger vers Domodossala, pour défendre cette place contre les troupes royales.

Bertarelli était très fier d'être investi du pouvoir exécutif, il prit part à toutes les délibérations de la municipalité, il annula la répartition de l'impôt et en fit une autre à sa façon.

Il ordonna que dans l'espace de six heures toutes les armes à feu lui fussent consignées, et qu'on lui fournît un cheval de selle.

Comme il n'avait plus que peu de soldats républicains avec lui, on ne s'émouvait guère de ses ordonnances, et personne ne bougeait.

Alors, furieux de ne produire aucun effet, il déclara qu'il allait sévir avec la dernière rigueur contre les récalcitrants.

Pour effrayer la population, il fit afficher de fausses nouvelles annonçant que les républicains avaient mis les troupes royales en déroute.

Malheureusement pour lui, la vérité commençait à être connue.

Le 21 avril, 250 dragons du roi, avec 1 500 hommes d'infanterie, commandés par le chevalier Alciati, étaient arrivés à Gravellona.

Le lendemain, le restant des troupes royales, au nombre de 4 000, se présenta à Ornàvasso, quartier général des républicains.

Ces derniers furent attaqués immédiatement; ils se défendirent courageusement; mais les troupes royales ayant passé le fleuve Toce, les révolutionnaires furent surpris par derrière, ce qui détermina leur déroute complète.

Ils eurent 150 hommes tués, et 400 furent faits prisonniers.

Tout ce qui restait des républicains se sauva à travers les montagnes de l'Ossola superiore, qui étaient encore toutes couvertes de neige.

Des fuyards, au nombre de quatre cents environ, arrivés à Cuzzago, remontèrent le torrent del Crotto pour

gagner les Alpes de Prémosello; ils avaient l'intention
de franchir la Colma, de descendre à la Piana Migliara,
et de là, déboucher dans la vallée de Vigezzo en suivant
le torrent de la Lovana qui aboutit à Malesco, et de se
réfugier tous en Suisse.

Des messagers intrépides avaient traversé les montagnes au risque de leur vie, et annoncèrent aux consuls
de tous les pays, que les républicains avaient été battus
à Ornavasso, que les troupes royales occupaient déjà
Intra et Pallanza et que les arbres de la liberté avaient
été arrachés à Canobbio et à Trafiume.

Ce qui confirma l'exactitude de ces messages, ce fut la
disparition subite, de Sainte-Marie-Majeure, des chefs
républicains, dans la nuit du 22 avril.

Le lendemain, le chef-lieu de la vallée était officielle-
ment informé par les autorités sardes que les révolutionnaires avaient été écrasés dans la plaine de Miggian-
done.

En même temps, on prévenait tous les consuls que les
fuyards s'étaient réfugiés dans les montagnes de Premosello, et qu'il y avait à craindre qu'ils ne fissent irruption
dans la vallée de Vigezzo; qu'il était urgent qu'ils se
missent de suite sur la défensive s'ils voulaient éviter les
plus grands malheurs.

Cette fois, le danger était sérieux, on se prépara au
combat.

Le même jour, le capitaine Angelo Zaretti, le commandant républicain de la place de Domodossola, ayant appris la déroute des factieux à Ornavasso, se hâta de se
sauver vers la vallée de Vigezzo, suivi de quelques-uns
de ses volontaires, dans l'intention de gagner la Suisse.

Ils arrivèrent à Sainte-Marie-Majeure vers les neuf
heures du soir, exténués de fatigue, ayant été obligés de
marcher dans la neige molle qui était tombée dans la

nuit ; plusieurs de ses compagnons restèrent même en route.

Cet officier et sa suite étaient dévorés par une faim atroce, éreintés et trempés ; ils entrèrent dans l'auberge de Rocco Buscaglia, où ils ne trouvèrent rien à manger.

Ils s'installèrent dans une salle, et s'étendirent sans méfiance sur les tables, sur les bancs et par terre, le ventre creux, et ne tardèrent pas à s'endormir profondément.

Ils avaient été reçus à l'entrée du pays par une recrue faite dans la vallée, un certain Jean-Charles Rassiga, qui leur fit le salut militaire.

Ce Rassiga commandait quelques hommes, portant comme lui la cocarde tricolore des républicains.

Ayant appris par la rumeur publique que les factieux étaient en pleine déroute et que les troupes royales ne tarderaient pas à arriver, il conçut le projet infâme de massacrer son chef et sa suite, dans l'espérance de se faire amnistier par les autorités sardes.

Il fit cerner l'auberge par ses hommes, en plaça à la porte et aux fenêtres de la salle où dormaient les républicains, et ce traître donna lui-même l'exemple du massacre en déchargeant son arme sur ces malheureux, qui expirèrent sans s'être réveillés.

Un seul, Jean Zaretti, le frère du capitaine, se fraya un chemin à travers ces assassins, en tirant sur eux deux coups de pistolet, et réussit à se sauver.

Ce fut le premier sang versé !

Du haut de leurs montagnes, des bergers avaient aperçu de longues bandes de fuyards qui franchissaient la Colma et descendaient dans la Piana Migliara ; ils se détachaient en noir sur cette neige tombée récemment, et leurs armes brillaient dans le lointain ; ils arrivaient des Alpes de Premosello.

Les bergers se hâtèrent d'aller prévenir le consul du bourg de Sainte-Marie-Majeure.

De ce pays partirent aussitôt d'autres messagers, qui se répandirent dans tous les villages pour donner l'alarme.

Toutes les cloches s'ébranlèrent, et le tocsin se fit entendre avec furie dans toute la vallée.

Les Vigezzini étaient persuadés que ces révolutionnaires étaient des gens féroces, ne respirant que carnage et rapine.

A Craveggia, trois cents hommes étaient sous les armes, prêts à marcher au combat.

Le consul, par prudence, laissa une garnison de cinquante hommes dans le pays, sous les ordres du vice-consul Albert-Marie Borgnis, dit Brozamino, pour la garde de l'église et des maisons qui avaient été abandonnées par les habitants, réfugiés dans la montagne.

Le commandement de la milice de Craveggia fut confié au sergent François Mellerio.

La milice de Vecogno vint renforcer celle de Craveggia. Le consul passa en revue cette compagnie, les félicita de leur ardeur à défendre le sol de la patrie, mais leur recommanda de ne pas verser le sang inutilement, de ne faire usage de leurs armes que s'ils étaient attaqués, et de faire le plus de prisonniers qu'ils pourraient.

Après cette courte et sage harangue, tous se découvrirent, et, brandissant leurs armes, ils défilèrent devant le portail de l'église, où se tenait le curé, Joseph-Marie Magistris, revêtu de ses habits sacerdotaux, qui leur donna sa bénédiction pastorale.

Ils auraient pu s'écrier, comme les gladiateurs romains :
Ave pastor, morituri te salutant.

Cette troupe descendit au pas de course jusque dans la plaine, où ils trouvèrent la milice de Zornasco, qui les attendait pour se joindre à eux.

Une fois réunis, ces hommes ne s'arrêtèrent pas une minute, et se dirigèrent rapidement vers le Pozzone di Malesco, où toutes les milices de la vallée ne tardèrent pas à les rejoindre.

Il n'y avait pas de temps à perdre, les révolutionnaires s'avançaient sans méfiance ; il s'agissait de les surprendre.

On remonta le torrent de la Lovana, et lorsque l'on fut arrivé à un endroit où ce vallon fait un coude, toutes les milices s'arrêtèrent.

Tous les hommes se dissimulèrent derrière les énormes pierres qui bordent ce torrent et derrière les gros sapins, et attendirent les républicains.

La neige nouvelle qui était tombée pendant la nuit rendait la marche doublement fatigante, et cette longue file de fuyards n'arrivait que lentement et péniblement, cherchant les sentiers, recouverts par une épaisse couche de neige.

Ils étaient exténués, arrivaient par groupes de quatre ou de six, échelonnés, transis de froid.

On les laissa bien s'engager dans le défilé, et tout à coup, à leur grande stupéfaction, ils virent surgir du milieu de la neige, de derrière les rochers et les arbres, une quantité d'hommes armés qui se précipitèrent sur eux comme des tigres, en criant : *Savoia ! Savoia ! morte ai briganti !*

Ce fut un tumulte indescriptible ; les républicains, serrés de toutes parts, ne purent se rallier dans un endroit aussi étroit et glissant ; ils se virent perdus, étant pris ainsi à l'improviste.

Ils furent promptement désarmés, et trois cents de ces malheureux furent faits prisonniers. Les autres avaient péri misérablement de froid en traversant ces Alpes, recouvertes d'une neige épaisse. Quelques-uns cependant résistèrent, et furent tués.

François s'élança sur un chef et le somma de se rendre ; celui-ci s'y refusa, et voulut même faire usage de son arme ; mais, au même instant, l'oncle Joseph, dont la force était bien connue, et qui ne quittait pas son neveu d'une semelle, enleva ce chef par le milieu du corps, et le maintint en l'air pendant qu'on le désarmait et qu'on lui attachait les mains derrière le dos.

Le fusil que François enleva à ce républicain est encore entre les mains de son fils Joseph ; il est à deux cannes, très longues, avec une baïonnette qui s'adapte au bout.

Si cet officier avait tué ou seulement blessé François, il eût été la cause du massacre de tous ses compagnons.

Lorsque l'on fut certain qu'il ne restait plus de républicains dans la montagne, on intercala un prisonnier entre chaque homme de la milice Vigezzina, et tous, en file indienne, prirent le chemin du chef-lieu, où ils arrivèrent exténués de fatigue.

Parmi les prisonniers se trouvait un abbé, nommé Berta, curé de Saint-Sylvestre, qui avait été capturé par ses paroissiens, indignés de voir qu'il avait pactisé avec les brigands, comme on les appelait dans la vallée.

Ces prisonniers, au nombre de trois cents, étaient pour la plupart des jeunes gens exaltés, appartenant à de bonnes familles ; d'autres étaient des déclassés, des déserteurs. Leurs vêtements étaient en loques, leurs chaussures déchirées ; ils avaient erré pendant vingt-quatre heures dans les montagnes couvertes de neige ; ils souffraient du froid et de la faim ; ils ne pouvaient plus se tenir debout.

Les habitants, apitoyés, se montrèrent cléments après leur triomphe : ils apportèrent des vêtements et de la nourriture à ces malheureux, qui n'étaient plus à craindre, mais à plaindre.

Le lendemain, on leur fit les derniers adieux, car ils allaient être livrés aux autorités sardes.

Les révolutionnaires furent attachés deux à deux et conduits à Domodossola, où soixante-quatorze furent fusillés de suite. Les autres furent conduits à Casale, et, le 26 mai, le conseil de guerre les fit passer par les armes.

Le général Léotaud chercha à se sauver en Suisse. Il suivait la rive gauche du fleuve Toce, enveloppé dans son manteau, lorsqu'il fut reconnu, aux environs de Trontano, par un certain Croppi, de Masera, qui se fit aider par d'autres paysans, et ils s'emparèrent de lui.

Il fut consigné aux autorités sardes, qui le firent fusiller à Casale le 26 mai.

Le chef de bataillon Albertazzi fut fusillé à Pallanza le 19 mai.

Parlons maintenant des habitants de Craveggia qui s'étaient réfugiés dans la montagne.

Quand le résultat de la rencontre des factieux et des milices fut connu et bien assuré, tous les consuls envoyèrent des messagers dans leurs montagnes pour rassurer les malheureux habitants qui étaient entassés dans les chalets, au milieu de la neige, dans une inquiétude facile à comprendre.

Leurs angoisses augmentaient encore au bruit lointain de chaque coup de fusil qui s'engouffrait dans les vallons et se répercutait jusqu'aux sommets les plus élevés.

Ils étaient tous en prières, prosternés devant les images de la Madonna di Rè, et à chaque détonation que le vent ou l'écho de la montagne faisait arriver jusqu'à eux, ils s'écriaient: « Jesu ! Maria ! poveri noi ! O Madonna ! «Ils étaient persuadés que leurs parents et les brigands étaient en train de se massacrer, et les prières recommençaient avec plus de ferveur.

Les heures passaient, et ils n'avaient aucune nouvelle du combat; l'anxiété devenait intolérable.

Jean-Jacques Mellerio, le frère de François, avait déjà quatorze ans, il était beau garçon et très vigoureux; il avait demandé à combattre avec ses parents contre les brigands, mais on lui avait fait comprendre qu'il devait rester auprès de sa mère et de la famille, pour les protéger, les aider dans le voyage et pendant le séjour dans la montagne; il avait obéi.

Voyant la désolation et l'inquiétude toujours croissante de ses parents, Jean-Jacques résolut d'aller aux informations; il fit semblant d'aller chercher du bois, et descendit rapidement de la montagne.

Quand il fut à moitié chemin, il aperçut de loin le messager envoyé par le consul.

Il jeta le cri familier aux montagnards pour attirer l'attention de cet homme.

Celui-ci l'ayant entendu et aperçu, lui répondit de la même façon en secouant son chapeau en l'air, en signe d'allégresse.

Jean-Jacques attendit qu'il fût à portée de sa voix, et le questionna.

Il apprit avec joie que les brigands avaient été capturés, que personne du pays n'avait été tué, et que tout danger ayant cessé, le consul conseillait aux habitants de revenir au pays.

Jean-Jacques n'attendit pas le messager, qui avait encore une demi-heure de chemin à faire avant de le rejoindre, attendu qu'ils s'étaient parlé d'une montagne à l'autre, séparés par un ravin profond, presque comblé par l'avalanche.

Jean-Jacques remonta vers les siens, avec l'agilité surprenante de ces jeunes montagnards aux jarrets d'acier.

Du plus loin qu'il put se faire entendre, il cria de

toutes ses forces : « Vittoria ! vittoria ! » et il jetait son chapeau en l'air en gesticulant comme un possédé.

Tous les réfugiés de la montagne entendirent cette voix vibrante, ils tressaillirent et se regardèrent étonnés.

Mais bientôt la voix se fit encore plus distincte, et ils entendirent ces paroles qui leur arrivaient comme une harmonie céleste : « Vittoria ! i briganti sono fatti prigionieri ! Evviva noi ! »

Tous se précipitèrent à sa rencontre, pleurant de joie, ils embrassèrent ce cher enfant et le comblèrent de caresses.

On attendit le messager, qui donna les détails les plus circonstanciés sur les événements de la journée ; et comme le consul avait dit que l'on pouvait descendre sans péril, on prépara tout pour le départ ; ensuite, on se mit en route, en chantant les litanies de la sainte Vierge.

Quel spectacle saisissant, de voir ces vieillards, ces mères de famille, ces nombreux enfants, redescendre vers le pays en chantant les louanges de Celle qui selon eux les avait délivrés des brigands !

Quel changement, quand on pense à la fuite précipitée des jours précédents !

Pendant que les habitants redescendaient, le bon curé Magistris avait fait ouvrir les portes de l'église ; il la faisait décorer comme aux jours de grande fête, pendant que les cloches carillonnaient les airs les plus joyeux.

A ce moment, tous les réfugiés de la montagne arrivaient par le haut du pays, chantant toujours des hymnes à la sainte Vierge, enthousiasmés par le son de leurs chères cloches qui annonçaient partout la bonne nouvelle de leur délivrance.

Vers le soir, la milice de Craveggia, après avoir consigné ses prisonniers au chef-lieu, rentra au pays avec ses trophées ; les uns avaient des fusils, d'autres des sabres, d'autres des pistolets. (Ces armes sont encore pour la plupart, entre les mains de leurs descendants.)

A leur arrivée, toutes les cloches sonnèrent à grande volée ; la population tout entière alla à leur rencontre, et puis tout ce peuple en allégresse se rendit à l'église, illuminée *à giorno*, et chanta le *Te Deum* avec ferveur.

Cette journée du 23 avril eut du retentissement dans la province ; le ministre d'État, le comte Ceruti, envoya au roi Charles-Emmanuel IV le récit détaillé de tous les événements qui se succédèrent dans la vallée de Vigezzo.

Le souverain, tout ému en apprenant la belle conduite de ses loyaux et fidèles montagnards, leur envoya l'expression de sa haute satisfaction, et donna ordre à son ministre d'expédier une grande quantité de seigle à la vallée de Vigezzo, pour être distribué, par les soins des curés et des consuls, aux plus pauvres et aux familles éprouvées par tous ces désordres politiques.

Le 27 avril, le conseil municipal de Craveggia se réunit d'urgence, de bonne heure, pour nommer les délégués qui devaient assister, dans la journée, à la grande assemblée générale tenue au chef-lieu, avec le concours du clergé, pour fixer le jour où devrait s'accomplir chaque année, avec le concours de toutes les paroisses, le vœu fait à la Madonna di Rè, appelé : *il voto dei briganti*.

Les conseillers municipaux de Craveggia recommandèrent expressément à leurs représentants, de faire observer aux membres de la grande assemblée qu'il serait peut-être prudent de retarder cette fête, cette année, attendu qu'il y aurait un grand concours de monde et que dans cette foule énorme il pourrait très bien s'y faufiler : *una porzione dei briganti*, que l'on soupçonnait d'être encore cachés dans les montagnes, et

qui ne manqueraient pas de venir jeter le désordre et
peut-être occasionner de grands malheurs. (*Seduta del
27 aprile 1798.*)

Les délégués de Craveggia furent, d'après procès-
verbal : Jacques-Bernard Borgnis, de feu Jacques,
consul ; Albert-Marie Borgnis, de feu Jean, dit Brozamino ; Dominique Ciolina, de feu Jacques.

La cérémonie eu lieu le 30 avril, avec une pompe extraordinaire, et aucun brigand ne vint troubler la fête.

Voici bientôt cent ans que tous ces événements se
sont passés.

Tous les ans, depuis le 30 avril 1798, toutes les
paroisses de la vallée se rendent, bannières déployées,
au sanctuaire de Rè, pour célébrer une grande messe
d'actions de grâces, en reconnaissance de la délivrance
des brigands.

Je l'ai dit dans la préface de ce livre, ces montagnards
avaient conservé la foi antique et naïve de leurs pères.

Leur « vœu des brigands » donne bien la mesure de
leur confiance dans leur bonne Madonna di Rè.

Nous avons vu qu'aucun brigand ne vint troubler la
belle fête de Rè ; il était vrai cependant que quelques-
uns rôdaient encore dans les montagnes, non pas dans
l'intention de faire du mal, mais pour échapper à la surveillance des milices et sortir du royaume, pour se réfugier en Suisse.

Les autorités sardes avaient donné les ordres les plus
sévères, dans toutes les communes, pour que les consuls
exerçassent la plus grande surveillance sur leur territoire,
et consignassent tous les républicains qui tomberaient
entre leurs mains. Tous les passages des montagnes étaient
gardés. Charles Gubetta, le père de notre ami le docteur,
et un autre garde national, étaient de faction à la
bochetta di Sant'Antonio, où il y a une petite chapelle,

lorsqu'ils aperçurent un jeune homme pâle, exténué de fatigue, qui gravissait péniblement le sentier qui devait le conduire dans la vallée, frontière de la Suisse, où se trouvent les bains de Craveggia. Les deux sentinelles reconnurent que c'était un républicain qui cherchait à se sauver; ils s'embusquèrent, et quand il fut arrivé près d'eux, ils s'élancèrent sur lui en criant : *Ferma ! o sei morto !* Le pauvre diable, surpris, ne bougea pas; il était sans armes, il se mit à genoux, et demanda grâce de la vie. « Laissez-moi aller, je vous en supplie, leur dit-il, je ne fais de mal à personne, voyez, je suis sans armes ; je vais en Suisse. — Impossible ! répondirent les deux miliciens, les ordres sont précis, vous êtes notre prisonnier. »

Alors ce malheureux enfant sortit de dessous ses habits une ceinture garnie de pièces d'or, et leur dit : « Vous voyez que je ne suis pas un mendiant, je suis d'une bonne famille; prenez tout ce que je possède, mais ayez pitié de moi, laissez-moi retourner dans ma famille. »

Les miliciens répondirent: « Gardez votre argent; pour rien au monde nous ne manquerons à notre consigne, vous vous expliquerez devant les autorités, il faut nous suivre. »

Ils lui attachèrent les mains derrière le dos et l'amenèrent à Craveggia.

Le consul le consigna aux autorités sardes, à Domodossola, où un conseil de guerre siégeait en permanence, et il fut fusillé avec les autres.

Voilà ce qu'étaient ces terribles brigands qui avaient jeté la terreur dans la vallée, et dont on célèbre la délivrance depuis cent ans !

Lorsque François fut bien assuré que ses parents ne couraient plus aucun danger, et que la confiance revenait dans le pays, il repartit pour Milan et reprit son poste chez Manini.

L'année s'écoula sans incidents notables.

Au commencement de l'année 1799, Manini chercha à fixer sérieusement François à sa maison, il lui augmenta ses appointements et lui proposa une part dans les bénéfices.

François eût certainement accepté s'il n'eût conservé la ferme intention de retourner à Paris dès que les circonstances le lui permettraient.

Il remercia Manini de la confiance qu'il lui témoignait et des offres séduisantes qu'il lui faisait, et lui déclara franchement qu'il désirait fonder une maison à Paris, où il s'était déjà fait une clientèle.

Il conserva toujours d'excellentes relations avec la maison Manini ; et lorsque son commerce eut pris de l'extension, il lui envoya de Paris, toutes les nouveautés de l'année ; et de son côté Manini lui fit des commandes importantes.

Ce printemps, la politique s'embrouilla en Italie; les Autrichiens et les Russes se coalisèrent et profitèrent de l'absence de Bonaparte, qui guerroyait en Égypte, pour reprendre la Lombardie et le Novarais.

Les alliés firent leur entrée à Milan le 28 avril 1799; ce fut une consternation générale.

Dès que François eut connaissance de l'approche des Autrichiens, il fit ses adieux à Manini, et retourna au pays.

RETOUR EN FRANCE

Les revers de la France et le résultat négatif de la campagne d'Égypte ramenèrent Napoléon à Paris ; il fut nommé consul à vie, et reprit l'offensive contre l'Europe coalisée ; son premier soin fut de reprendre ses conquêtes d'Italie ; bientôt la fameuse victoire de Marengo fit retomber en son pouvoir la Ligurie, le Piémont et la Lombardie, le 14 juin 1800.

De ce fait, l'Ossola forma la province française désignée sous le nom de département d'Agogna.

Tous ces changements bouleversaient et inquiétaient beaucoup nos populations : cela amenait la misère ; il fallait payer des contributions onéreuses et des taxes de guerre à chaque gouvernement nouveau.

En présence d'une telle incertitude dans l'avenir, François ne bougea pas du pays ; personne n'émigrait, on attendait prudemment que l'horizon s'éclaircît, et, à dire la vérité, on ne savait plus à quoi s'en tenir ; trois gouvernements différents s'étaient succédé violemment en l'espace de deux ans.

Le bourg de Sainte-Marie-Majeure avait été successivement occupé par des garnisons sardes, autrichiennes, croates, hongroises, russes, tyroliennes et françaises.

La pauvre vallée en était réduite à un état d'épuisement et de misère la plus affreuse.

Après la victoire d'Italie, Bonaparte signa la paix avec l'Autriche, à Lunéville, le 9 février 1801, et sa gloire lui donna une autorité immense.

François pensa qu'une ère nouvelle allait s'ouvrir pour

la France, et que les affaires reprendraient sous le régime autoritaire de Napoléon.

Il y avait huit ans qu'il avait quitté Paris, il avait vingt-neuf ans : il était temps de songer à s'établir.

Il fit part à ses parents de son intention de retourner à Paris et de commencer une nouvelle maison pour son compte.

A cette nouvelle, l'oncle Joseph fut dans le ravissement; il fit de beaux projets, en pensant qu'il allait revoir ses bons amis de Paris; mais sa joie fut de courte durée: François lui déclara qu'il se refusait absolument à l'emmener, ayant constaté avec chagrin qu'il se livrait de plus en plus à la boisson, ce qui était incompatible avec la dignité et la confiance que l'on doit inspirer dans une maison de commerce.

L'oncle Joseph protesta ; mais il eut beau promettre qu'il ne boirait plus que de l'eau rougie, François fut inflexible.

François aimait beaucoup son oncle, surtout depuis qu'il lui avait sauvé la vie, mais il sentait que s'il l'emmenait il faudrait renoncer à fonder une maison sérieuse : il aurait tout gâté, il était incorrigible.

Le père de François, qui marchait un peu sur les traces de son frère aîné, tremblait d'essuyer le même refus ; mais son fils avait beaucoup d'influence sur lui, et n'ayant plus sous les yeux l'exemple de l'oncle Joseph, il espérait qu'il se maintiendrait dans une certaine limite.

François avait trop souffert de ces nombreux amis et compatriotes qui venaient chaque jour entraîner ses parents pour festoyer; il ne voulait plus recommencer une pareille existence.

Il déclara carrément qu'il voulait fonder une maison pour lui seul, qu'il ne voulait être gêné par personne, et conduire sa barque comme il l'entendrait.

Il n'avait que quinze ans de moins que son père, ils étaient comme deux frères; il ne voulut pas lui faire de la peine en partant sans lui; il lui dit qu'il serait très heureux s'il voulait venir l'aider dans son entreprise, et lui proposa comme dédommagement un tiers dans les bénéfices nets que ferait la maison; ce fut ainsi que les choses s'arrangèrent.

La brigade du général de Bettancourt était campée à Domodossola; François fit viser son congé définitif, et partit pour Paris avec son père, non plus à pied, comme autrefois, mais en diligence, par la magnifique route militaire que Napoléon venait de faire construire sur le Simplon.

Ils firent la pose traditionnelle à Genève, chez les cousins Mellerio.

Quand ils arrivèrent à Paris, ils trouvèrent la ville en fête; on célébrait les victoires de Bonaparte; quelle différence avec leur départ du 31 janvier 1793 !

Ils ne retournèrent pas rue Grenéta; ils s'installèrent rue du Coq-Saint-Honoré, n° 4, dans un appartement au second, sur la rue.

Ils retrouvèrent fort peu de leurs connaissances; il avait suffi de huit ans de cette époque bouleversée pour opérer un changement très grand dans la population parisienne; les vieux étaient morts des suites de cette terrible révolution, et les jeunes se trouvaient pour la plupart sous les drapeaux; tout était désorganisé.

Les meubles que François avait laissés rue Grenéta avaient été vendus; on ne pensait plus le revoir; on croyait même qu'il avait été guillotiné comme aristocrate, puisque l'on n'avait jamais plus entendu parler de lui; ce fut un coup de théâtre quand il apparut pour avoir des nouvelles de son mobilier; on lui raconta que le propriétaire avait tout vendu pour s'indemniser du loyer; il fallut bien se contenter de cette raison, et ne plus y penser.

Il fallut refaire une nouvelle installation ; on la commença d'abord modestement, n'achetant que le strict nécessaire ; on l'augmenterait à mesure que les affaires le permettraient.

François alla faire une visite à ses anciens fournisseurs et fabricants bijoutiers ; beaucoup avaient disparu ; il fut parfaitement reçu par ceux qui existaient encore, ils l'assurèrent qu'ils avaient conservé de lui le meilleur souvenir, et se mirent à sa disposition avec empressement.

Ce fut une grande satisfaction pour François : il se sentait appuyé et considéré, cela lui donna un grand courage pour aller à la recherche des affaires.

Si le changement était grand dans le monde des affaires, il était encore plus sensible dans la clientèle; la plupart des grands hôtels étaient déserts, les émigrés ne reprenaient pas encore le chemin de la France, beaucoup avaient péri sur l'échafaud; ce spectacle navrant attrista beaucoup François; il fallait se refaire une clientèle.

Tout autre que lui se serait découragé ; ils n'étaient pas plus avancés qu'en 1787, quand ils habitaient rue des Lombards; mais il était doué d'une énergie surprenante : il s'était mis en tête de fonder une maison, il redoubla d'ardeur pour y arriver.

Il remarqua que tout le monde reprenait courage; on déployait une activité fiévreuse, la confiance en Bonaparte était grande ; après les longues années de chômage qui venaient de s'écouler, on éprouvait un besoin impérieux de gagner de l'argent.

Il reprit sa boîte comme autrefois; il se présenta chez les favorisés du jour, les bonapartistes, qui étaient comblés d'honneurs et de richesses par le futur empereur.

Tous ces parvenus avaient grande envie de briller ; le

premier consul donnait des fêtes somptueuses ; le luxe refit son apparition sur les promenades publiques et dans les salons ; tout cela ramenait la confiance et réveillait le commerce.

Ce fut à force de patience, de courbettes et d'activité, que la maison Mellerio, dit Meller, recommença à faire parler d'elle.

De grandes fortunes surgissaient ; Bonaparte distribuait des titres de princes, de ducs, de maréchaux à ses fidèles et glorieux compagnons d'armes, et il les dotait en conséquence ; tout cela remettait l'argent en circulation, et le commerce était le premier à en profiter.

On arriva ainsi à l'année 1804, et, le 18 mai, le premier consul fut proclamé empereur des Français.

M. de Ségur avait été nommé grand maître des cérémonies de la maison de l'empereur, et sa femme, dame d'honneur de l'impératrice Joséphine ; elle était la cliente de François, elle s'intéressait beaucoup à lui ; elle lui trouvait de si belles manières, et toujours si correctes, qu'elle lui promit de le présenter à l'impératrice.

Un jour, qu'elle était de service, elle envoya un garde à cheval, avec une lettre, pour prévenir François qu'il devait se rendre immédiatement au château des Tuileries, pour être présenté à l'impératrice.

François était dans tous ses états, il se mit sur son trente-six, et après avoir rassemblé ce qu'il avait de plus riche et de plus à la mode, il se dirigea vers les Tuileries tout émotionné. La comtesse de Ségur l'attendait, elle le fit monter dans les appartements privés de l'impératrice, et le présenta elle-même.

Il fut reçu avec bienveillance, et quand l'impératrice apprit qu'il avait servi dans l'armée française, elle le félicita et lui dit en souriant : « Vous deviez être un beau grenadier, Monsieur Meller »

Elle fit différentes emplettes pour des cadeaux qu'elle voulait faire à des personnages de la cour, et l'autorisa à se présenter aux Tuileries toutes les fois qu'il aurait de belles nouveautés à lui faire voir.

François était dans le ravissement ; il ne tarissait pas d'éloges sur la beauté et la gracieuseté de l'impératrice Joséphine.

Le succès commençait à couronner ses efforts; cette présentation lui attira beaucoup de seigneurs de la cour, les affaires devinrent plus importantes ; il pouvait dire avec certitude que sa maison était définitivement fondée. Il allait bien, le petit Savoyard que les commères trouvaient si gentil, à son entrée à Paris, en 1784!

Le père de François était abasourdi de voir l'entrain et la hardiesse de son fils ; il en était effrayé ; l'initiative n'était pas du tout dans son caractère : il aurait volontiers continué comme autrefois à vendre des boucles de souliers en strass et des boutons en cristal taillé; il était tout à fait rétrograde, les succès de son fils lui occasionnaient plus d'étonnement que de satisfaction.

Cette métamorphose dans le genre et dans la rapidité des opérations déroutait tellement le père de François qu'il se sentit pris du mal du pays ; il voulut revoir ses montagnes, pour se remettre l'esprit en repos et reprendre haleine.

Il partit au printemps de 1805; il n'y tenait plus, Paris l'énervait, il n'était pas dans le mouvement.

Jean dut s'arrêter au pays jusqu'au printemps de 1806, pour mettre ordre à ses affaires et faire des partages avec son frère Joseph.

Lorsque Jean fut de retour à Paris, il put apprécier l'importance que la maison de son fils avait acquise ; les commandes affluaient, il y avait dans l'après-midi de beaux équipages arrêtés devant la maison; les grandes dames montaient au magasin, au second, sans se préoccuper de l'escalier qui n'avait rien de luxueux.

Jean, voyant entrer ces dames élégantes, faisait de grandes courbettes, présentait des sièges, et courait vite prévenir son fils; il était embarrassé devant le client parce qu'il était rarement au courant des opérations de la maison; il rangeait, époussetait toujours, se frottait les mains en disant : « Povero te Gioanni Francesco ! » il prenait de grandes prises de tabac, et regardait ce qui se passait dans la rue; il savait que son fils avait l'œil à tout, il se reposait sur lui.

François ne lui en demandait pas davantage, il était heureux de l'avoir près de lui, et dans les heures de loisir ils causaient du pays, ce qui était pour eux le moment le plus agréable de la journée.

LE CHIFFONNIER

François était toujours prêt à défendre le faible contre la brutalité et l'injustice.

· Un jour, dans ses courses, il vit un rassemblement sur une place, il s'en approcha par curiosité, et comme il était grand, il regarda par-dessus les autres, avec indifférence, ne voulant pas s'attarder.

Il vit un chiffonnier, la hotte bien garnie, qui tenait dans ses bras un joli petit chien, et à côté de lui une petite fille de dix ans, qui pleurait, en disant : « Je ne veux pas que vous emportiez mon chien, c'est à moi, rendez-moi mon chien; » et elle s'agrippait après la hotte du chiffonnier, pour ne pas qu'il s'en aille.

Le chiffonnier répondait : « Veux-tu te taire, gamine! veux-tu lâcher ma hotte, petite menteuse! je vais te flanque des gifles, tu vas voir ! »

La discussion s'envenimait, et les spectateurs ne sa-

vaient pas trop à qui donner raison. Il n'y avait pas de
sergents de ville, à cette époque.

Tout à coup, un homme de haute stature, la figure
énergique, fend la foule et s'approche des deux querel-
leurs : c'était François; il apostropha le chiffonnier en
lui disant : « Est-il possible qu'une petite fille comme
celle-ci ait le toupet de venir vous réclamer ce chien,
à vous, qui êtes un homme, s'il n'était pas à elle ? Du
reste, nous allons bien voir qui est-ce qui a raison. »

Le chiffonnier, voyant ce grand gaillard prendre la
défense de la petite, entra en fureur, et riposta d'un air
menaçant : « Mêlez-vous donc de vos affaires, vous ! »
et il leva son crochet sur François. Celui-ci lui saisit le
poignet, le lui tordit comme un fil de fer, à tel point
que le crochet tomba par terre.

François mit le pied dessus, et sans lâcher son homme,
il s'adressa aux spectateurs qui s'intéressaient de plus en
plus à ce petit drame : « Messieurs, leur dit-il, si vous
voulez bien me laisser tenter une expérience, nous sau-
rons de suite à qui appartient le chien. » Tous répondirent : « Oui, oui. »

« Alors, formez le cercle, dit François; le plus grand
« possible, et laissez-moi faire. » On forma un cercle
bien compact, et on attendit. Le chiffonnier cherchait
toujours à se débarrasser de François, mais il avait beau
tirer comme un diable, il ne faisait pas un pas; il avait
l'air d'être attaché à un arbre. François dit à la petite
fille : « Va te placer en face, et ne bouge pas ; surtout,
n'appelle pas le chien. » Ensuite, il dit au chiffonnier :
« Mettez le chien par terre, et laissez-le aller. » Le chiffonnier s'y refusa; alors tout le monde cria : « Lâchez
le chien ! lâchez le chien ! »

En présence de cette foule qui devenait hostile, le chiffonnier lâcha le petit chien et chercha à se sauver ; mais

François, sans s'inquiéter de ses secousses, le tint ferme, en lui disant : « Tout à l'heure, ne soyez pas si pressé. »

Pendant ce temps, le petit chien faisait le tour du cercle, et quand il fut arrivé auprès de la petite fille, il s'arrêta, la flaira un instant, et se dressa sur elle en secouant la queue et en aboyant de joie; il sautait pour lui lécher la figure ; la petite se baissa, et le chien lui sauta sur les épaules en continuant à la lécher.

La foule battait des mains, en criant : « bravo ! bravo ! » On entoura le chiffonnier, en l'appelant : «Voleur, canaille ! vieux filou ! » On lui arracha la hotte, on la piétina, et on en aurait fait de même de son propriétaire, si François ne l'avait lâché à temps, en lui disant : « Va te faire pendre ailleurs ! »

LE MAJORDOME

Depuis sa présentation au palais des Tuileries, François continuait à faire de belles affaires avec l'impératrice Joséphine, ses dames d'honneur et les grands dignitaires de la cour.

Un matin, on vit entrer au magasin un gros homme que François connaissait bien : c'était le majordome de la maison de l'impératrice.

Il fut reçu avec tous les égards dus à son rang; on le pria de s'asseoir, et on attendit qu'il fît connaître le but de sa visite.

Mais ce personnage resta debout, et dit d'un air mystérieux : « Je voudrais parler en particulier à M. Meller. » On le fit entrer dans le bureau, et ce digne fonctionnaire s'expliqua en ces termes : « M. Meller, j'ai remarqué, d'après les factures que je vous solde, que vous faites beaucoup d'affaires avec la cour; j'en suis bien aise; mais je vous préviens que, si vous voulez que cela continue, il faudra, à l'avenir, que vous ajoutiez le 10 pour 100 sur toutes vos fournitures, afin que j'y trouve également mon compte : ce sera mon petit bénéfice ; maintenant, je dois vous dire que si vous n'acceptez pas ce marché vous ne vendrez plus rien au palais. »

François fut stupéfait de tant d'audace ; il eut envie de le flanquer à la porte, mais il préféra ne pas brusquer les choses.

Dès le lendemain, il demanda une audience à l'impératrice, et lorsqu'il fut en présence de S. M. I., il prit un air consterné, et lui dit : « Ah ! Majesté, je suis bien malheureux ! on vient de me prévénir qu'à l'avenir je ne vendrai plus rien au palais.

— Qu'est-ce que cela signifie, M. Meller ? » demanda l'impératrice tout étonnée.

François raconta à la souveraine la visite et les menaces de son majordome, et il ajouta : « Je vends à Votre Majesté au même prix qu'à tous mes clients, et jamais je ne commettrai l'indélicatesse d'ajouter le 10 pour 100, en plus, sur les bijoux que j'ai l'honneur de vendre à la cour ; je vais donc me trouver exposé aux menaces du majordome de Votre Majesté. »

L'impératrice fut indignée du procédé peu délicat de son serviteur ; elle le fit appeler immédiatement, et, en présence de François, elle lui reprocha sa malhonnêteté, en ajoutant : « Si jamais je viens à savoir que vous ayez fait la moindre diminution sur les factures de M. Meller, je vous chasse sur-le-champ du palais ! »

François remercia l'impératrice, et retourna chez lui, fort satisfait d'avoir donné cette bonne leçon à cet arrogant majordome.

Il était toujours très généreux avec les domestiques de ses clients, mais il ne souffrait pas qu'ils lui forçassent la main.

LA BELLE PRINCESSE S....LA

François était libre de sa personne, encore jeune, et d'une belle prestance; en plus, il possédait une maison de commerce importante; il devait fatalement être une proie désirable pour les femmes galantes de son époque.

Parmi les grandes dames qui figuraient avec éclat aux fêtes que Bonaparte donnait aux Tuileries, il y en avait une qui faisait sensation par sa beauté et son élégance; c'était la jolie et jeune princesse S....la, d'une grande famille aristocratique de Venise.

Elle était la cliente de François et ne voulait avoir affaire qu'à lui.

Elle lui parlait toujours italien, et le gardait un temps infini pour lui raconter toutes les petites intrigues des dames de la cour.

Toutes ces histoires n'intéressaient pas beaucoup François, mais, par politesse, il écoutait tout en souriant; il ne pouvait, en vérité, s'empêcher d'admirer l'esprit et la grâce de cette grande dame.

Le père de François tombait en extase lorsqu'elle entrait au magasin; il fit même cette réflexion, que « cette femme était si belle qu'elle ferait trembler un saint en bois ».

La princesse avait grande envie d'un collier perles et diamants, et, après en avoir examiné plusieurs, elle dit : « M. Meller, voulez-vous me les apporter demain matin? Nous combinerons quelque chose, mais surtout ne venez pas plus tard que huit heures. »

Le lendemain matin, François se rendait place Vendôme, à l'hôtel de la princesse, qui avait donné ordre de laisser monter le bijoutier.

La femme de chambre introduisit François dans la

chambre de la princesse, et se retira discrètement.

Celle-ci était encore au lit ; les volets étaient fermés, et la pièce n'était éclairée que par une lampe placée su un meuble, de façon à n'éclairer que l'alcôve.

François, qui arrivait du grand jour, n'y voyait pas du tout ; mais une voix douce lui dit : « Approchez, M. Meller, vous êtes bien aimable d'avoir été exact. »

François aperçut la belle Vénitienne assise sur son lit, dans un négligé voluptueux.

« Étalez les colliers sur le lit, » lui dit-elle, et lorsque cela fut fait elle ajouta : « La mode, aujourd'hui, est de se décolleter énormément, n'est-ce-pas ? C'est ce qui m'a donné l'idée d'avoir un collier plus riche que celui que je mets d'habitude ; et puis les colliers me vont très bien, comme vous allez en juger par vous-même, en me les essayant ; je sais que vous êtes un homme de goût. »

Avec deux mouvements rapides, la princesse découvrit ses beaux bras et sa superbe poitrine d'albâtre, comme pour aller au bal, et même un peu plus ; cela fut fait avec aisance, tout naturellement : affaire d'habitude ; est-ce que tous les soirs elle n'exposait pas ses charmes aux regards avides et indiscrets d'une foule de gens qui s'écrasaient autour d'elle, dans les salons resplendissants des Tuileries ? Ce jeune homme ne la gênait pas du tout : les femmes n'étaient pas bégueules, sous le Consulat ! ni sous l'Empire !

A ce spectacle charmant, François comprit de suite à qui il avait affaire ; ce n'était pas un novice, mais il ne voulut pas se laisser entortiller par une aussi jolie sirène ; d'autant plus que les regards langoureux de cette femme séduisante commençaient à le troubler un peu. Il ne faut jamais jouer avec le feu, se dit-il, et sans paraître embarrassé, il dit tout tranquillement : « Madame la princesse, je dois être aux Tuileries à huit heures et demie, par ordre de l'Impératrice : je ne puis me faire attendre (regardant sa montre), je crains même d'être déjà en retard ; vous voyez que j'ai tenu à vous apporter les colliers à l'heure que vous m'aviez fixée ; je vais vous les laisser, afin que vous puissiez les essayer à votre aise. » Et, saluant profondément, il se dirigea vers la porte avant que la princesse, tout étonnée, ait eu le temps de se récrier.

Tous les colliers furent renvoyés dans l'après-midi sans explication ; la princesse ne reparut plus au magasin ; ce n'était pas une perte : il y avait beaucoup plus de bavardages que de bénéfices à faire avec elle. Ces clientes-là n'étaient pas rares ; ce qu'elles voulaient, c'était se faire admirer et tâcher d'avoir des bijoux à bon marché.

LE CHANGEUR DU PALAIS-ROYAL

François avait des rapports de banque très fréquents avec un des principaux changeurs du Palais-Royal ; cet homme le traitait avec beaucoup d'égards ; il avait de la considération pour lui, parce qu'il le trouvait toujours correct en affaires.

Ce changeur avait une jeune femme d'une extrême beauté, et très coquette ; ces deux qualités sont très favorables aux amis de la maison, mais peu rassurantes pour la sécurité des maris.

Cette jolie femme avait un caprice pour François, et elle trouva le moyen de le lui faire savoir.

François avait un tempérament ardent et enthousiaste ; mais nous avons vu, dans le courant de son histoire, qu'il ne s'enflammait que pour les idées nobles et honnêtes ; cependant ce n'était pas un puritain : il était de son époque.

Les assiduités de cette femme mariée froissaient ses

principes ; il était gêné avec elle ; et sa position était d'autant plus délicate qu'il était toujours très bien traité par son mari.

La trahison et le scandale lui faisaient horreur !

La réserve de François ne fit qu'irriter davantage la passion de cette jolie femme ; elle vint le relancer au magasin, elle inventa mille prétextes pour se rencontrer avec lui et l'entourer de séductions.

Il fallut une grande force de caractère pour ne pas succomber devant une pareille tentation !

François se montra toujours aimable, mais ne se compromit jamais avec elle.

Il y avait déjà quelque temps qu'il se trouvait dans cette position délicate, lorsqu'il apprit que le prince Demidoff était tombé amoureux fou de cette beauté, et que finalement il l'avait enlevée.

Elle devint la maîtresse de ce riche seigneur, et elle planta là son infortuné mari.

Tous les jours, cette femme galante faisait arrêter son magnifique équipage devant le magasin de François, désirant toujours se rencontrer avec lui ; mais il sut résister à ce penchant funeste qui eût certainement compromis sa réputation et sa fortune.

PREMIER MARIAGE DE FRANÇOIS

Les années 1806-1807 s'écoulèrent sans amener aucun changement dans l'existence de François.

Le 11 novembre 1807, il se rendit en l'étude de Me Tarbé, notaire impérial, à Paris, pour faire l'acquisition, moyennant deux cents francs, d'une petite pièce de terre sur laquelle sont des châtaigniers, située à la Fontanella, commune de Vocogno, du département de l'Agogna, royaume d'Italie.

Cette vente était faite par Jean-Jacques Borgnis, peintre, rue des Gravilliers, n° 15 ; le témoin était Jean-Antoine Guglielmazzi.

Je cite cette acquisition parce qu'elle figurera dans le contrat de mariage de François avec sa cousine Madeleine Mellerio, sa seconde femme.

François avait trente-cinq ans, et il était encore célibataire ; il représentait un beau parti, puisqu'il était propriétaire d'une maison de commerce très florissante ; en plus, il était bel homme et très aimable ; il y avait de quoi faire tourner la tête aux mamans qui avaient des filles à marier.

Tout le monde voulait s'en mêler ; on lui proposait de jolies filles de bonne famille, avec de belles dots : il n'y avait que l'embarras du choix.

Les clientes elles-mêmes s'intéressaient à son avenir ; elles ne comprenaient pas que M. Meller, dans sa position, eût attendu si longtemps à se mettre en ménage, et elles lui proposaient des partis mirobolants.

On s'adressait quelquefois à son père, mais sans succès ; il restait muet sur ce chapitre ; c'était son fils que cela regardait : « Et puis, ajoutait-il tout bas, nous en avons aussi, à Craveggia, des belles filles à marier. »

François, qui était cajolé par toutes ces commères, souriait sous cape ; il disait qu'il allait y songer, qu'il avait voulu avoir une position avant de se mettre en ménage.

Il est évident qu'il pouvait prétendre à de très beaux partis, et vraiment il s'en présentait de très séduisants ; mais il y avait un obstacle infranchissable que tous ces gens-là ne connaissaient pas : c'était l'usage et les mœurs du pays ! Jamais il n'était arrivé, jusqu'à ce jour, qu'un membre de sa famille ait épousé une étrangère ; il eût été très gêné en présentant une Française à ses parents.

Jamais une jeune fille riche et parisienne n'eût accepté l'intérieur simple et patriarcal de nos ancêtres ; il eût fallu renoncer au pays et se conformer aux habitudes françaises.

François avait certainement l'ambition d'avoir une maison de premier ordre ; mais en dehors du commerce il restait Italien ; l'amour du pays, de ses parents, de ses montagnes, était indestructible ; il ne fallait pas badiner sur ce sujet !

Avec une femme française apportant une belle dot, comme celles qui lui étaient présentées, il eût fallu mettre le ménage sur un autre pied, recevoir et conduire sa femme dans le monde ; tout cela était contraire aux mœurs de nos ancêtres. Cette jeune femme, ne comprenant pas un mot d'italien, se serait trouvée isolée dans son intérieur, ne pouvant prendre part aux conversations intimes des parents et compatriotes, qui aimaient tant parler le patois de leur pays quand ils étaient entre eux ; elle se serait fort ennuyée et aurait gêné les autres ; et puis, toutes ces histoires du pays, qui faisaient les délices de nos parents, ne l'auraient pas intéressée du tout : la paix du ménage eût été compromise.

Bien décidé à ne pas épouser une Française, mais désireux de se mettre en ménage, puisque sa position le lui permettait, François partit au pays en juillet 1808.

Il profita de la morte-saison pour s'absenter, et laissa la direction de la maison à son père, en lui promettant d'être de retour pour la Toussaint, marié ou non.

S'il était un beau parti à Paris, comment devait-on le considérer à Craveggia ?

Toutes les mamans se l'arrachaient, toutes les jeunes filles lui souriaient ; il était très aimable avec tout le monde, il acceptait toutes les invitations, mais ne se compromettait nulle part.

Sa mère, voyant qu'il n'avait pas de préférence bien marquée, lui conseilla de choisir Marie Borgnis Ciccialino, fille de Jean-Marie Borgnis et de Domenica-Maria Borgnis, tous les deux vivants et des premières familles du pays.

Marie était grande et belle femme, et ce qui séduisit surtout François, c'est qu'elle était très intelligente.

La famille se composait de cinq garçons et trois filles ; la sœur de Marie, la plus jeune, Domenica-Maria, épousa François Borgnis, popino, qui était bijoutier à Caen (Normandie) ; nous aurons occasion de parler de lui dans le courant de cette histoire.

La mère de François demanda Marie Borgnis en mariage pour son fils ; elle lui fut accordée avec plaisir.

Les Borgnis avaient une métairie sur le territoire de Monte-Crestese, et toute la famille s'y rendit pour faire les vendanges ; François les accompagna, et fit sa cour à Marie.

Dans l'intention de charmer sa belle fiancée, François se postait sur un mamelon, non loin de là, et faisait entendre de superbes fanfares qui se perdaient harmonieusement dans la magnifique vallée de l'Ossola.

François ne fit pas de contrat de mariage : ce n'était pas l'habitude ; il eut bientôt à s'en repentir.

Le mariage eut lieu à Craveggia, au mois de septembre, avec un grand concours de parents et d'amis.

Pour ne pas laisser son père plus longtemps seul, à Paris, François partit de Craveggia dans les derniers jours d'octobre ; il emmena sa jeune femme, rompant ainsi avec les coutumes anciennes qui consistaient à ne jamais conduire sa femme à l'étranger ; on redoutait pour elle le changement de climat, l'ennui de rester seule toute la journée, pendant que son mari était occupé hors de la maison ; elle serait dépaysée dans une ville où elle ne comprenait pas la langue et ne connaissait pas les habitudes.

Pour l'ouvrier, il y avait surtout la question d'économie ; si la femme s'en allait, qui est-ce qui soignerait le petit coin de terre que l'on possédait dans la montagne ?

Et puis les enfants qui naissaient au pays, au bon air, devenaient robustes ; on les nourrissait de laitage, de polenta et de châtaignes, ils ne coûtaient rien à élever ; ils couraient dans la montagne, à moitié nus ; la mère et les grands-parents les emportaient aux champs, sur leur dos, et le travail se faisait tout de même ; on en élevait ainsi des demi-douzaines sans s'en apercevoir.

De temps en temps, le mari faisait une escapade au pays, et on était certain que neuf mois après] il y avait un baptême, et ainsi de suite ; quand les garçons avaient dix ou douze ans, on les emmenait à Paris, ils devenaient des petits ramoneurs.

Ceux qui avaient une position à Paris, qui étaient chefs de maison, faisaient venir leurs femmes, et ils s'en trouvaient très bien ; elles étaient généralement intelligentes, très actives, bonnes ménagères ; elles surveillaient le personnel, répondaient aux clients et aux fournisseurs pendant l'absence du mari, et tenaient la comptabilité.

Le soir, le mari restait au logis au lieu d'aller avec les camarades, parce que la femme lui conseillait l'économie et savait lui rendre son intérieur agréable.

La femme de François fut accueillie par son père avec la plus grande affection ; il la connaissait bien : c'était une parente, une compatriote ; elle apportait avec elle le parfum de la vallée, elle avait été élevée simplement comme sa nouvelle famille, elle n'occasionnerait aucun changement dans les habitudes de la maison, et on pourrait baragouiner à l'aise le bon patois du pays : c'était bien la femme que l'on avait rêvée ! On se souciait bien des élégantes et riches donzelles proposées par les vieilles radoteuses !

François se remit aux affaires avec ardeur ; il donna un maître de français à sa femme, qui était très intelligente et aimable ; elle savait se faire aimer et respecter de tous ceux qui fréquentaient la maison.

Au commencement de l'année 1809, François remarqua que le personnel de la maison n'était plus suffisant ; les affaires allaient toujours en augmentant, et son père, tout en se trémoussant beaucoup, ne rendait pas de grands services ; en plus, la femme de François, qui était enceinte, n'était pas en état de s'occuper de la maison.

François se multipliait, mais il était débordé ; son père ne voulait pas entendre parler de prendre un commis ; il disait que c'était introduire un loup dans la bergerie.

On parla de Jean-Jacques, le second fils de Jean, qui était toujours resté au pays ; il avait vingt-cinq ans, et aidait sa mère dans les travaux de la campagne.

Jean fut ravi de l'idée ; il déclara qu'il serait très heureux de voir ses deux fils travailler ensemble : ce qui éloignerait toute figure étrangère de la maison.

François écrivit à son frère de venir à Paris pour l'aider dans son commerce, et expliqua à sa mère les motifs qui exigeaient une telle détermination.

Jean-Jacques arriva à Paris au mois de mars 1809 ; il était resplendissant de santé ; c'était un beau type italien : grand, avec des épaules carrées, la physionomie souriante, les cheveux noirs, frisés, et de superbes favoris.

Il n'avait fréquenté que l'école de Craveggia, mais il avait une très belle écriture ; il comprenait le français, le parlait un peu mais ne savait pas l'écrire.

François lui fit donner des leçons de français et lui fit apprendre la tenue des livres en partie simple.

Jean-Jacques avait douze ans de moins que son frère ; il ne le tutoyait pas et lui témoigna toujours la plus grande affection.

Il ne se passa rien de nouveau jusqu'au mois de septembre. A cette époque, la femme de François était arrivée presque au terme de sa grossesse ; elle regrettait l'éloignement de sa mère dans un moment pareil : il n'y avait pas d'autre femme dans la maison ; les hommes étaient inquiets, ils n'avaient aucune expérience de ces sortes de choses ; ils prirent une femme de confiance qui ne devait s'occuper que de Marie.

Après avoir pris cette précaution on attendit les événements avec plus de tranquillité.

Malheureusement, le médecin commit une imprudence, et cette pauvre femme succomba avec son enfant, après avoir souffert affreusement.

François, désespéré, avait perdu la tête ; il accusa ce médecin ignorant d'avoir tué sa femme, et transporté de fureur, il voulut l'étrangler ; on eut toutes les peines à lui faire comprendre la raison.

Il fit à sa femme des funérailles en rapport avec la situation qu'il occupait déjà dans le commerce.

Nous allons donner copie des frais qu'il eut à payer à l'église de Saint-Germain l'Auxerrois, sa paroisse, afin de se rendre compte de ce que coûtait un grand enterrement en 1809.

Église de Saint-Germain-l'Auxerrois.

Droit curial . . . . Fr.	5	»
Présence de M. le curé	12	»
Messe solennelle	6	»
Diacre et sous-diacre	3	»
Offrande au cierge	6	»
12 prêtres	18	»
Confesseur en robe	9	»
Receveur	6	»
4 clercs	6	»
Sacristain	2	»
Sous-sacristin	1	10
6 chantres, 2 serpents	12	»
8 enfants de chœur	8	»
Faux bourdon	5	»
2 suisses, 2 bedeaux	6	»
Crêpes et gants	6	»
Avertissement	2	10
Chaises	6	»
3 volées de sonnerie	9	»
Ornements, argenterie	40	»
12 cierges sur l'autel		
12 dans le chœur	60	»
1 cierge d'offrande		
4 flambeaux pour l'élévation		
	228	20
Plus accompagnement au cimetière	24	»
Total . . . . Fr.	252	20

« J'ai reçu de M. Mellerio (Jean-Jacques) la somme de deux cents livres tournois, pour les convoi et service solennel de Mme Mellerio, sa belle-sœur, en l'église de Saint-Germain-l'Auxerrois, sa paroisse.

« A Paris, ce 10 septembre 1809.

« POIROT
« Prêtre, receveur des convois
« en ladite église. »

Aujourd'hui, un grand enterrement coûte plus cher que cela !

François et les siens restèrent longtemps avant de se remettre d'une pareille secousse ; la maison était devenue triste ; dans le jour, ils étaient distraits par le travail, mais le soir, le chagrin les reprenait, ils pleuraient tous les trois, en disant le chapelet pour la pauvre défunte.

L'hiver s'écoula bien tristement, et ce ne fut qu'au printemps de 1810 que le retour des beaux jours apporta quelque apaisement à la désolation qui régnait dans la maison.

Les héritiers Borgnis ne tardèrent pas à donner de leurs nouvelles ; ils exigèrent que l'on fît de suite un inventaire des objets appartenant à la défunte, à Paris et en Italie, et en plus, ils réclamèrent la part de bénéfices que la maison de commerce avait faits pendant l'année que dura le mariage. Nous possédons l'original du volumineux dossier contenant les inventaires, ventes, vacations et actes de toutes sortes, rédigés à Paris et en Italie; nous en ferons grâce à nos lecteurs.

Il suffira de savoir que ces tracasseries durèrent cinq ans, soit jusqu'à la fin de 1814.

Pour clore cet incident peu intéressant, nous donnerons copie de la lettre que François écrivit à son chargé de pouvoirs en Italie; cette lettre nous édifiera sur ses démêlés avec les héritiers Borgnis, mais surtout nous fera connaître avec quelle facilité et netteté l'ancien élève de M. Dubuisson rédigeait ses correspondances.

Paris, le 4 octobre 1814.

Mon très cher cousin,

J'ai reçu votre lettre du 4 août dernier, que vous m'avez fait l'amitié de m'écrire, et, d'après le conseil que vous me donnez, je vous envoie, par l'entremise de MM. Acerro et Margaritis, les pièces justificatives des dépenses que j'ai faites pour la succession de mon épouse, lesquelles vous ferez valoir si l'on en vient à un partage.

Je ne demande pas mieux que ce partage se fasse à l'amiable et je renonce volontiers à la vente ; mais, dans ce cas, je désire qu'il s'effectue d'une manière légale et telle qu'il n'y ait plus à l'avenir de difficultés à cet égard.

Vous me marquez que mon beau-père ne veut point reconnaître les frais que j'ai faits à Paris, ni rien de ce qui a été fait en Italie ; s'il pense avoir des droits à m'opposer, qu'il les fasse donc valoir devant les tribunaux de Paris, qui seuls ont la décision de cette affaire, puisque mon épouse est décédée dans cette ville. Je suis prêt à lui répondre ; mais j'espère que, persuadé enfin de l'injustice de ses prétentions, il cessera ses misérables chicanes.

Je suis infiniment reconnaissant de l'offre généreuse que vous me faites d'employer dans cette circonstance vos bons offices, et j'espère qu'ils contribueront beaucoup à mener les choses à une heureuse fin.

Mille amitiés de ma part et de celle de mon père à toute votre famille, particulièrement à la cousine, votre épouse, et à votre frère.

Votre tout dévoué cousin,

FRANÇOIS MELLERIO

A M. Jean-François Borgnis Ciccialino, à Craveggia.

Jean et son fils Jean-Jacques remarquaient avec peine que François était toujours triste et que rien ne pouvait le distraire ; ils craignirent qu'il ne tombât malade, et d'un commun accord ils l'engagèrent à changer d'air et d'aller pendant quelque temps au pays, auprès de sa mère. En effet, François n'avait plus d'entrain pour les affaires, tout lui était devenu indifférent ; il comprit finalement que sa maison aurait périclité s'il eût continué ainsi : il fallait donc se secouer et quitter Paris, pour ne plus avoir sous les yeux cette chambre où était morte sa chère Marie.

Il pouvait avoir l'esprit tranquille en s'éloignant pour quelque temps de sa maison, parce que Jean-Jacques, déjà bien au courant des affaires, était là pour seconder son père.

Il partit au mois de septembre 1810, après avoir fait faire un service de bout-de-l'an pour sa pauvre femme, et il dit aux siens qu'il espérait être de retour à Paris vers la fin de l'année.

Catherine songeait sans cesse au chagrin que devait avoir son fils, et elle désirait beaucoup le revoir ; elle comprenait combien il avait besoin de consolation et de toute la tendresse de sa mère, après le malheur qui lui était arrivé.

Quand il arriva à Craveggia, il trouva sa mère en bonne santé ; elle avait alors soixante-quatre ans.

Les premiers jours furent assez tristes ; on parla beaucoup de la pauvre Marie ; et puis sa mère lui avoua qu'elle était bien seule depuis que son mari et ses enfants étaient à Paris : elle n'avait que ses servantes pour lui tenir compagnie ; elle ajouta que rien ne lui manquait pour le matériel, puisqu'elle recevait toujours de l'argent de Paris pour se faire bien servir et ne plus se fatiguer, et que c'était bien la recommandation qu'on lui faisait chaque fois, mais que tout cela n'empêchait pas la maison d'être bien triste.

François l'embrassa tendrement en lui disant qu'il resterait près d'elle aussi longtemps qu'il le pourrait, et qu'ils se consoleraient ensemble.

Le grand air des montagnes, la vie patriarcale d'autrefois, et surtout la compagnie de sa chère mère, produisirent un effet merveilleux sur l'esprit de François ; il sentait la confiance renaître en son âme, l'avenir lui parut moins sombre ; finalement, une grande réaction se produisit en lui.

Il y avait à l'extrémité de la place de l'Église, tout près du clocher, une maison civile où habitait la veuve de Jean-Antoine Mellerio (Cianten), fils de Jean-Marie, dit le Gros, qui avait été bijoutier en Normandie.

Cette veuve s'appelait Domenica-Maria Mellerio, fille de Charles-Antoine Mozzanino.

Elle avait eu six enfants, dont cinq étaient encore vivants :

1° Francesca-Maria, née en 1780, mariée à Paris avec Charles-Antoine Mozzanino, poêlier-fumiste, 18, rue Basse-du-Rempart; ils avaient un fils unique : François-Antoine-Marie, qui épousa plus tard Jeanne-Adélaïde-Victoire Boutillier, ils eurent deux filles : Pauline, mariée Auger, et Maria, mariée Morel.

2° Jean-Marie, né en 1788, résidant à Paris, dont nous parlerons plus loin; il était le parrain de Catherine, la fille aînée de François; elle l'aimait beaucoup parce qu'il était excessivement bon pour elle.

3° Madeleine, dont nous allons parler bientôt; elle était née en 1790.

4° Joseph-Marie, né en 1797, qui faisait le tailleur, et qui ne quitta jamais Craveggia.

5° Jean-Antoine, né en 1798, connu par nous sous le nom d'oncle Tony.

Ce [fut lui qui succéda à son oncle Jean-Baptiste (Mylord), bijoutier, 22, rue Vivienne, avec cette enseigne : « Mellerio-Meller, à la Couronne de fer ».

Plus tard, l'oncle Tony transporta son magasin, 1, quai d'Orsay, au premier, portant également le nom de Mellerio-Meller.

Il se maria avec une demoiselle Jelpo, d'origine suisse.

La seconde fille Jelpo épousa M. Baudry, qui avait une propriété à Arnouville, et dont la fille épousa M. Fonade, gros marchand de vins à Bordeaux.

L'oncle Tony fit une fortune considérable.

Il eut trois enfants : une fille et deux garçons.

La fille mourut jeune.

Le fils aîné, Antonio, né en 1827, devint un homme

superbe ; il était blond et ressemblait à sa mère, qui le gâta beaucoup.

Il fut élevé dans une pension protestante, sans principes religieux : ce qui surprit d'autant plus la famille, qui rencontrait sans cesse la tante Tony à la messe, à Saint-Roch.

Antonio devint un dandy ; sa mère lui donnait tout l'argent qu'il désirait, de sorte qu'il se lança dans les plaisirs et la dissipation en compagnie des jeunes viveurs de l'époque.

Il se lia avec une femme galante nommée Anna, mariée Debacker, qui sut l'entortiller et ne le lâcha plus.

Elle profita du dérangement de cerveau de ce malheureux garçon pour se faire nommer légataire universelle, par testament, et toute la fortune de l'oncle Tony fut engloutie par cette intrigante, au détriment de la famille, qui fit un procès sans résultat.

Le second fils, Victor, né en 1830, fut élevé dans les mêmes principes que son frère, dans cette école protestante ; il voulut imiter son frère dans ses débauches, mais sa santé n'y résista pas ; il mourut à vingt-cinq ans, usé totalement.

Il était brun, grand, également beau garçon, très intelligent, très bon cœur ; il eût fait un excellent négociant.

Avant de mourir, l'oncle Tony eut tout le temps de voir les résultats de la mauvaise éducation qu'il donna à ses fils. Que cela nous serve d'exemple !

La tante mourut subitement à table, n'ayant auprès d'elle qu'un vieux commis, ce petit bossu qui s'appelait Morel.

Il ne reste plus trace de cette malheureuse famille : elle est disparue, corps et biens.

Parlons à présent de Madeleine ; elle nous fera oublier la triste histoire de son jeune frère.

Elle avait vingt ans lorsque son cousin François, déjà veuf, vint au pays en 1810.

Elle était de petite taille, mince, très gracieuse; son visage, empreint de douceur, était éveillé par de grands yeux noirs; elle paraissait timide et ne quittait jamais sa mère, elle l'aidait dans ses occupations de campagne.

Domenica-Maria était veuve depuis quelques années; c'était une femme très charitable; on l'appelait la mère des pauvres.

Tous les ans, après Pâques, elle partait de Craveggia et allait s'installer dans une charmante maisonnette qu'elle possédait à une demi-heure du pays, dans la région appelée Eglio; et elle y restait jusqu'à la Toussaint.

SECOND MARIAGE DE FRANÇOIS

Madeleine était née à Eglio ; elle affectionnait cet endroit où elle avait grandi dans le calme de cette belle nature, où le chant des oiseaux était le seul bruit qui vînt en égayer la solitude.

Elle montait souvent en haut de la maison, et, appuyée sur la balustrade en bois qui sert de balcon au grenier, elle restait en contemplation devant le superbe panorama qui se déroulait devant elle.

En face, la petite montagne d'Ambrone, toute boisée, s'étendait comme un immense rideau, cachant une partie de la vallée ; cette montagne gracieuse est si rapprochée d'Eglio, qu'elle pouvait compter les gigantesques mélèzes et les hêtres séculaires qui la couvrent par milliers d'une ombre épaisse et mystérieuse.

Au levant, les prairies d'Amblitz, dominées par les deux arbres légendaires, sentinelles immuables que nos ancêtres saluaient avec bonheur lorsqu'ils revenaient au pays, après de longues années d'absence.

A droite, le Motto della Torre, et dans le lointain, la vallée de la Lovana, où avait eu lieu la rencontre des milices avec les brigands.

Au couchant, apparaissait Sainte-Marie-Majeure, au milieu de la plaine qui semblait s'étendre jusqu'au pied du mont Rose, dont les cimes, couvertes d'une glace éternelle, se perdent dans les nues.

François dirigeait souvent ses chasses du côté d'Eglio. Était-ce le paysage ravissant ou les beaux yeux de Madeleine qui l'attiraient de ce côté ? Nous allons bientôt savoir à quoi nous en tenir.

Il avait amené de Paris d'excellents chiens; il partait avant le jour vers un but qu'il s'était fixé la veille; il chassait toute la matinée, et à midi, il s'arrêtait dans quelque grange habitée par des bergers, où il se faisait préparer une bonne polenta qu'il mangeait avec du lait ou de la crème; ensuite, il sortait quelques provisions de sa carnassière, une fiole de bon vin, et déclarait avoir fait un déjeuner exquis.

Pour faire sa sieste, il s'étendait au pied d'un sapin et restait longtemps plongé dans cette béatitude que l'on éprouve dans le calme et le grandiose de ces solitudes alpestres.

A la tombée du jour, les habitants d'Eglio rentraient au logis pour s'occuper du ménage.

Quelquefois, Madeleine s'asseyait sur le petit balcon en pierre, en haut de l'escalier extérieur de la maison; elle tricotait, elle causait avec ceux qui passaient dans le sentier au-dessous. Elle paraissait ne songer à rien; seulement, de temps en temps, elle jetait un regard furtif du côté de la petite route qui descend de la montagne, et, du plus loin qu'elle voyait apparaître un beau chien de chasse, elle rentrait vite dans la maison et se rapprochait de sa mère, d'un petit air indifférent.

Le chien entrait dans la maison, comme une bombe, et allait vite nettoyer l'écuelle du chat, dans laquelle Madeleine avait soin de verser la mousse du lait après la traite des vaches.

Quelques instants après, on voyait apparaître François sur le seuil de la porte, tout souriant : « Bonsoir, cousines; est-ce que mon chien n'est pas entré chez vous? Il faut le chasser, car il est si voleur que je crains toujours qu'il ne fasse quelque sottise ? — Oh! non, répondait Madeleine; il est si beau et si caressant, il ne touche jamais à rien. »

Le chat, blotti en haut de l'escalier en bois, n'était pas du même avis : dès qu'il voyait entrer ce gros chien, il déguerpissait au plus vite en soufflant d'un air furieux, et tout à coup il se retournait, hérissé comme un porc-épic, en grondant sourdement.

Domenica-Maria priait François d'entrer et de se reposer un instant, et, suivant l'habitude du pays, elle lui offrait du lait et de la crème, dont il était très friand.

Alors, on causait ; la conversation revenait souvent sur les frères et la sœur de Madeleine, qui étaient à Paris : elle demandait si son petit-neveu, François Mozzanino, allait déjà à l'école. « On devrait bien l'envoyer un peu au bon air du pays, disait Domenica-Maria, je serais si heureuse de voir mon premier petit-fils ; mais Paris est si loin ! » C'était ainsi que les heures passaient sans s'en apercevoir.

Ces visites se renouvelaient souvent et se prolongeaient jusqu'à la nuit. Le chien était toujours en avance, et le chat la trouvait de plus en plus mauvaise.

Dans le commencement, François ne se rendait pas bien compte du sentiment qui l'attirait vers la maisonnette d'Eglio ; il se disait : « C'est sur mon chemin, je ne puis pas passer devant eux sans leur souhaiter le bonsoir. »

Mais il y avait bien d'autres chemins qui conduisaient au pays, et même de plus courts ! Pourquoi prenait-il toujours celui-là ? C'est que Madeleine, si timide et si douce, avec ses beaux yeux noirs, lui avait produit une impression agréable ; il se sentait attiré par la simplicité et la réserve de cette jeune fille ; il ne cherchait pas à résister à ce penchant.

Au mois de novembre, Domenica-Maria rentra à Craveggia avec sa fille ; et la petite maison, à l'extrémité de la place, rouvrit sa porte, à la grande satisfaction des pauvres gens qui n'imploraient jamais sa charité en vain.

Aux fêtes de Noël, François fit part à sa mère du sentiment qu'il éprouvait pour Madeleine; elle approuva son choix, lui disant qu'elle l'aimait comme sa fille, qu'elle la connaissait depuis son enfance et qu'elle avait toujours été charmée par la douceur de son caractère.

Pendant les longues soirées d'hiver, François et sa mère allaient faire la veillée chez Domenica-Maria; ces deux femmes étaient amies d'enfance et parentes : toutes deux, elles avaient épousé un Mellerio. Elles s'installaient dans la cuisine, autour d'un bon feu; elles récitaient le rosaire, tout en filant du chanvre. François et Madeleine répondaient très irrégulièrement; ils étaient distraits et causaient beaucoup tout bas.

Encouragé par sa mère, François se montra plus empressé auprès de Madeleine, et un soir, entre un *Pater noster* et un *Ave Maria*, au lieu de répondre au rosaire, il lui demanda « si elle consentirait à devenir sa femme »?

Il faut croire que la réponse ne fut pas cruelle, puisque, le dimanche suivant, Marie-Catherine alla demander la main de Madeleine pour son fils; elle lui fut accordée sans hésitation.

De ce jour, ils furent fiancés, et tout le pays en fut informé; c'était un résultat qui n'avait fait de doute pour personne.

Madeleine était le plus beau parti du pays : son oncle, Jean-Baptiste Mellerio (Mylord), occupait une belle position dans le commerce de la bijouterie, à Paris, et sa sœur aînée, Francesca-Maria, mariée à M. Mozzanino, était également riche.

Ces événements se passaient vers la fin de 1810.

François écrivit une longue lettre à son père pour

l'informer de ses projets de mariage, et le prévenir qu'il passerait l'hiver au pays, pour faire sa cour.

Pendant la mauvaise saison d'hiver, Madeleine s'occupa de son trousseau ; ses amies vinrent l'aider dans ce travail qui fait toujours rêver les jeunes filles.

Le mariage fut fixé au mois de juin 1811.

Nous possédons les détails du trousseau de Madeleine; il ne sera pas sans intérêt de connaître les modes du pays en 1811.

ROYAUME D'ITALIE

NOTE DES EFFETS ET LINGERIE

composant le trousseau de mademoiselle Marie-Madeleine, fille du défunt Jean-Antoine Mellerio, de Craveggia, et de Domenica-Maria Mozzanino, veuve Mellerio, à l'occasion de son mariage avec M. François Mellerio, fils du vivant Jean-François, et de Marie-Catherine Borgnis, son épouse, également vivante :

24 draps, une partie avec rubans rouges et une partie avec dentelles.
18 chemises de toile fine.
24 taies d'oreiller de toile fine.
 2 robes en drap fin de France, couleur sombre.
 1 robe de drap ordinaire bleu.
 1 robe couleur bleu de ciel.
 1 petit corsage rouge.
 1 robe de percale, avec tablier pareil.
 1 corsage de flanelle.
 1 corsage en toile ordinaire.
 1 robe de cotonnade.
 3 corsages en drap, deux bleus et un vert.
 3 corsages, un d'étamine, un en soie pailletée d'argent et un de broglii.
 1 corsage en percale imprimée.
 9 tabliers de différentes sortes.
 2 voiles de messe.
12 paires de bas.
 3 fichus de tête, deux en soie, un en coton blanc.
 3 fichus de damas.
 2 chapeaux fins, un avec gland d'or (celui du portrait).
 1 chapeau de paille, avec rubans.

1 ombrelle en soie.
1 collier de pierres de couleur, monté en argent.
2 ceintures d'or, en soie, une d'argent avec boucle facetée.
1 petit cœur d'or, pour le cou.
1 grande armoire en tilleul, avec sa serrure.

BIJOUX ET EFFETS

REÇUS EN CADEAU DE MM. LES ONCLES, FRÈRES ET SŒURS

De M. Jean-Baptiste Mellerio, son oncle :

1 jupe et 1 corsage en toile et coton.
1 tablier de toile et coton, avec 2 mouchoirs de France.
1 petit étui, contenant 2 anneaux en or pour oreilles, avec dia-
    mants au milieu.
2 paires de boucles d'argent, avec brillants, et une pour cein-
    ture.
1 collier de grenats à huit rangs.

De son oncle Joseph :

1 tablier de coton.
1 voile pour aller à l'église.

De son frère Jean-Marie :

1 collier pour cheveux, avec plaque et fermoir en or.
2 paires de petits anneaux d'or pour oreilles.
1 paire de grands anneaux d'or, 1 médaillon en cristal, monté
    en or.

De sa sœur Françoise-Marie (Mozzanino) :

1 corsage de coton avec fleurs.
1 tablier pareil, fond noir.
1 voile pour l'église, avec broderies autour.
1 grande croix, avec une chaîne en or.

De sa mère :

1 mouchoir de tête de Damas.
1 petite croix en or, avec un petit cœur en or.

De la tante Dominique (Maggioli) :

Une jupe en toile et coton, avec fleurs.

De Maria Mellerio :

Une grande caisse en noyer.

Cette fois, François voulut faire un contrat de mariage, afin d'éviter, en cas de malheur, les désagréments qu'il avait eus avec les Borgnis.

L'Ossola était alors province française, et les actes publics devaient être écrits en français par les notaires italiens, ce qui n'était pas toujours facile.

François ne fit pas mention, dans son contrat de mariage, de la fortune qu'il avait acquise à Paris ; il n'apporta que ce qu'il possédait en Italie.

ROYAUME D'ITALIE.

CONTRAT DE MARIAGE

Entre M. François Mellerio et Mlle Madeleine, résidente à Craveggia.

Aujourd'hui vendredi, trente et un et dernier jour du mois de mai de l'année mil huit cent onze (31 mai 1811);

Napoléon régnant, premier empereur des Français, roi d'Italie ;

Devant moi, notaire public du département d'Agogna, Gaëtan Borgnis, fils du feu M. François-Marie, natif de la commune de Sainte-Marie-Majeure, vallée de Vigezzo, et domicilié et résidant dans ladite commune,

Ont comparu M. François Mellerio, fils du vivant M. Jean-François, et Mlle Madeleine-Marie Mellerio, fille du défunt M. Jean-Antoine, l'un et l'autre âgés de plus de vingt et un ans, natifs et habitants de la commune de Craveggia, vallée de Vigezzo.

Lesquels, en conséquence du mariage projeté entre eux, à la célébration duquel ils entendent procéder après la stipulation du présent acte, ont conclu et arrête les articles d'accord et convention civile, de la manière ci-après spécifiée et expresse, avec l'intervention et en présence aussi de Mme Catherine Borgnis Mellerio, mère dudit sieur François, et de M^{mo} Dominique Mozzanino, veuve Mellerio, mère de ladite demoiselle Marie-Madeleine, toutes deux nées et domiciliées dans ladite commune de Craveggia.

Premièrement : Les susdits futurs époux seront séparés de biens et de revenus, et les dettes seront payées par celui ou celle desdits époux qui les aura contractées, même sans que l'autre puisse y être contraint.

Les futurs époux conserveront l'administration entière et parti-

culière de leurs biens, meubles et immeubles respectifs, et la
jouissance de leurs rentes respectives.

Secondement : Le susdit sieur François Mellerio, futur époux,
apportera dans le mariage, ou *matrimonium*, la somme d'environ
mille sept cents livres d'Italie (£ 1 700); la plus grande partie en
meubles et partie en une pièce de terre, forêt, dénommée *Alla
fontanella*, territoire de Vocogno, le tout formant la portion de
tout ce qui entrera dans la communion, 'non encore liquidée, qui
existe entre lui et la défunte dame Marie Borgnis, son épouse,
après la mort de laquelle il a procédé à l'inventaire respectif,
c'est-à-dire à Paris, par acte Labour, notaire, le vingt-trois février
dernier; et dans la patrie, par acte de feu Me Jacques Peretti,
notaire, de tous les effets mobiliers, titres et papiers dépendant de
ladite communion, les dits inventaires, tous deux, dûment enre-
gistrés.

Troisièmement : La future épouse apportera en mariage la portion qui lui revient de l'héritage de feu M. Jean-Antoine Mellerio,
son père, laquelle portion est encore à liquider, tant à l'égard des
meubles que des capitaux et immeubles.

Quatrièmement : Le futur époux, sieur François Mellerio, sera
tenu de faire le remplacement du prix des immeubles qui seront
aliénés et des capitaux qui seront mis dans la masse pendant le
mariage, appartenant à la future épouse, et qui lui échoiront à
quelque titre que ce soit ; mais les remplacements ne seront pas
valables tant qu'il n'y aura pas consentement et acceptation par
ladite future épouse.

Cinquièmement : Les futurs époux se feront une mutuelle et ré-
ciproque donation en faveur du survivant d'entre eux, tous deux
ici acceptant respectivement, de leurs biens et revenus respectifs
qui se trouveront et que laissera celui qui mourra le premier, et
cela en usufruit seulement, à compter du jour du décès du premier
mourant, tant que le survivant vivra en état de veuvage, moyennant toutefois que l'on fera un inventaire fidèle et exact des biens
du premier défunt ou de la première défunte.

Cette donation pourra être réduite aux termes de la loi, en cas
qu'il surviendrait des enfants du même mariage.

Tout ce qui a été accordé et convenu ci-dessus entre les parties,
celles-ci s'obligent à l'observer exactement.

Le présent acte a été, par moi, notaire, rédigé et lu, à deux
heures après midi, de France, à voix claire et *intelligente*, aux-
dites parties, parfaitement connues de moi, dans ladite commune
de Sainte-Marie-Majeure, district de Domodossola, département
de l'Agogna, et dans la salle au rez-de-chaussée de la maison
autrefois l'habitation de M. Pierre-Antoine Giordano, servant ac-
tuellement de mairie pour la municipalité du lieu, en présence de

MM. Xavier Ponti, fils de défunt Jean-Baptiste, né et domicilié dans ladite commune ,de Sainte-Marie-Majeure, et Jean-Pierre Cottini, fils de vivant M. Giovanni, né et domicilié à Craveggia, de ladite vallée de Vigezzo, tous deux témoins connus, capables, requis et ayant les qualités voulues par la loi, et ledit acte a été signé par les parties, par les témoins et par moi, notaire ; les dames Marie-Catherine et Dominique Mellerio ne l'ayant pas souscrit, pour ne savoir pas écrire, comme elles l'ont ici déclaré.

Souscrits à la minute originale : Marie-Madeleine Mellerio ; François Mellerio ; Xavier Ponti, témoin ; Jean-Pierre Cottini, témoin ; Gaetano Borgnis, notaire public.

La veille du mariage, les futurs époux, accompagnés de leurs mères, se rendirent au sanctuaire de Rè, pour y faire leurs dévotions et attirer les bénédictions du Ciel sur le nouveau ménage.

Le mariage eut lieu à Craveggia, dans les premiers jours de juin 1811, avec le concours de tous les parents et amis qui accoururent de tous les pays de la vallée.

François avait dix-huit ans de plus que sa femme : il en avait trente-neuf, et Madeleine vingt et un.

A la fin de septembre, François dut retourner à Paris où sa présence était nécessaire ; mais il n'emmena pas sa femme, qui était déjà enceinte : il préféra qu'elle fît ses couches à Craveggia, auprès de sa mère.

De retour à Paris, il trouva son père et son frère en bonne santé ; mais la maison se ressentait de son absence prolongée, il se remit aux affaires avec ardeur, et le temps perdu fut bientôt réparé.

Jean-Jacques partit pour le pays, un mois après le retour de son frère ; il y passa l'hiver, et, au printemps de 1812, il épousa Maria-Francesca Borgnis, fille de Jean-Antoine Borgnis, qui avait été banquier à Paris, et qui fut ruiné par les assignats, à la suite de la révolution de 1793.

Il avait épousé Maria Rossetti, descendante des anciens banquiers de Milan.

La femme de Jean-Jacques avait deux frères :

L'aîné s'appelait Pierre Borgnis (Chour pédar); il avait beaucoup voyagé dans sa vie, et sur ses vieux jours il racontait volontiers ses aventures à Joseph, fils de François, qui le questionnait sans cesse et passait des heures délicieuses avec lui, à Rivorio, chez la tante Jean-Jacques.

Il vécut au-delà de quatre-vingts ans.

Son frère, Joseph-Antoine Borgnis, fut un homme illustre ; il était ingénieur et professeur célèbre de mathématiques et sciences physiques, à l'Académie de Pavie ; il mourut également octogénaire.

Du mariage de Jean-Jacques avec Maria-Francesca naquirent huit enfants : 1815, Maria-Catterina ; — 1820, Maria-Catterina ; — 1822, Maria ; — 1824, Gioanni-Francesco-Vittore ; — 1827, Gioanni-Antonio ; — 1829, deux jumeaux : Francesco-Emanuele, et Gio-Giacomo ; — 1830, Francesco-Emanuele.

Ils ne conservèrent que les trois derniers garçons : les deux jumeaux et les autres moururent en bas âge.

Nous les avons tous connus, ces chers cousins Jean-Victor, Jean-Antoine et François ; nous n'oublierons jamais ces bonnes figures souriantes et aimables.

Ces trois frères vécurent auprès de leur mère et ne se quittèrent jamais ; leur union était édifiante, ils se soutinrent dans les luttes de la vie.

Ils aimaient cette existence patriarcale de leur mère, qui était si bonne et si charitable.

Ils étaient empressés et un peu cérémonieux, comme nos vieux parents, mais on était heureux avec eux ; nous, qui écrivons ces lignes, nous avons passé notre jeunesse avec eux : nous les aimions comme des frères.

Inséparables pendant leur vie, ces trois frères quittèrent ce monde ensemble, à quelques mois l'un de l'autre.

Maria-Francesca apporta beaucoup de biens en dot ; spécialement la grande maison, à Craveggia, auprès de l'église de Sainte-Marthe, où ses petits-enfants viennent passer les mois les plus chauds de l'année.

Maria-Francesca est née à Paris ; elle en partit encore enfant et n'y revint jamais, malgré les instances de son mari, qui était retenu dans cette ville par son commerce.

On a rarement vu une personne plus hospitalière et plus charitable que la tante Jean-Jacques ; la bonté était peinte sur son visage ; elle vous attirait avec des paroles bienveillantes dont elle avait le secret.

Elle était d'une grande piété, elle entendait la messe tous les jours ; et lorsque midi sonnait, elle appelait ses servantes, et, se mettant à genoux dans un petit coin de la cuisine, où se trouvaient accrochées des images de sainteté, elle récitait *l'Angelus* avec plusieurs autres oraisons.

Le soir, entourée de tous ses serviteurs, elle récitait le rosaire et une quantité d'autres prières pour les *pauvres morts*, et tout cela avant le dîner ; ce qui obligeait souvent son mari et ses enfants à se mettre à table vers les neuf ou dix heures.

Cette sainte femme fut le dernier type des mœurs patriarcales de nos grand'mères ; elle était la providence des pauvres ; elle fut pour nous une seconde mère pendant notre séjour à Turin et à Milan, de 1845 à 1850, lorsque nous étions étudiant avec ses fils. La mémoire de Maria-Francesca reste vénérée par tous ceux qui eurent le bonheur de la connaître.

Au mois de mai 1812, à Craveggia, Madeleine mit au monde un garçon qui fut appelé Jean-François, du nom de son grand-père paternel, mais cet enfant mourut quelque temps après.

Nous arrivons à l'année 1813, il y avait déjà deux ans

que François avait épousé Madeleine, et ses occupations ne lui avaient jamais permis d'aller la trouver à Craveggia.

Cette séparation lui pesait beaucoup : il s'impatientait, et finalement il ne voulut plus prolonger cet état de choses ; il écrivit à Madeleine de venir près de lui, puisqu'il ne pouvait aller auprès d'elle.

Madeleine ne se fit pas prier : elle comprit que sa place était auprès de son mari, à Paris, où elle avait également frères et sœur, sans compter les autres parents.

Elle écrivit à son mari qu'elle se disposait à venir le rejoindre.

Pour donner une idée de la joie que François éprouva en recevant la réponse de Madeleine, nous donnerons copie de la lettre qu'il lui écrivit quelques jours après.

Paris, le 26 août 1813.

Ma très chère femme,

Ta lettre, datée du 12 du présent mois, m'a rempli de joie et de consolation, à tel point que j'en étais tout à fait hors de moi en apprenant que tu te disposais à partir le mois prochain pour venir me rejoindre à Paris.

Je t'attends donc avec une très grande impatience, et j'espère que tu feras un bon voyage.

Quant à l'argent dont tu croiras avoir besoin, tu pourras le demander de ma part à M. Jean Borgnis, beau-père de mon frère, qui a une somme à notre disposition ; tu lui donneras un reçu de ce que tu prendras.

Tu lui feras mille compliments de ma part, ainsi qu'à toute sa famille.

J'ai confié à mon frère mon intention de te faire venir ; de sorte que s'il désirait également faire venir sa femme, notre chère belle-sœur, il lui écrive de suite pour qu'elle puisse venir avec toi, ce qui me ferait un très grand plaisir, lui souhaitant autant de bien qu'à moi-même.

Du reste, vous vous feriez compagnie non seulement pendant le voyage, mais aussi à Paris, où vous vivriez comme deux sœurs, et nous serions tous heureux.

Mon frère m'a répondu qu'il désirait absolument qu'elle vienne, et à cet effet il m'a remis une lettre, qui est incluse dans la présente.

Il n'y a qu'une seule chose qui me fasse de la peine, c'est en pensant combien nos chères mères vont rester seules; il serait temps que notre père aille un peu les consoler.

Je ne t'ai pas prise pour que tu vives loin de moi; tu es la partie la plus chère de moi-même, comment serait-il possible que je me soumisse à un tel sacrifice? Il faudrait alors que j'eusse perdu complètement la tête.

En somme, je veux que tu passes tes jours à mes côtés, et que nous ne restions plus ainsi, séparés l'un de l'autre à mourir d'ennui.

Tu ne manqueras pas de saluer beaucoup et beaucoup notre oncle Joseph Mellerio, de Genève, ainsi que toute sa famille, et la tante Domenica Maggioli, n'oubliant pas nos chères mères et belle-sœur, ni tous ceux qui me veulent quelque bien.

Adieu donc, ma très chère; sois persuadée que les heures me paraissent des siècles, et que je n'aurai ni paix, ni repos, tant que je n'aurai eu le plaisir de t'embrasser. En attendant, je te souhaite un très bon voyage et je t'embrasse de tout cœur, me déclarant

Ton très affectionné mari,

FRANÇOIS MELLERIO

P. S. — Tu ne manqueras pas de m'écrire avant de partir, en m'indiquant le jour de ton départ.

Comme cette lettre est touchante! quelle tendresse pour sa femme! avec quelle énergie il lui déclare que, contrairement aux habitudes du pays, il ne l'a pas épousée pour qu'elle vive loin de lui!

Sa belle-sœur, Maria-Francesca, à laquelle il souhaite autant de bien qu'à lui-même, ne se rendit pas à l'invitation de son mari; ce pauvre oncle Jean-Jacques vécut toujours à Paris, comme un veuf; ce qui l'obligeait à faire de fréquents voyages au pays, pour voir sa femme et ses enfants.

Et la recommandation d'aller saluer le cousin de Genève! toujours suivant la tradition.

Madeleine était prête; mais comment laisser partir toute seule une jeune femme inexpérimentée qui n'avait jamais été au-delà de Domodossola, en compagnie de sa mère? un si long voyage! elle qui ne comprenait pas le français! telles étaient les réflexions que se faisaient sa mère et sa belle-mère; ces pauvres femmes étaient vraiment en peine.

Heureusement, Madeleine eut l'inspiration d'aller demander à un certain Jean-Dominique Cottini (Palazzo), qui était venu passer quelque temps à Craveggia, à quelle époque il faisait compte de retourner à Paris.

Cet excellent homme s'empressa de se mettre à la disposition de Madeleine, et lui dit que très volontiers il lui servirait de protecteur et de guide jusqu'à Paris.

Que de souvenirs agréables ce nom de Jean-Dominique Cottini vient de réveiller en nous!

Son fils, Jean-Antoine, et Madame Henriette! la femme de ce dernier, qui était française, mais italienne de cœur.

Ces trois noms veulent dire: patriotisme, amabilité, générosité!

La mémoire respectée de ces personnes reste impérissable dans le cœur de ceux qui eurent le bonheur de les connaître.

Madeleine arriva à Paris à la fin de septembre 1813; toute la famille se rendit aux Messageries Impériales, pour la recevoir; ce fut une fête pour tout le monde, spécialement pour François, qui rayonnait de bonheur.

Madeleine alla habiter rue du Coq-Saint-Honoré, avec sa nouvelle famille.

Nous avons déjà donné bien des détails sur Madeleine au commencement de ce chapitre; il suffira d'ajouter, pour bien se la représenter, que sa petite-fille Antoinette Mellerio, mariée Capra, est son portrait frappant, tant au physique qu'au moral.

Madeleine ne s'occupa jamais de commerce, sa grande timidité lui faisait éviter les personnes qu'elle ne connaissait pas ; elle ne tutoya jamais son mari, qui avait dix-huit ans de plus qu'elle, et tout ce qu'il disait lui paraissait parole d'Évangile.

Ce fut la femme d'intérieur, la ménagère accomplie ; elle travaillait toujours, silencieusement, avec abnégation; elle usa sa santé en accomplissant dignement ses devoirs de mère de famille, en élevant courageusement ses huit enfants ; elle leur donna toujours l'exemple d'une femme chrétienne, et modeste ; elle fut toujours digne du respect et de la vénération que la famille lui témoignait.

Si son frère Tony eût suivi ses conseils pour l'éducation de ses enfants, il se fût évité bien des chagrins, et sa famille n'eût pas fini aussi misérablement.

Bientôt nous verrons défiler tous les enfants de François ; nous les signalerons aux époques de leur naissance, nous les suivrons dans leur enfance et leur jeunesse, tant que leur père vivra, c'est-à-dire jusqu'en 1843 ; à partir de cette époque, nous n'en parlerons plus, attendu que leur histoire ne nous regarde pas.

Quelques-uns sont morts, il ne nous appartient pas de critiquer ni de faire l'éloge des actes qu'ils ont accomplis pendant leur existence : nous laissons ce soin à leurs descendants.

Nous observerons la même réserve à l'égard de ceux qui sont encore vivants, d'autant plus que nous n'apprendrions rien de nouveau à nos lecteurs.

En 1814, eut lieu la naissance de Catherine, rue du Coq-Saint-Honoré.

A la fin de cette année, il s'éleva de sérieuses difficultés entre Jean et ses fils, à propos de l'intention que François avait manifestée de quitter l'appartement de la rue du Coq, pour aller s'installer en boutique, rue de la Paix.

Ce projet était en réalité très sensé : il démontrait l'amour du progrès qui animait l'homme intelligent qui par son seul mérite avait fondé une maison considérée déjà comme une des plus importantes de Paris.

Mais la difficulté était de faire comprendre à son père les avantages que l'on devait obtenir en se transportant dans un quartier riche, dans une rue superbe qui était alors la plus large de Paris, fréquentée par les étrangers de distinction, les grands seigneurs et les flâneurs qui circulaient du boulevard des Italiens aux Tuileries.

Jean trouvait cela une folie, une imprudence qui les conduirait à la ruine.

Il disait à ses fils : « Parce que vous avez gagné un peu d'argent, vous voulez déjà faire les gros ! vous voulez vous donner des airs de grandeur ; vous perdrez bientôt l'amour du pays ! » Le grand mot était prononcé : l'amour du pays ! il voulait les effrayer.

Perdre l'amour du pays, c'était, en ce temps-là, renier la patrie, mépriser la famille ; voilà où devait les entraîner cette fatale ambition qui l'épouvantait.

Pauvre Jean ! il appréciait bien peu le noble cœur de son fils ; ses idées étroites l'empêchaient de suivre les progrès de son époque ; sans son fils, il serait encore rue des Lombards, brocantant et trinquant du matin au soir avec des compatriotes arriérés comme lui.

Ses fils furent très affectés, en voyant dans quel état de désolation il se mettait ; ils le raisonnèrent respectueusement, mais ne cédèrent pas devant les raisons peu concluantes qu'il leur donnait.

En présence d'une telle résistance, Jean déclara à ses enfants qu'il préférait se retirer au pays, plutôt que d'assister à leur ruine.

C'était précisément ce qu'ils désiraient ; ils ne firent rien pour le détourner de cette bonne pensée : il était temps qu'il allât tenir compagnie aux chères mères qui se plaignaient avec raison d'être toujours seules.

TABLEAU DES NAISSANCES

Nous avons dit que les naissances se suivaient sans relâche ; nous allons en juger par le tableau suivant :

Les naissances eurent lieu de 1812 à 1830.

1812. — Jean-François, mort en bas âge.

1814. — Catherine, qui renouvela sa grand'mère paternelle.

1815. — Jean-François, qui renouvela son grand'père
paternel.

1817. — Jean-Antoine, qui renouvela son grand-père
maternel.

1818. — Pauline, qui renouvela sa marraine, femme de
l'oncle (Mylord).

1819. — Jean-Jacques, qui renouvela le frère de son
père.

1821. — Domenica-Maria, morte en bas âge.

1823. — Domenica-Maria, qui renouvela la grand'mère
maternelle.

1825. — Alfred, mort en bas âge.

1827. — Joseph, qui renouvela l'oncle Joseph (Tarapatara).

1830. — Félix, qui a clos la série.

Cela fait onze enfants en dix-huit ans. — François
avait déjà trente-neuf ans lorsqu'il épousa Madeleine, sa
seconde femme, qui en avait vingt-et-un.

Lorsque Félix vint au monde, son père avait cin-
quante-huit ans, et sa mère en avait quarante.

En 1815, eut lieu la naissance de Jean.

A partir de cette époque, pour éviter les confusions entre les parents et les enfants, nous indiquerons le degré de parenté de chacun ; nous conserverons leur nom à François et Madeleine, parce qu'il est impossible de les confondre avec d'autres.

Le premier jour de l'an 1816, les promeneurs et les curieux se pressèrent devant la devanture du nouveau magasin de bijouterie de la maison Mellerio, dit Meller, 22, rue de la Paix, pour admirer les riches parures et les nouveautés qu'elle avait exposées : ce fut un événement dans le quartier.

Nous allons donner copie d'une lettre que Madeleine écrivit cette année à sa Mère ; elle est intéressante dans ses petits détails.

Paris, le 24 février 1816.

Ma très chère mère,

Je profite du départ de quelques compatriotes, pour vous écrire ces deux lignes et vous faire part de ma bonne santé, espérant qu'il en est de même de vous.

Ma sœur m'a fait part qu'elle avait reçu de vos nouvelles, j'en ai été bien contente parce que j'étais inquiète, craignant que vous ne fussiez malade.

Il y a deux jours, mon beau-frère a reçu une lettre de sa femme, qui déclare avoir reçu la mienne, et j'espère qu'elle vous aura donné de mes nouvelles.

J'ai appris par la lettre de ma sœur que vous vous plaignez de moi parce que j'ai été si longtemps à vous écrire ; ma chère mère, je vous en prie, excusez-moi ; j'avais chargé mon mari de vous donner de mes nouvelles, mais le temps lui a manqué, parce que mon beau-père souffre toujours de la goutte ; soyez certaine que mon mari et moi, nous pensons toujours à vous, et nous disions que vous deviez être inquiète du manque de nouvelles, mais à l'avenir je vous écrirai souvent.

Il faut que je vous dise la vérité, ce n'est pas que j'aie éprouvé le moindre ennui de votre part, comme vous le craignez, mais la vraie cause de mon silence, c'est que j'ai été très longtemps malade ; je n'ai pas voulu vous le dire dans la dernière lettre que vous avez reçue.

Il ne m'a pas été permis de nourrir mon fils, quoiqu'il me soit venu beaucoup de lait, et comme j'ai été obligée de le faire passer, j'ai eu deux dépôts dans le sein, ce qui m'a fait beaucoup souffrir pendant deux mois.

Ma fille Catherine a eu très mal au cou, exactement ce qui était arrivé à mon frère Jean-Marie, lorsqu'il était petit ; maintenant, moi, mon mari et ma fille, nous nous portons bien.

J'ai eu des nouvelles de mon petit Jean : il se porte bien, et le mois prochain j'irai le voir.

Donc, chère mère, je vous prie de ne plus être en colère contre moi et de me vouloir toujours du bien, et de ne jamais manquer de nous donner souvent de vos nouvelles, ainsi que je ne manquerai pas de le faire à l'avenir.

Par l'entremise de M. Sérafino della Costa, je vous envoie une paire de bas de coton bleu, c'est bien peu de chose, et quand vous me répondrez, vous n'en parlerez pas dans la lettre, parce que mon mari n'en sait rien ; adressez votre lettre à ma sœur.

Je ne puis rien envoyer à la tante Antonia, ça sera pour une autre fois ; surtout ne lui dites pas que je vous ai envoyé les bas.

Je termine, en attendant, en vous saluant mille fois, et en vous priant de saluer la tante Antonia, ainsi que le cousin Vincent Ciolina et sa femme ; mon mari vous salue ainsi que la tante.

Je me dis, de vous, votre fille très affectionnée.

MADELEINE MELLERIO

Cette lettre est traduite de l'italien, c'est ce qui explique certaines tournures de phrases.

Cette tante Antonia, qui recevra quelque chose *une autre fois*, est la sœur de la mère de Madeleine; elle aimait beaucoup la petite Catherine, qui était au pays auprès de son grand-père Jean, et quand elle mourut, elle lui laissa sa chèvre par testament.

Catherine avait alors quatre ans, elle s'était attachée à cette chèvre, et elle pleura beaucoup lorsqu'elle dut la laisser quand elle revint à Paris; mais le grand-oncle Jean-Baptiste la consola en lui en donnant une autre qui resta à Ozouer.

Les petites cachotteries de Madeleine sont très amusantes ; je ne crois pas que son mari lui eût fait un crime d'avoir envoyé une paire de bas de coton bleu à sa mère : cela nous démontre combien elle était timide auprès de son mari, qui avait dix-huit ans de plus qu'elle.

Nous savons maintenant pourquoi Madeleine n'a pu nourrir aucun de ses enfants.

DÉPART DU GRAND-PÈRE

On s'était installé définitivement rue de la Paix, 22, vers la fin de 1815 ; on ne pouvait choisir une année plus favorable pour ce déménagement, car les affaires étaient arrêtées par les grands événements politiques qui s'y succédèrent.

Le grand-père, malgré sa répugnance, avait dû se résigner à venir habiter rue de la Paix ; il n'était pas en état d'entreprendre de suite le long voyage d'Italie : la goutte le forçait à tenir sa jambe allongée sur un tabouret.

Malgré l'absence de l'oncle Joseph et l'exemple de la sobriété de ses fils, le grand-père avait toujours témoigné une grande prédilection pour le bon vin ; la bouteille le consolait de bien des contrariétés, mais elle lui donna la goutte.

Dans la crainte que leur père ne changeât d'avis en pensant qu'au pays il ne boirait plus de ce bon vin de France, ils lui achetèrent une belle métairie située dans la commune de Masera, dans la fraction appelée Rivorio.

Cette métairie appartenait à un certain Bertina, de Saint-Sylvestre, qui possédait également celle qui fut achetée par Jean-Marie Farina ; ce Bertina avait acquis une fortune considérable en faisant du commerce en Hollande.

La propriété de Rivorio, considérablement augmentée et embellie, appartient aujourd'hui tout entière aux descendants de l'oncle Jean-Jacques.

Le grand-père partit définitivement à la fin d'avril 1816 ; il avait soixante ans, et sa femme soixante-dix.

Ces chers parents prirent possession de la métairie de

Rivorio; ils reçurent les hommages de leurs métayers, qui se prosternaient en leur disant : « Buondi chouria chour padroun e choura padrouna, l'in quouà. » Tous ces métayers étaient de braves gens, très rusés, qui absorbaient la plus grande partie des produits, tout en comblant leurs maîtres de compliments et de salutations.

Après le départ de son père, François se trouva seul à la tête d'une maison qui prenait chaque jour plus d'importance; ce fut alors qu'il résolut de faire la position de son frère Jean-Jacques, qui était père de famille, mais ne possédait aucun capital; il n'hésita pas à se l'associer pour un tiers dans son commerce.

Cette belle action n'a pas besoin de commentaires.

Ces deux frères vécurent de longues années ensemble, toujours bien unis, quoiqu'ils eussent les caractères les plus opposés. François était entreprenant sans être imprudent; il ne s'occupait jamais d'autre chose que de son commerce, il pesait bien le pour et le contre avant de se lancer, mais une fois que l'opération lui paraissait juste et avantageuse, rien ne l'arrêtait plus.

L'oncle Jean-Jacques était essentiellement bŏn : ça se voyait sur sa belle figure si sympathique.

Il était un peu peureux en affaires, il tenait de son père; s'il n'avait pas détourné François, il aurait acheté l'hôtel Mirabeau, rue de la Paix, au lieu de la maison du n° 5 : c'eût été un coup de fortune, car ils dépensèrent beaucoup d'argent pour la réparer.

L'oncle Jean-Jacques faisait ses petites chasses au pays, mais il ne partagea pas la même passion que François pour ce genre d'exercice.

C'était l'homme d'intérieur, il n'aimait pas le bruit; il avait une entière confiance en son frère, qui avait douze ans de plus que lui; il ne le tutoyait pas.

Il était très pieux, sans ostentation; le soir, il se promenait sur le trottoir, devant le magasin, nu-tête, les mains derrière le dos, disant tranquillement son chapelet.

.. Il s'entendait très bien avec sa belle-sœur Madeleine; ils avaient les mêmes idées pacifiques, ils pratiquaient leurs devoirs de chrétiens avec la même simplicité de cœur : ce qui était la conséquence de leur séjour prolongé au pays, où la foi était si vive, ainsi que nous avons pu le constater par les événements racontés plus haut.

L'oncle Jean-Jacques avait les épaules larges comme son oncle Joseph, il avait un sourire qui vous charmait; aussi avait-il la préférence de certaines clientes : il était le favori de la princesse de Wagram.

Le grand-père écrivit à ses enfants qu'il était très heureux au pays, que tous les jours lui et sa femme priaient Dieu pour que leur nouvelle installation puisse prospérer.

Il ajoutait que la petite Catherine lui manquait beaucoup, et qu'il espérait bien qu'on la lui amènerait.

Ce fut l'oncle Jean-Jacques qui conduisit Catherine au pays; elle avait dix-huit mois ; elle fut l'idole des grands-parents.

1817. — Naissance d'Antoine, mis en nourrice à Arnouville.

1818. — Naissance de Pauline, mise en nourrice à Ozouer.

1819. — Naissance de Jean-Jacques, mis en nourrice à Ozouer.

Ces trois naissances consécutives furent les seuls événements importants des quatre années qui venaient de s'écouler.

En 1820, le 17 février, la sœur aînée de Madeleine, Francesca-Maria, mariée avec Charles-Antoine Mozzanino, habitant, 18, rue Basse-du-Rempart, est décédée, à l'âge de quarante ans; elle laissait un fils unique, François-Antoine-Marie, encore mineur.

Ce fut un très grand chagrin pour Madeleine : elle était sa confidente ; elles étaient si près l'une de l'autre, qu'elle allait sans cesse la voir avec quelque moutard sur les bras ; elles causaient de longues heures sur le pays et les racontars de famille.

En 1821, Madeleine venait d'accoucher de la petite Domenica-Maria, qui mourut quelque temps après, lorsque l'on apprit que la mère de François était gravement malade ; elle avait soixante-quinze ans ; François partit aussitôt pour le pays, quoique l'on fût au mois de décembre ; et malgré la longueur et les difficultés du voyage dans cette saison, il eut le bonheur d'arriver auprès de sa chère mère, lorsqu'elle avait encore toute sa connaissance.

Ce fut pour cette sainte femme une grande consolation d'embrasser son enfant chéri qui lui ferma les yeux ; la Madonna, qu'elle avait tant priée durant sa vie, lui fit encore cette grâce.

La désolation de François fut grande, mais il dut se faire violence pour consoler son père, qui se laissait accabler par la douleur.

Après la mort de sa femme, le grand-père ne voulut plus rester seul dans sa maison sur la place : il alla demeurer chez sa belle-fille Maria-Francesca, la femme de son fils Jean-Jacques.

Il resta avec elle jusqu'à la fin de ses jours ; la goutte le rendait impotent ; son grand plaisir était de descendre dans l'étable, où il avait une douzaine de vaches, et d'écouter le bruit qu'elles faisaient en mangeant.

C'était Pasquale, son métayer, qui le soutenait quand il demandait à aller voir les vaches ; nous retrouverons bientôt ce bon serviteur, qui devint le jardinier de François dans sa campagne de Villiers-le-Bel, aux environs de Paris.

LES TROIS GARÇONS VONT EN ITALIE

Au commencement de l'année 1822, François était encore au pays ; Madeleine ne voulut pas l'y laisser seul, le sachant si triste depuis la mort de sa mère ; elle résolut d'aller le rejoindre avec les trois garçons.

Jean avait déjà sept ans, Antoine cinq, et Jean-Jacques trois ; ils étaient d'une diablerie dont on ne peut se faire une idée, et, le croirait-on ? c'était Jean qui était le plus turbulent.

La pauvre Madeleine était exténuée à force de crier après eux, pour les empêcher de faire des imprudences tout le long du voyage, qui dura plus de dix jours.

Quand ils arrivèrent au pays, ils furent reçus à bras ouverts par tous les parents, qui trouvèrent les enfants très gentils et les comblèrent de caresses.

Catherine avait huit ans ; elle était avec son grand-père, qui ne s'en séparait jamais ; elle accourut au-devant de sa mère et de ses frères, et comme elle avait quitté Paris à dix-huit mois, elle ne connaissait aucun d'eux ; dès qu'elle vit Jean-Jacques, elle s'écria : « Ah ! le voilà, ce gros boulot ! » et, le prenant dans ses bras, elle voulut le monter dans la chambre du grand-père ; mais Jean-Jacques, qui en effet était comme une petite boule, était trop lourd pour elle, et, au milieu de l'escalier, il lui glissa des bras et roula jusqu'en bas en jetant des cris de feu ; on accourut, on l'emporta dans la cuisine, où il fut constaté qu'il avait des noirs de tous côtés, mais rien de cassé.

François logeait dans la maison de son père, qui était sur la place, de sorte que les garçons jouaient sur cette place avec les enfants qu'ils y trouvaient, et grâce à ce contact journalier, ils ne tardèrent pas à devenir aussi gamins qu'eux.

François envoya les deux aînés à l'école du pays, espérant les calmer un peu, mais ils ne firent qu'augmenter le nombre de leurs camarades. Le petit boulot restait sous la surveillance de Catherine pendant que ses frères étaient à l'école : ce n'était pas une sinécure, car il était très volontaire.

A l'automne, François retourna à Paris avec la petite Catherine, qu'il était temps de mettre en pension ; mais il ne voulut pas payer sa place dans la diligence, prétendant qu'elle n'avait pas passé l'âge ; et la pauvre enfant fut empilée dans la paille avec Médor, un gros chien de chasse qu'il ramenait à Paris.

En 1823, naissance de Maria, à Craveggia ; elle fut mise en nourrice chez une brave femme du pays, appelée la Brusaboschi.

Les garçons devenaient de plus en plus terribles ; ils étaient gâtés par leurs grands-parents, et l'absence de leur père les mettait à l'aise.

Cependant, lorsqu'arriva la semaine sainte, ils suivirent assidument l'explication de la Passion de Jésus-Christ ; ils étaient émus au récit de la méchanceté des Juifs qui le firent mourir sur la croix ; ils en furent même tellement indignés, qu'en sortant de l'église ils remplirent leurs poches de pierres, et, suivis par d'autres gamins, ils allèrent devant les chapelles du chemin de la croix qui commence à la Madonna del Piaggio, et se mirent à cribler de pierres tous les Juifs qui étaient représentés dans ces chapelles ; ils les lapidèrent tous, et réduisirent ces belles fresques dans un état de destruction complète ; tous les Juifs avaient disparu : il ne restait plus dans les peintures que la tête du Christ et de la sainte Vierge.

L'indignation fut à son comble dans le pays, lorsque l'on s'aperçut de ce vandalisme; on voulait rendre les parents responsables, mais il se trouva un coupable dans presque toutes les familles : on étouffa l'affaire. Les chapelles sont restées dans le même état jusqu'à nos jours; on attend un bienfaiteur pour les réparer..

Quand arriva l'époque des vendanges, le grand-père emmena toute la famille dans sa belle métairie de Rivorio; ce fut un grand bonheur pour les trois espiègles, qui voyaient un nouveau champ ouvert à leurs exploits.

Ils allèrent dans les vignes, sous prétexte d'aider les vendangeurs, mais en réalité ils avalèrent une telle quantité de raisin, surtout de celui que l'on appelle le « cag'-in braga », qu'ils ne tardèrent pas à en éprouver les effets désastreux : le soir, on dut les porter à la maison, les changer complètement et les mettre au lit.

A partir de ce jour, ils furent plus prudents avec le raisin, mais ils trouvèrent bientôt un autre genre de divertissement.

Il y avait une boutique de chaudronnier dans une dépendance de la maison d'habitation ; la chambre où couchaient les trois garçons était presque au-dessus de cette boutique.

Tous les matins, ils étaient intrigués par le son que produisaient les coups de marteau sur le cuivre, ils voulurent voir d'où cela venait; ils se glissèrent dans la grande pièce à côté, qui servait de débarras, et devint plus tard la chambre d'Alexandre Grippierre; et à travers les planches mal jointes et pourries, ils aperçurent la boutique du chaudronnier et une superbe rangée de chaudrons reluisants et tout neufs.

Il leur vint immédiatement l'idée de jouer aux cloches; ils allèrent remplir leurs poches de pierres, puis ils écartèrent une planche et lancèrent leurs pierres, tantôt sur un chaudron, tantôt sur une marmite ou une casserole; ils cherchaient à imiter le carillon de Craveggia : c'était à qui ferait la plus belle note; ils s'y acharnaient, ils se disputaient, chacun prétendant avoir produit le plus beau son.

Un tel vacarme attira l'attention des passants; ils allèrent prévenir le chaudronnier, qui resta confondu et leva les bras en l'air, en regardant au plafond d'où tombait la grêle.

Les chaudrons ressemblaient à de vieilles bassinoires, tout bosselés, percés et remplis de pierres.

Les trois carillonneurs ne bougeaient plus dans leur grenier; ils écoutaient, terrifiés, toutes les malédictions que leur envoyait le chaudronnier.

Les dégâts furent évalués à 40 francs, et les artistes furent punis en conséquence.

Nous avons vu qu'à l'automne dernier François avait ramené Catherine à Paris; elle fut immédiatement mise en pension, rue du Perche, chez Mlle Bourdon.

En 1824, Madeleine, qui était au pays depuis deux ans avec ses trois garçons, écrivit à son mari que les enfants se portaient tous bien, mais qu'il était temps de les mettre en pension, parce que l'on ne pouvait plus rien en faire; elle ajouta, en insistant beaucoup, qu'elle ne voulait plus se charger de les ramener seule à Paris, qu'elle en avait assez du premier voyage, et qu'en plus elle aurait la petite Maria sur les bras; elle lui demanda de venir chercher sa famille.

François comprit que sa femme avait raison, et il partit pour le pays, en amenant avec lui deux gros chiens de chasse.

La belle saison se passa sans incidents, et à la fin de septembre on fit tous les préparatifs du départ pour Paris.

La famille se rendit à Domodossola pour prendre la diligence, et partir par le Simplon, comme toujours.

Pendant que l'on chargeait les bagages devant le bureau, on avait laissé les enfants à l'hôtel de l'Espagne, pour ne pas les avoir dans les pieds ; ceux-ci ne sachant comment se distraire, se mirent à faire des bouquets en coupant toutes les fleurs que l'aubergiste avait disposées un peu partout, dans des pots, pour donner une apparence gaie à son hôtel ; ils en firent une razzia complète, ne laissant plus que des tiges et des baguettes ; ils empilèrent toutes ces belles fleurs dans un vieux cabas que la tante Jean-Jacques leur avait donné avec dedans des châtaignes cuites, pour manger pendant le voyage ; ils voulaient emporter toutes ces fleurs à Paris, en souvenir de leur campagne d'Italie.

Lorsque l'aubergiste, le Nicolazzo de l'époque, s'apperçut de la dévastation de ses pots de fleurs, les bras lui en tombèrent ; il alla chercher François et lui fit parcourir tout l'hôtel, afin qu'il fût bien édifié sur la grandeur du désastre, et se faire indemniser en conséquence.

Les trois fleuristes avaient été se réfugier près de leur mère, tout tremblants ; quand François arriva, il ouvrit la porte de la rotonde de la diligence, et leur fit signe de monter ; ceux-ci s'élancèrent comme des cerfs, mais ils ne purent esquiver une belle claque que chacun attrapa au passage. Ils furent enfermés dans cette rotonde, où dormaient déjà, dans la paille, les deux gros chiens de chasse qui retournaient à Paris ; ils se tinrent chaud tous les cinq pendant la traversée du Simplon, mais ça ne devait pas sentir la violette, là-dedans !

Arrivés à Brigg, on laissa la diligence pour prendre une voiture particulière, parce que François faisait compte de s'arrêter à Genève pour faire la visite traditionnelle aux cousins Mellerio.

Il se trouva justement une voiture qui avait conduit des Anglais au Simplon, qui s'en retournait; on s'accorda avec ce voiturier, et on s'empila dans cette affreuse guimbarde qui sonnait la ferraille et n'avait pas de lanternes.

La nuit était très sombre ; au bout de quelque temps, tout le monde s'endormit, et le cocher aussi.

Les chevaux, ne se sentant plus guidés, se mirent au pas; ils avançaient lentement, tranquillement, et finirent par sortir du chemin; ils s'engagèrent dans le terrain pierreux qui borde le Rhône, ce fleuve impétueux qui roule une eau grise toute sablonneuse.

On était peu éloigné de Saint-Maurice ; les chevaux tiraillaient leur vieux carrosse à travers les pierres, cahotant et bousculant tellement les voyageurs endormis, que François finit par se réveiller ; ces secousses épouvantables l'inquiétèrent, il regarda par la fenêtre, et se vit au-dessus du fleuve : encore un pas, et les roues sortaient du talus; c'eût été la mort pour tous, car la voiture eût roulé dans le fleuve, et tous eussent été noyés sans secours possible.

François sauta en bas de la voiture, et tira les chevaux à gauche : il n'était que temps; ensuite il arrêta la voiture afin de s'orienter. Rendu furieux par le danger auquel il venait d'échapper par miracle, il administra au cocher aviné et toujours endormi un coup de poing formidable qui le fit rouler à bas de son siège, et lorsqu'il eut repris ses sens, il lui commanda d'aller à Saint-Maurice, auquel on tournait le dos, d'apporter une lanterne, et d'amener des hommes pour aider la voiture à sortir de ce terrain couvert de blocs de pierres. Ils restèrent plus d'une heure en panne, et finalement il arriva des hommes avec des chevaux de renfort, et on put gagner Saint-Maurice où l'on passa la nuit.

François raconta bien souvent, et en frémissant, cet incident de voyage, en disant que s'il n'avait pas aperçu une petite lumière du côté de Saint-Maurice, il aurait peut-être tiré les chevaux d'un mauvais côté, et précipité tout son monde dans l'abîme.

Enfin, on arriva à Paris sans incident, et Madeleine prépara de suite le trousseau des enfants pour les mettre en pension.

Mais avant que tout ne soit prêt, il se passa un événement important dans la famille.

LA PETITE PAULINE

L'oncle de Madeleine, Jean-Baptiste Mellerio, bijoutier, rue Vivienne, avait amassé une fortune considérable, et ses compatriotes l'appelaient le Mylord; les enfants de François l'appelaient le grand-oncle. Ce bon parent regrettait toujours de ne pas avoir d'enfants; il se disait : A qui laisserai-je ma fortune ? Si je venais à mourir, elle serait éparpillée entre d'innombrables neveux : ce serait dommage! et sans cesse il réfléchissait à cela.

Un beau matin, il dit à sa femme : « J'ai une idée! je vais demander à Madeleine si elle consentirait à me laisser adopter un de ses enfants : elle en a six, elle peut bien m'en céder un. » La grand'-tante ne trouva pas l'idée mauvaise; elle était déjà la marraine de la petite Pauline, elle souhaitait que ce fût elle.

Quelques jours après, tous les enfants étaient dans le magasin, lorsque la belle calèche du grand-oncle s'arrêta devant la porte : ce qui n'arrivait que dans les grandes circonstances ; tous allèrent à sa rencontre et le saluèrent avec respect. François le fit entrer dans le petit bureau, appela Madeleine et ordonna aux enfants de remonter tous dans leur chambre, et de ne pas faire de bruit.

Jean-Baptiste prit un air grave et expliqua le motif de sa visite. François et Madeleine l'écoutèrent sans enthousiasme, et finirent par lui dire qu'ils gagnaient assez d'argent pour ne pas être inquiets de l'avenir, et bien élever leurs enfants. « Et puis, dit François, je mettrai de bonne heure mes deux aînés dans les affaires; » et Madeleine ajouta : « Je ne me séparerai jamais de Catherine, qui a déjà dix ans, et qui m'aidera bientôt dans le ménage. » Enfin, ça ne mordait pas.

Le grand-oncle se garda bien de les contredire; il insinua habilement que la petite Pauline était la filleule de sa femme et qu'elle l'aimait beaucoup : « Vous pourriez bien nous laisser celle-là, » ajouta-t-il. François et Madeleine se consultèrent dans un coin, et finirent par consentir. Il fut convenu cependant, d'un commun accord, que l'on ne ferait l'acte définitif que dans un an.

Pauline avait alors six ans, elle paraissait un peu délicate ; on l'habilla proprement, et à la grande stupéfaction des autres enfants, qui n'étaient au courant de rien et qui regardaient la calèche par la fenêtre, ils virent que Pauline montait dedans avec le grand-oncle et Madeleine, qui voulait la recommander à la grand'-tante et voir comment elle serait installée.

Huit jours après, les trois garçons étaient conduits à Saint-Denis et internés dans une pension; Jean avait neuf ans, Antoine sept, et Jean-Jacques cinq; celui-ci était tout culotté; il était bien jeune, mais la compagnie de ses frères l'empêcha de trop réfléchir à sa nouvelle position; on le fit coucher à l'infirmerie, il jouait toute la journée, et ses frères se chargeaient de le faire courir dans la cour pour l'empêcher de geler pendant cet hiver très rigoureux.

Il n'y avait plus d'enfants rue de la Paix, sauf la petite Maria qui trottinait déjà dans la maison; quel silence !

quelle tranquillité pour Madeleine et l'oncle Jean-Jacques, qui était ahuri par le bruit infernal que faisaient les garçons.

La petite Pauline fut cajolée dans sa nouvelle famille : on lui donna de belles toilettes, de beaux joujoux et beaucoup trop de friandises ; le changement de régime altéra sa santé ; ce n'était plus la cuisine bourgeoise et saine de la rue de la Paix : on était servi par des laquais en livrée, et les grands dîners étaient très fréquents chez le grand-oncle ; aussi la petite Pauline était-elle toujours souffreteuse.

La tante finit par s'inquiéter de la santé de Pauline, elle en parla à l'oncle qui fut également d'avis qu'ils n'arriveraient pas à l'élever ; c'était dommage, car elle était bien gentille et ils s'y étaient habitués.

Il fut néanmoins décidé qu'on la ramènerait dans sa famille.

L'année suivante, aux vacances de 1825, les enfants virent encore la grande calèche s'arrêter devant le magasin : il en descendit l'oncle, la tante et la petite Pauline, toute contente de revoir ses frères et sœurs. La tante fit part de ses inquiétudes au sujet de la santé de Pauline, et déclara qu'elle préférait ne plus s'en charger.

La famille reprit Pauline avec plaisir ; on lui fit raconter tout ce qu'elle avait fait et vu de beau pendant son année somptueuse, et elle dut étaler toutes ses toilettes et tous ses joujoux aux yeux émerveillés de ses frères et sœurs, qui n'étaient pas gâtés du tout par leurs parents.

Cependant, ce retour inattendu fut commenté par les enfants, et le résultat de leurs bavardages fut que Jean-Jacques pourrait bien prendre la place de Pauline. Alors, Jean-Jacques devint un personnage, il fut coté très haut par ses frères, qui étaient des farceurs et qui ne l'appelèrent plus que : « Don Giacomo, Mylord » ; ils lui faisaient de grandes révérences en se recommandant à lui pour de beaux cadeaux au jour de l'an. Lorsqu'un bel équipage s'arrêtait devant le magasin, ils appelaient vite Jean-Jacques, en criant : « Descends vite, voilà le grand-oncle qui vient te chercher ! » Jean-Jacques se précipitait dans le magasin, où il était immédiatement cueilli par son père, qui défendait aux enfants de descendre quand il y avait des clients ; et il n'avait que le temps de remonter au galop pour ne pas écoper : ce qui faisait pâmer de rire les farceurs postés en haut de l'escalier.

Dans le courant de cette année, l'oncle et la tante ne cessèrent de regretter la petite Pauline : ils s'y étaient habitués, ils s'ennuyaient d'être seuls dans leur grand château d'Ozouer-la-Ferrière ; ils firent prendre secrètement des nouvelles de la petite, et ayant appris qu'elle se portait très bien, ils n'y tinrent plus, ils résolurent d'aller la reprendre.

En 1826, aux fêtes de Pâques, les enfants revirent pour de bon la grande calèche ; pour le coup, on appela Jean-Jacques avec conviction ; mais celui-ci ne s'y laissait plus prendre, on dut lui montrer la calèche par la fenêtre ; alors il descendit en bondissant de joie ; ses frères lui disaient : « Es-tu heureux ! hein ! de monter dans cette belle voiture ! »

Toute la famille accourut saluer l'oncle et la tante, on mit le fortuné Jean-Jacques bien en avant, et on attendit avec émotion ce qui allait se passer. L'illusion ne fut pas de longue durée ; la grand'-tante prit Pauline dans ses bras et l'embrassa longuement en lui disant : « Ma chérie, je viens te chercher, cette fois je t'emmène pour de bon, tu ne me quitteras plus ; je m'ennuyais trop sans toi. » Tableau ! les actions de Jean-Jacques n'étaient plus cotées du tout ; ses frères se sauvèrent en se tenant les côtes de rire, et Jean-Jacques en fit autant, étant loin de se douter, à l'âge de sept ans, que la fortune venait de lui échapper.

Cette fois, la calèche partit au grand trot et ne revint plus.

On avait loué une campagne à Arnouville, petit pays près de Gonesse, sur la ligne de Pontoise ; cette campagne appartenait à la famille Baudry, parents de la tante Tony. Quelques-uns des enfants de François avaient été en nourrice à Arnouville, d'autres à Ozouer-la-Ferrière, sous la surveillance de l'oncle Jean-Baptiste qui y possédait un beau château.

Aux vacances de 1826, on trouva que les enfants ne faisaient pas beaucoup de progrès à Saint-Denis, dans la pension où ils étaient, qu'il fallait beaucoup de temps pour aller les voir, et comme cela faisait une dépense on n'y allait pas souvent ; aussi, quand les vacances furent terminées, Madeleine les ramena à Paris, et après mûres réflexions, on se décida à les mettre au collège Louis-le-Grand ; et ils y entrèrent tout de suite.

Il y avait déjà deux ans que Catherine était sortie de chez Mlle Bourdon. Elle avait été mise, sur l'avis de son parrain, dans une pension des plus aristocratiques, place Beauveau, au faubourg Saint-Honoré.

Maria n'avait que quatre ans, elle trottinait dans la maison et ne quittait pas sa mère.

1827. — Naissance de Joseph.

Il fut baptisé à la Madeleine ; son parrain fut Jean-Étienne Magnani, âgé de quarante-six ans, prêtre italien attaché à cette paroisse ; il était le confesseur de la famille, et plus tard, il devint l'aumônier de la reine Amélie, femme de Louis-Philippe.

Il donna à son filleul un superbe livre de messe, magnifiquement relié, dont François se servit toute sa vie ; son fils Joseph l'a encore et le conserve précieusement.

La marraine fut Jeanne Boutillier, femme du jeune François Mozzanino, le neveu de Madeleine.

Joseph fut mis en nourrice à Arnouville, chez une femme sur laquelle on ne prit aucun renseignement; elle communiqua à son nourrisson une maladie contagieuse qui le mit dans un état déplorable.

Pour réparer cette faute, on le plaça bien vite chez une autre femme qui ne valait guère mieux; aussi ne fut-il bientôt plus qu'une plaie. On l'apporta à Paris, et on fit venir le fameux chirurgien Dupuytren, qui traitait spécialement ces genres de maladies. Celui-ci hocha la tête, il déclara que cet enfant avait tout son sang empoisonné, et qu'il ne se chargerait pas de le guérir s'il n'avait reconnu qu'il avait un estomac double et capable de supporter la cure la plus énergique.

A partir de cette époque, le petit Joseph fut toujours entre les mains des médecins, tantôt mieux, tantôt pire; il végéta; on était persuadé qu'on ne le conserverait pas.

1830. — Naissance de Félix.

Catherine fut sa marraine; c'était une demoiselle de seize ans, instruite, fort gracieuse, et s'occupant déjà des affaires avec beaucoup d'intelligence.

Jean fut son parrain; il avait quinze ans et continuait ses études au collège.

La révolution paralysa les affaires et plongea la famille dans de grandes inquiétudes.

François était loin de se douter que le règne de Louis-Philippe serait pour lui l'époque la plus prospère, que son commerce prendrait l'importance et la renommée européenne qui se perpétua et augmenta encore sous l'Empire, grâce à l'impulsion intelligente de ses deux fils aînés, ses successeurs.

1831. — L'oncle Jean-Marie, le frère de Madeleine,

qui était très intelligent, avait fait des entreprises considérables en constructions de maisons et achats de terrains qui devaient par la suite acquérir une grande valeur; mais la révolution de 1830 avait tout arrêté; il se trouva en présence de créanciers féroces qui exigèrent le remboursement de capitaux irréalisables dans un bouleversement pareil; la famille ne lui vint pas en aide, ce qui fut une très grande faute et un manque de perspicacité, car, la crise passée, ces terrains acquirent une grande valeur.

Ce pauvre homme fut si affecté de l'acharnement de ses créanciers et de l'abandon de la famille, qu'il en tomba malade et mourut peu après, dans sa maison de Sablonville, avenue de Neuilly (Seine), le 17 février 1831.

Au mois de juin suivant, les héritiers de Jean-Marie, soit : Madeleine sa sœur, Tony son frère et Mozzanino son neveu, se rendirent à l'étude de MM. Delamotte et Dentend, notaires à Paris, et firent une renonciation en règle de cet héritage : ce qui leur évita de grands désagréments par la suite.

En 1832, François pensa que Jean devait en savoir suffisamment pour être bijoutier, et le retira du collège; il avait dix-sept ans et montrait beaucoup de dispositions pour le commerce; son père lui donna un maître de dessin.

Joseph avait cinq ans, il était toujours souffreteux; on l'abreuvait de médicaments de toutes sortes; malgré cela, il dépérissait de jour en jour, et à l'automne son état empira sensiblement.

Un jour, il fut pris d'une syncope et ne donna plus signe de vie.

Joseph était né sain et bien constitué; il était le dixième enfant, on en avait déjà perdu trois; mais si celui-ci venait à mourir, il eût été évident que l'on ne pouvait s'en prendre qu'à l'inqualifiable légèreté avec laquelle on l'avait confié à deux ignobles empoisonneuses, sans prendre le moindre renseignement.

Nous ferons observer qu'en ce moment c'est l'historien impartial qui parle, car Joseph ne songea jamais à rendre ses parents responsables de quoi que ce soit : il eut toujours pour eux la plus grande vénération.

Le croyant mort, on lui mit un voile sur la figure; ensuite Madeleine emmena dans sa chambre les enfants consternés, et tous se mirent à pleurer.

Catherine resta seule au chevet de son petit frère, elle se mit en prières et le veilla.

Il était dix heures du soir, lorsque l'on entendit un coup de sonnette : c'était l'oncle Jean-Jacques, que l'on attendait et qui arrivait du pays ; François alla au-devant de lui, et lui dit avec tristesse : « Nous venons de perdre le petit Joseph, il est mort cette après-midi. » L'oncle Jean-Jacques, qui aimait beaucoup son neveu, s'écria : « Ah ! le pauvre petit ! il a tant souffert ! je veux l'embrasser encore une fois ! »

L'oncle Jean-Jacques avait une casquette de loutre rabattue sur ses oreilles, car il faisait très froid; il portait son immense carrick gris légendaire à plusieurs collets; il embrassa Catherine qui pleurait, et s'approchant du petit lit, il souleva le voile qui couvrait Joseph et l'embrassa sur le front.

Ce voile étouffait Joseph ; aussi, lorsque l'air vint caresser sa figure, il poussa un léger soupir; l'oncle Jean-Jacques s'en aperçut, il s'écria : « Mais il respire encore ! » Catherine jeta un cri, elle courut appeler sa mère; on plaça un miroir devant la bouche du petit ressuscité et on vit qu'il se couvrait d'une légère buée; aussitôt on ouvrit la fenêtre pour donner de l'air; Joseph se sentit ranimé, il ouvrit les yeux tout étonné, et voyant son oncle Jean-Jacques qu'il aimait tant, il lui fit un petit sourire.

Si on avait laissé toute la nuit ce voile sur cet enfant, il serait mort pour de bon, faute d'air, parce que la syncope n'existait plus.

On alla chercher le médecin de la famille, M. Delaroque, un bon praticien, qui parlait avec emphase; il examina le petit malade et dit d'un ton sentencieux : « Cet enfant a triomphé de cette crise, grâce à son tempérament de fer; à présent je réponds de lui. »

En effet, Joseph s'accrocha à la vie avec ténacité; il fut bientôt debout, et six mois après on le mettait externe dans une petite pension, chez M. Boutet, rue Basse-du-Rempart, près de sa marraine.

En 1833, François et son frère se concertèrent pour le placement des capitaux qu'ils avaient déjà amassés; ils achetèrent une maison, rue de la Paix, n° 5, auprès du Timbre royal, construit sur l'ancien couvent des Capucines.

Cette maison avait besoin de fortes réparations; ce fut un architecte du pays, un certain Ciolina, qui fut chargé de ces travaux.

Cette année, Antoine fut également retiré du collège; il avait seize ans, il était robuste, il fut immédiatement mis aux affaires; mais, comme il ne manifestait aucune disposition pour le dessin, il ne suivit pas les leçons dont Jean profitait si bien.

Maria avait dix ans, et Jean-Jacques, qui n'avait encore que quatorze ans, continuait à chauffer les bancs du collège.

Félix n'avait que trois ans; il était toujours collé aux jupons de sa mère.

Jean était un jeune homme de dix-huit ans, plutôt délicat, mais d'une grande activité ; il avait des dispositions surprenantes pour le dessin, il avait les goûts artistiques, il émerveillait la famille par ses créations ; il composait toujours des nouveautés que l'on faisait exécuter et qui se vendaient de suite ; il avait le talent d'utiliser les pierres les plus baroques, c'était un véritable artiste ; sa conduite était exemplaire, il faisait déjà partie de la Société de Saint-Vincent de Paul ; qui est-ce qui aurait reconnu le carillonneur des chaudrons de Rivorio ?

On avait alors pour commis un nommé Depontaillier, un excellent homme très religieux et tout à fait de confiance ; il avait un petit garçon, appelé Léon, qui demeurait dans la maison, il venait jouer avec Félix, ils étaient à peu près du même âge ; ce petit camarade est aujourd'hui le curé d'Auteuil ; il est resté l'ami de la famille, et Joseph éprouve toujours le plus grand plaisir chaque fois qu'il se rencontre avec lui.

Les voisins de boutique étaient des marchands de chaussures de luxe pour dames, appelés Melnotte et Fossé ; les demoiselles Melnotte étaient charmantes, elles étaient les amies de Catherine ; une d'elles est aujourd'hui la riche Mme Doblin, elle s'informe toujours de son ancienne amie Catherine ; elles se voyaient encore lorsque celle-ci venait passer l'hiver à Paris, en ces derniers temps.

Le concierge, un gros bonhomme, s'appelait le père Foulonneau ; il était aux petits soins pour le locataire du premier, un viveur appelé Moritus, qui menait la vie à grandes guides et faisait le généreux avec le père Foulonneau ; il donnait quelquefois des soirées ; alors les enfants étaient tous à l'œil-de-bœuf qui donnait dans l'escalier et s'écrasaient pour voir passer les belles dames ; ils riaient aux éclats quand ils voyaient monter un invité grotesque, empesé dans sa toilette ; ces réceptions étaient une véritable fête, c'était comme une lanterne magique ; Joseph et Félix s'installaient des heures devant l'œil-de-bœuf pour voir monter et descendre les invités.

LE MAESTRO BARNI

François était grand amateur de musique, et en plus il possédait une voix très juste et agréable. Il fut très heureux quand il reconnut que Catherine avait des dispositions pour le piano et pour le chant.

Pour la perfectionner et l'intéresser davantage, il lui procura un excellent professeur dont il avait fait la connaissance à Milan, au théâtre de la Scala, quand il était commis chez Manini.

Il se nommait Barni, il était de Como en Lombardie, et, pour le présent, il était premier violon au théâtre des Italiens à Paris.

Cet artiste avait une cinquantaine d'années ; il avait une physionomie sympathique et professait pour son art un véritable culte.

Il jouissait d'une belle réputation comme maître de chant, et donnait des leçons dans les familles riches du faubourg Saint-Germain.

François aimait l'entendre jouer les beaux morceaux d'opéra en vogue à cette époque, puis il les chantait avec sa fille.

Barni appelait son violon : « sua cara sposa ».

Catherine étant très occupée au magasin, pendant la journée, ne prenait ses leçons que le soir.

Quand le maestro Barni arrivait, on lui faisait beaucoup d'amitiés, il était devenu un ami de la maison.

Il faisait d'abord une petite conversation, et puis, lorsque le morceau à exécuter était sur le piano, il prenait de suite un air inspiré, et pressant son violon sur sa poitrine, il s'écriait : « Cara sposa ! mia diletta ! Mademoiselle t'attend ! » et, saisissant son archet, il préludait par des accords qui suffisaient à démontrer que l'on était en présence d'un grand artiste.

François avait défendu aux enfants de rester dans la chambre pendant que Catherine prenait sa leçon, pour ne pas la distraire ; mais ces garçons, qui étaient des espiègles, allaient se blottir sous le lit de Catherine dès que Barni arrivait à la maison ; et au bout de quelque temps, ne pouvant plus contenir leur rire, ils éclataient : ce qui était le signal d'une expulsion générale.

Les plus belles soirées de François étaient celles qu'il passait en faisant de la musique avec ses filles.

Comme nous l'avons dit, le maestro Barni était un artiste de grand talent, et très modeste, ce qui n'est pas ordinaire.

Il portait de vieux habits démodés ; on voyait qu'ils étaient très usés, même râpés, quoique propres ; cela étonnait beaucoup la famille ; on savait qu'il touchait de bons appointements au théâtre et que ses leçons en ville lui étaient largement payées ; on ne pouvait comprendre le motif de cette gêne dissimulée sous une apparence aimable et pleine de gaieté.

Le père Barni, comme on l'appelait à la maison, ne se plaignait jamais, et cependant on devinait qu'il était près de ses pièces.

François souffrait en voyant un si brave homme, plein de talent, se présenter au magasin, habillé si misérablement ; mais, connaissant la fierté de l'artiste, il ne fit jamais aucune allusion à ce sujet ; cependant il cherchait un moyen de lui venir en aide sans blesser son amour-propre.

Un jour de leçon, il fit venir à la maison un tailleur très habile, et lui dit, en montrant M. Barni : « Vous voyez cet homme, vous allez lui prendre la mesure sans qu'il s'en aperçoive, et vous lui ferez un habillement complet, en beau drap, que vous m'apporterez. »

Quinze jours après, pour les fêtes de Noël, le costume était remis à François.

Lorsque le maëstro arriva pour donner sa leçon, François le reçut avec la cordialité ordinaire, et après avoir échangé quelques paroles, il dit tout simplement : « Il m'est arrivé une drôle d'histoire, ce matin ; je m'étais présenté chez un de mes clients pour toucher une note, mais n'ayant pas d'argent pour me la payer, il m'offrit à la place un habillement tout neuf en beau drap. Ma foi ! je l'ai accepté, préférant tenir quelque chose plutôt que de ne rien avoir. Malheureusement, il ne me va pas. »

Puis, toisant le père Barni : « Il semble plutôt fait pour votre taille ; essayez-le donc, par curiosité. »

Le maëstro essaya le costume, sans se douter du stratagème : il lui allait à la perfection. Ce brave homme se mirait dans la glace et disait, en riant de bon cœur : « Mais voyez donc comme je suis beau ! » Et il faisait des révérences aux enfants, qui connaissaient la chose et riaient aux éclats.

Barni allait remettre ses vieux habits, lorsque François lui dit : « Puisqu'il vous va si bien, il faut que vous me fassiez l'amitié de le garder pour vous. » L'artiste, tout ému, se confondit en remerciements et accepta ce beau cadeau avec reconnaissance.

Voilà comment François savait obliger ses amis.

Cependant, l'énigme de la gêne du professeur subsistait toujours. On ne lui connaissait pas de maîtresses, quoique célibataire ; il n'était pas joueur et ne fréquentait pas les cafés, enfin tout son temps était bien employé.

Eh bien ! oui, il avait une passion, le père Barni, et c'est Jean qui sut la découvrir. Le maëstro n'étant pas venu donner sa leçon le jour habituel, Jean eut l'idée d'aller voir chez lui s'il était malade.

En effet, un gros rhume le forçait à garder la chambre. En examinant cette chambre modestemént meublée, Jean remarqua qu'elle était encombrée de cartons ; alors il demanda la permission d'en admirer le contenu, et comme il était lui-même un véritable artiste, il apprécia de suite la valeur de la superbe collection de gravures rares que le père Barni avait amassées en s'imposant les plus grandes privations.

Ce fut un grand soulagement pour ses amis de la rue de la Paix quand ils connurent comment il employait son argent ; ils pensèrent avec raison que plus tard il pourrait utiliser ces valeurs, improductives pour l'instant. En effet, Barni se fit vieux, il perdit sa place à l'Opéra et n'eut plus la force d'aller en ville, de côté et d'autre, donner des leçons. Il fréquentait toujours la rue de la Paix : c'était pour lui une véritable famille. Lorsque François apprit que Barni ne gagnait plus d'argent, il pensa que le moment était venu d'utiliser les estampes anciennes ; il en fit part à l'artiste, qui pleurait en pensant qu'il fallait se séparer de ses chères gravures ; mais la nécessité était grande, il dut y consentir bien à regret.

Jean se chargea de les lui placer ; il y mit toute son âme d'artiste, enthousiasmé par la bonne action qu'il faisait, et il manœuvra si bien qu'il sut en tirer une dizaine de mille francs.

Grâce à ce capital, le père Barni fut admis à Sainte-Périne, où il fut à l'abri du besoin. Il vécut encore quelques années et avec le peu d'argent qu'il avait à sa disposition, il trouva encore moyen de faire de nouvelles découvertes. Quand il mourut, il laissa à François, par testament, ce qu'il possédait, c'est-à-dire les gravures rares qu'il avait acquises à nouveau.

François ne voulut pas profiter de ce legs ; il chargea Jean de placer ces gravures, et celui-ci en retira encore deux mille francs. Jean devait faire un voyage en Italie ; François lui remit les deux mille francs, en lui disant d'aller à Como et de s'informer si Barni n'avait pas quelque parent dans cette ville.

Jean eut la chance de découvrir un neveu de Barni, un honnête ouvrier chargé de famille, qui ignorait la mort de son oncle, l'ayant perdu de vue depuis qu'il avait quitté Milan ; il reçut ces deux mille francs avec reconnaissance, en bénissant la mémoire de son cher oncle qui avait pensé à lui ; Jean se garda bien de lui retirer cette illusion.

MARIAGE DE PAULINE

Nous avons vu qu'en 1826 Pauline quittait définitivement la maison paternelle pour aller vivre dans la famille
qui l'avait adoptée ; à partir de ce jour, on ne la vit plus
qu'à de longs intervalles.

Joseph était en Italie depuis 1845 et ce ne fut qu'après
1848, quand il avait vingt et un ans, qu'il eut le désir de
connaître cette sœur dont il n'avait conservé aucun souvenir ; il alla à Ozouer-la-Ferrière, rendre visite au
grand-oncle Jean-Baptiste, qui avait quatre-vingt-quatre
ans, et là, il vit Pauline et ses deux petits enfants, Paul
et Émilie ; il fut reçu avec cordialité ; l'oncle le reçut
avec cette exclamation : « Eh bien ! Joseph, as-tu tué
tous les Autrichiens, à Milan ? » On verra plus tard ce
que signifiait cette bonne plaisanterie de ce vénérable
octogénaire.

Après que Pauline et son frère eurent fait connaissance,
ils devinrent de bons amis ; c'était Joseph qui était son
cavalier lorsqu'elle allait aux bals des ministères et aux
Tuileries, lorsque Napoléon III était président de la
République ; elle lui procurait ces belles soirées, grâce à
l'amabilité de Mme Rouher, qu'elle avait connue à Vichy
et avec laquelle elle conserva toujours la plus grande
intimité.

Pauline avait donc grandi loin de sa famille, dans un
milieu bien différent de celui de la rue de la Paix, comme
intérieur et comme société.

Elle avait atteint ses dix-sept ans, elle en paraissait
moins ; il n'y avait donc pas de presse pour la marier,
puisqu'elle semblait délicate. Mais elle était l'héritière

unique de l'oncle Jean-Baptiste, et les spéculateurs de l'époque calculaient que cet héritage devait être considérable : on lui fit une chasse en règle.

Pauline était petite, comme sa mère, et très aimable ; bonne musicienne et crayonnant assez gentiment ; son caractère était plutôt artiste. Elle avait un tatent spécial pour dénicher des bibelots et autres objets, qui souvent avaient une grande valeur artistique.

Son salon devint plus tard le rendez-vous de jeunes artistes d'avenir, de gens d'esprit et d'un mérite réel, dont quelques-uns devinrent célèbres dans l'armée et dans les arts.

Jean-Baptiste avait soixante-dix ans ; peut-être craignit-il de mourir avant d'avoir casé Pauline, et cette pensée lui fit-elle prêter l'oreille prématurément aux propositions intéressées qui lui étaient faites de toutes parts.

Deux partis se disputaient sérieusement cette jeune et riche héritière : c'était d'abord un jeune notaire, appelé Ducloux, qui devint célèbre pendant le siège de Paris, en 1871, avec le plan Trochu qu'il conservait dans sa caisse.

Ce parti était sérieux, positif comme situation, solide comme finance, mais c'était bourgeois; on rêvait quelque chose de plus ronflant, de plus aristocratique : on voyait percer l'ambition d'un parvenu.

Jean-Baptiste, cet ancien petit Lombard qui étalait sa marchandise sur une petite table suspendue à son cou, devant la grille du château de Versailles, s'appelait aujourd'hui l'oncle Mylord ; il avait amassé honnêtement une grande fortune qu'il ne devait qu'à son travail et à son intelligence ; il avait le droit d'en être fier, d'autant plus qu'il en faisait un noble usage en aidant ses parents et en léguant des sommes considérables, en bienfaisances, à Craveggia, son pays natal.

Il avait acheté en 1812, au général d'Hautpoul, son château d'Ozouer-la-Ferrière, qu'il paya cent dix mille francs, sans la ferme.

Plus tard, Pauline, son héritière, revendit ce château, avec la ferme et la chasse, quatre cent soixante-quinze mille francs.

Jean-Baptiste menait l'existence d'un gentilhomme ; il voulait marier Pauline dans la sphère où il s'était élevé, en dehors du commerce et des fonctionnaires. Il lui fallait un noble ou un gros dignitaire ; il en trouva un qui combla tous ses vœux.

Il se présenta un jeune avocat, fils d'un adjudant-général de l'Empire. Ce général en retraite était le maire de Brunoy, où il possédait un château; il s'appelait Gaspard-Basile Agnel.

Mais sous ce nom roturier se cachait un nom aristocratique qu'il avait adroitement dissimulé pendant la Révolution et lorsqu'il prit du service dans l'armée républicaine, où les nobles n'avaient pas grande chance d'avancement.

En réalité, et d'après des parchemins authentiques que nous avons eus entre les mains, et que conservent ses petits-enfants, il s'appelait : d'Agnel, baron de Rioclare (ce qui signifie, rivière limpide).

Son fils, le prétendant, s'appelait Jean-Gaspard-Louis-Guillaume Agnel, avocat à la cour d'appel de Paris.

Sa mère, Catherine Chrétien, était fille de Jean-Michel Chrétien et de Marie Valentin, son épouse, divorcée en premières noces de Jean-Baptiste-Louis-Auguste Parfaitamour; elle était née à Metz.

Le grand-oncle fut flatté de marier sa nièce avec le fils unique d'un général de l'Empire; il ne s'inquiéta même pas de la moralité de ce jeune homme; il était assez bien de sa personne, avait le verbe haut, beau parleur, poète,

musicien, avocat : c'était plus qu'il n'en fallait pour faire
le bonheur de Pauline.

Le général, de son côté, voyait volontiers cette alliance,
non seulement pour le matériel, mais aussi sous l'aspect
moral ; j'ai eu entre les mains une lettre de lui, datée de
Brunoy, du 10 août 1835, dans laquelle il conseille fortement à son fils de contracter ce mariage ; et il termine en
disant : « Je ne vois qu'honneur et vertus dans la lignée
de ta future femme. »

François et Madeleine ne furent pas consultés, ils s'en
rapportaient entièrement à leur oncle ; en plus, tous ces
titres d'avocat et de général les effarouchaient : ils
n'avaient jamais fréquenté ces gens-là.

Le mariage eut lieu à Paris, à l'église Saint-Laurent,
parce que le grand-oncle habitait alors rue Richer, 40 ; il
se transporta ensuite dans le Marais, rue des Trois-
Pavillons.

Le cortège fut imposant ; il y eut du côté du marié un
véritable défilé de vieux grognards chamarrés de décorations, s'avançant raides et empesés comme pour une
parade ; c'étaient les amis et les compagnons d'armes du
général Agnel ; on y remarquait : le général de Saint-
Joseph, le général Saint-Clair, le général Fantin des
Odoards, le général Dejean, et beaucoup d'autres officiers supérieurs.

Puis venaient les amis du fils, des avocats, satisfaits
d'eux-mêmes, regardant les invités d'un air protecteur ;
tous ces gens-là n'avaient rien de gai pour une noce.

Les Mellerio, devant toutes ces têtes inconnues et hau-
taines, faisaient bonne contenance ; il y avait moins de
décorations, mais de beaux hommes dans leur camp ; on
voyait à leur tenue réservée qu'ils avaient l'habitude de
fréquenter de la bonne société, dans leurs relations
commerciales.

François se tenait droit comme un colonel en retraite; l'oncle Jean-Jacques avec sa belle tête ornée de superbes cheveux blancs frisés naturellement, avait l'air d'un notaire; le grand-oncle Jean-Baptiste était rayonnant, il avait des manières aristocratiques comme les vieux seigneurs d'autrefois; l'oncle Tony, les deux fils Guglielmazzi, étaient de beaux hommes; en somme, chacun tenait son rang; on s'observait, mais on ne s'amusait pas, ah! mais, pas du tout!

Catherine était demoiselle d'honneur, elle était ravissante dans sa toilette de jeune fille, elle était la note aimable de cette réunion, elle était très entourée.

Les frères de la mariée formaient un groupe à part, c'était la jeunesse, le côté gai, observateur et moqueur; on ne peut se faire une idée du bon sang qu'ils se faisaient en analysant les têtes de tous ces vieux de la vieille, guindés et bouffis, qui avaient l'air d'être en caoutchouc.

J'ajouterai que la mariée était très bien; que toutes les dames se distinguaient par des toilettes à gigots et des chapeaux fantastiques : c'était le côté multicolore et panaché.

Joseph et Félix avaient brillé par leur absence à la noce de leur sœur Pauline, qu'ils connaissaient à peine; on les avait oubliés à la campagne, où ils s'amusèrent davantage.

Maria, qui avait douze ans, était de la noce, elle ne quittait pas sa mère; elle avait fait sa première communion, elle s'y était préparée en suivant le catéchisme à l'Assomption, succursale de la Madeleine.

On avait bien fait de laisser les deux enfants à la campagne, car ils manquaient d'air à Paris : dans ce petit entresol où était entassé la famille, on touchait le plafond avec les mains, il y avait peu de pièces et encore elles se commandaient toutes.

Jean et Antoine dormaient en bas, un dans la boutique, l'autre dans le bureau, ils avaient des lits de sangles, qui, dans la journée, étaient déposés dans un placard.

Jean-Jacques couchait dans les combles ; sa chambre, ou plutôt sa mansarde, était un petit muséum ; il collectionnait des insectes, morts et vivants ; il élevait des vers à soie, de gros lézards verts et des formicaléons.

Il permettait quelquefois aux petits de grimper avec lui dans son paradis, ils restaient en extase devant ses collections, et surtout avec les gros lézards qui attrapaient les mouches avec une rapidité surprenante.

C'est qu'ils n'avaient pas grandes distractions, ces petits frères ! Ils ne recevaient pas grands cadeaux, leurs joujoux étaient rares et très primitifs ; il est juste cependant de faire connaître, qu'au jour de l'an, l'oncle Jean-Jacques était très généreux, il donnait soixante francs à chacun des deux enfants ; mais Madeleine était aux aguets, elle subtilisait immédiatement cet argent pour leur acheter des bas, des chemises, souliers, etc., de sorte que les pauvres petits n'y voyaient que du feu.

Cette année, de graves préoccupations surgirent dans la famille, on commençait à se préparer tout doucement à se transporter au numéro 5 de la rue de la Paix, qui porte aujourd'hui le numéro 9 ; et ce n'était pas une petite affaire : on y travailla tout l'hiver.

On s'y transporta en 1836 ; on éprouva une certaine satisfaction en pensant que l'on habitait une maison dont on était propriétaire, dans une rue superbe ; et cela, grâce au travail et à l'intelligence de François, qui avait dû surmonter tant de difficultés depuis son départ de chez Manini, en 1789.

Cette maison avait coûté 400,000 francs, en 1833.

En 1856, vingt-trois ans après, les deux fils aînés de

François, ses successeurs, la rachetèrent avantageusement à la famille, pour 570 000 francs.

En 1866, dix ans seulement après, Jean revendit sa part à Antoine, 450 000 francs, ce qui la mettait à 900 000 francs; ils y avaient fait pour 100 000 francs de frais depuis 1856; en 1892, elle fut vendue définitivement, et ce fut un étrnger qui la releva pour 1 200 000 francs sans les frais.

Voilà l'histoire de la maison paternelle.

VILLIERS-LE-BEL

Il y avait déjà quelque temps que l'on avait quitté Arnouville, de néfaste mémoire, pour Joseph qui était toujours assez délicat; aussi le médecin, M. Delaroque, conseillait-il fortement de le conduire à la campagne, pour lui donner des forces.

François se décida pour Villiers-le-Bel, à cause du voisinage des bois d'Écouen.

Quand on prenait la diligence rue Saint-Martin, à l'hôtel du Plat-d'étain, on mettait trois heures pour s'y rendre; mais si l'on prenait un des légendaires coucous qui stationnaient autour de la porte Saint-Denis, on ne savait jamais quand on arriverait.

La maison était grande et très ordinaire, elle appartenait à Mᵉ Lechat, notaire, qui avait une fille qui devint l'amie intime de Maria. Cette campagne se composait d'un grand jardin potager, au bout duquel se trouvait un petit enclos que l'on appelait pompeusement le parc, parce qu'il s'y trouvait un banc en pierre avec quelques mauvais peupliers qui faisaient semblant de donner de l'ombre.

On avait la manie de s'entourer de gens de Craveggia; on va voir les bons résultats que l'on obtenait, en agissant de la sorte, pensant être mieux servi.

On fit donc venir un homme du pays, pour soigner le jardin, la basse-cour et les chiens de chasse de François.

Ce fut un nommé Pasquale Ferrari qui débuta.

Ce brave homme vit encore, il a aujourd'hui quatre-vingt-quatorze ans, il possède toutes ses facultés, et

travaille toujours dans les vignobles des petits-fils de
l'oncle Jean-Jacques.

Il y a plus de soixante-quinze ans que Pasquale est au
service de la maison Mellerio.

On confia les deux enfants à Pasquale et à une jeune
bonne qui était milanaise, et qui s'appelait Modesta;
elle était très belle, et avait grand soin du petit Joseph
qui paraissait si délicat.

Pasquale avait laissé sa femme au pays, c'était une
belle montagnarde; il s'ennuyait un peu d'en être séparé;
il fit l'aimable auprès de Modesta, mais sans succès.

Les jeunes gens de Villiers-le-Bel raffolaient de la
belle Italienne, et quand elle sortait pour faire les
provisions, elle était de suite entourée par ces beaux
Nicolas qui auraient voulu lui conter fleurette; mais
Modesta était une honnête fille, elle ne voulait pas épouser un Français, parce qu'il aurait fallu dire adieu à
l'Italie; elle préféra s'en retourner à Milan, où elle ne
tarda pas à se caser avantageusement.

Peu de temps après, Pasquale fut également pris du
mal du pays, et s'en retourna dans ses montagnes.

Le frère plus jeune de Pasquale vint le remplacer; il
s'appelait Domenico, surnommé Buondi (bonjour).

C'était un homme rustique et un peu toqué.

Il avait la barbe et les cheveux rouges, incultes et
hérissés, le dessous du nez toujours sale de tabac.

Félix et Joseph eurent d'abord peur de Buondi, mais
Modesta avait été remplacée par une grande et robuste
Bourguignonne qui les rassurait par sa majestueuse pres-
tance.

On l'appelait la grande Marie, elle fut remplacée six
mois plus tard, par une bonne italienne : il ne pouvait
pas en être autrement!

Cette bonne était de Vocogno, petit village à cinq

minutes de Craveggia; c'était l'oncle Jean-Jacques qui l'avait amenée.

Elle s'appelait Lucia Perinoli, elle n'avait guère plus de quinze ans, elle en paraissait douze ; elle était petite et très laide, ne sachant pas un mot de français.

Le bon air avait donné des forces au petit Joseph, qui à partir de cette époque ne fut plus malade.

Félix se portait également bien.

Ils reçurent avec dédain ce petit bout de bonne qu'on leur envoyait ; elle ne leur en imposait pas du tout, malgré tous les efforts qu'elle faisait pour y arriver.

Buondi soignait le jardin dans ses moments perdus : tout allait à la débandade.

Madeleine venait passer les dimanches à la campagne avec les autres enfants; elle ne cessait de reprocher à Buondi l'état déplorable dans lequel se trouvait le jardin potager qui se transformait en forêt vierge.

François fut plus positif; quand il vit le chenil dans un état de malpropreté infecte, il le menaça de le mettre à la porte s'il ne faisait pas mieux son service à l'avenir.

Buondi reçut avec flegme les justes remontrances de ses patrons, il ne répondit rien. Il avait son idée.

On crut qu'il était pénétré de ses torts, et on espéra tout de l'avenir ; néanmoins, Madeleine disait toujours : « Mais que fait-il donc toute la sainte journée, ce fainéant de Buondi ? »

Il collectionnait des vieux chapeaux; il se faisait donner tous ceux que la famille et les connaissances ne portaient plus ; il les retapait, et les rendait imperméables en les trempant dans du goudron.

Les enfants regardaient les œuvres de Buondi avec curiosité et inquiétude; ces chapeaux goudronnés, d'un poids énorme, leur semblaient fantastiques, mais ils n'osaient pas espionner à leurs parents, ils avaient peur de cette tête de sauvage.

Quand Buondi eut calculé que sa provision de chapeaux était complète, il les entassa dans une hotte immense, et sans rien dire à personne, il prit le chemin de Paris, en plantant là les enfants avec leur bonne.

Ils le virent disparaître au fond du jardin, comme un fantôme, enseveli sous une montagne de vieux chapeaux crasseux et déformés.

Lorsque la nuit commença à venir, les enfants furent pris d'une grande frayeur. Buondi leur faisait l'effet d'un croquemitaine qui allait peut-être revenir pour les emporter aussi.

Joseph était externe dans la pension du pays, tenue par M. Bonaterre; il savait lire et écrire suffisamment pour son âge.

Lucia ne savait pas écrire, elle ne pouvait donc pas informer ses maîtres de la disparition de Buondi.

Ce fut Joseph qui écrivit la lettre, en peu de mots : « Mon cher papa, Buondi s'est sauvé, il est crevé une poule et un lapin, tous les chiens vont bien; ton fils, Joseph. »

Lucia et les enfants se rendirent au bureau de la diligence et parlèrent au maître de poste, qui était plein d'égards pour les Mellerio qui remplissaient sa diligence les samedis et les dimanches. On lui raconta la fuite de Buondi, et on le pria de remettre la lettre rue de la Paix.

Quand il sut de quoi il s'agissait, il promit de la consigner le soir même.

De retour à la maison, la panique s'empara des trois habitants; être seuls, dans cette grande maison! Ils se mirent tous à pleurer.

Alors Joseph eut une idée lumineuse, il lâcha tous les

chiens, qui s'élancèrent dans le jardin en gambadant et en aboyant de joie.

Après dîner, Joseph fit monter les chiens dans sa chambre pour ne pas avoir peur.

Que l'on s'imagine cinq énormes chiens de race, installés délicieusement sur le lit de Joseph qui était écrasé et étouffé par ce poids énorme, mais qui ne bougeait pas, tellement il était ravi de se sentir protégé par ces gardiens vigilants qui étaient terribles pour la garde.

A minuit, on entendit une voiture s'arrêter devant la porte cochère, et aussitôt la sonnette fut agitée avec violence.

A ce bruit, tous les chiens sautèrent à bas du lit, et se mirent à faire un vacarme épouvantable.

Lucia se leva, terrifiée, et vint dans la chambre de Joseph, suivie par Félix qui pleurait.

Joseph, réveillé en sursaut et bousculé par les chiens qui descendaient et ressautaient sur le lit, à tour de rôle, se mit à pleurer aussi.

Alors on entendit une voix vigoureuse qui criait :

« Lucia ! Joseph ! venez ouvrir, c'est nous ! »

C'était Antoine, et son beau-frère, Guglielmazzi, que François avait expédiés de suite, dès qu'il eut reçu le mot de Joseph.

Quel bonheur ! c'était le grand frère que les enfants aimaient beaucoup, parce qu'il les faisait jouer et leur racontait de belles histoires.

On s'élança dans l'escalier avec les chiens, qui avaient reconnu la voix de leur jeune maître qui les conduisait à la chasse tous les dimanches.

Antoine et Guglielmazzi reportèrent dans leurs lits les deux petits frères qui étaient descendus en chemise pour faire plus vite ; ils renfermèrent les chiens et se firent raconter le grand événement de la journée.

Antoine félicita le petit Joseph de la part de son père, pour la lettre courte, mais positive, qu'il avait écrite, et lui remit une petite brouette que l'oncle Jean-Jacques lui avait achetée en récompense.

Dès le lendemain, Madeleine vint s'installer à Villiers-le-Bel, auprès des petits, ne voulant plus les laisser à la merci d'un jardinier avec une si petite bonne.

On pourrait supposer qu'après la réussite de Buondi la famille serait fixée sur les domestiques du pays; pas du tout, on y tenait; on en fit venir un troisième qui ne laissa rien à désirer comme originalité.

Il s'appelait Ignazio Paltani, surnommé Braccino, ce qui veut dire : petit bras.

Cet homme était petit et trapu, d'une laideur bien accentuée; la face plate, la bouche large, avec des lèvres minces, des yeux tout petits, et comme signe particulier, des bras d'enfants, très courts, ce qui lui donnait l'aspect d'un pingouin.

Ce bel échantillon s'occupait assez du jardin, mais il n'acceptait pas d'observations; à l'entendre, il connaissait à fond la taille des arbres, la culture des légumes et des fleurs; enfin, ce phénix était assommant de suffisance.

On ne fut pas longtemps à s'apercevoir qu'il était d'une ignorance crasse sur toutes choses.

Il prétendait même être musicien, et jouait de la clarinette; il en abusait tellement, que les voisins, énervés par les miaulements de son instrument fêlé, ne l'appelaient plus que : Tou-tou.

Madeleine et les enfants riaient aux larmes lorsque Toutou, assis à l'ombre d'un arbre, s'attelait à cette clarinette qui faisait sauver tous les oiseaux du jardin :

Titire, tu patulæ recubans sub tegmine fagi (Virgile).

Quand Braccino sortait dans le pays, on entendait les

gamins crier de toutes leurs forces : Tou-tou, en le suivant avec acharnement; mais Ignazio ramassait des
pierres, et les mettait en fuite en les lançant sur eux,
de toute la force de ses petits bras.

Arriva la fête de Villiers-le-Bel; on devait monter au
mât de cocagne et abattre une oie qui pendait d'une
longue perche, en ayant les yeux bandés et un bâton à
la main.

Dans l'après-midi, à l'heure où la fête devait commencer, Ignazio, revêtu de ses plus beaux habits, voulut
assister à ces divertissements.

Dès qu'il fut aperçu, on s'écria : « Voilà Toutou, il faut
le faire monter au mât de cocagne ! » On l'entoura, on le
bouscula, finalement on le fit rouler par terre, et on le
tira par ses petits bras jusqu'au pied du mât de cocagne.

Ignazio se laissa bousculer sans opposer de résistance,
mais comme il était tombé une bonne averse quelque
temps auparavant, ses habits ne furent plus qu'un placard de boue.

Quand il put se relever, il alla droit chez le maire, et
déposa une plainte contre ces mauvais farceurs, en faisant
voir dans quel état ils avaient mis ses beaux habits du
dimanche; et il ajouta qu'il avait deux cents francs dans
sa poche, et qu'ils lui avaient été soustraits pendant la
bagarre.

Finalement, Ignazio était le jardinier des Mellerio
qui étaient très considérés dans le pays, et qui auraient
pu protester.

Les autorités s'émurent, et les jeunes gens les plus
compromis furent appelés et confrontés avec Braccino
qui les reconnut; ils furent sermonnés d'importance, et
contraints de rembourser à Ignazio les deux cents francs,
qu'il disait lui avoir été soustraits par leur faute.

Braccino se vengea de la sorte de ses persécuteurs;

mais, le lendemain, il jugea prudent de déguerpir.

Il arriva rue de la Paix, et déclara à François qu'il quittait son service parce que le séjour de Villiers-le-Bel ne lui convenait plus.

Il fit bien de s'en aller vite, car ceux qui avaient été cotisés avaient juré de lui faire payer cher le joli tour qu'il venait de leur jouer.

Après ce coup-là, les arrivages de Craveggia furent interrompus.

Villiers-le-Bel faisait les délices de la famille, chacun y prenait des distractions selon ses goûts.

Les enfants jouaient dans le jardin toute la semaine, et le dimanche ils s'accrochaient après les frères aînés et les suivaient partout.

C'était Antoine qui s'en occupait le plus ; il jouait à cache-cache avec eux et leur faisait faire le tour du jardin en chantant tous les airs italiens qu'il connaissait : Anderemo à Milano, — Quando la pianta la fava la bella Villana, — O pescator dell'onda, — Evviva la liberta, et tant d'autres.

Jean-Jacques était un naturaliste, il emmenait ses petits frères le long des talus pour trouver des formicaléons, pour attraper de beaux papillons, et spécialement pour pêcher les gros lézards verts, avec un fil placé au bout d'une baguette ; Jean-Jacques les instruisait sur la vie et les habitudes de ces animaux.

Jean ne s'occupait pas des moutards ; il arrivait le dimanche matin, allait à la grand'messe de la paroisse, et après midi, quand tout le monde partait pour se promener dans les bois d'Écouen il grimpait sur un pommier, s'y installait commodément, et, sortant un livre de sa poche, il passait ainsi des heures délicieuses.

Un dimanche, que Jean était sur son pommier, il entendit un grand remue-ménage dans la volière où papa

et l'oncle Jean-Jacques tenaient des pinsons, des char-
donnerets, des bouvreuils et des tarins, qui chantaient
divinement : ce qui faisait tout leur bonheur.

Ce remue-ménage était causé par un superbe émouchet
qui s'était lancé sur la volière et s'acharnait après les
pauvres petits oiseaux.

Jean descendit tout doucement de son arbre, et alla
demander au jardinier de lui prêter son fusil qui était
chargé à petit plomb.

Jean n'avait jamais tiré un coup de fusil de sa vie ;
c'était une belle occasion de se distinguer pour ses débuts.

Il s'approcha de la volière avec précaution, et quand
il se crut assez près, il tira ; mais la distance était trop
grande, il avait eu peur de l'effrayer ; tous les plombs
s'éparpillèrent dans la volière et tuèrent tous les
oiseaux.

Quant à l'émouchet, il fila à peine caressé par les petits
plombs qui glissèrent sur ses plumes.

Jean resta anéanti devant le massacre général qu'il
venait de faire ; il pensa au désespoir de son père et de
son oncle ; il fit alors le serment de né jamais plus toucher à un fusil, et il tint parole.

Le dimanche suivant, on rapporta de Paris un nouvel
assortiment d'oiseaux pour repeupler la volière.

Quelque temps après, l'émouchet revint à la charge,
mais François, qui était à sa fenêtre, le vit se poser sur
un cerisier, il lui tira un coup de fusil avec du plomb
de lièvre, et l'abattit.

Cet émouchet célèbre fut empaillé avec soin et placé
sous un globe de verre dans la chambre de François.

Aujourd'hui, il est à Craveggia, au-dessus de l'armoire à glace, dans la chambre de Joseph, qui le conserve comme un vieux souvenir de famille ; il est encore

intact, sous le même globe, malgré ses cinquante-six ans d'empaillage.

François arrivait à Villiers-le-Bel le samedi soir avec Maria, qui s'en retournait à Paris le dimanche soir, avec ses frères. François revenait à Paris le lundi, dans la matinée.

François emmenait son fils Antoine, et parfois Jean-Jacques, chasser le lapin dans les bois d'Écouen, et le lièvre et la perdrix dans la plaine.

Quand ils étaient bredouilles, ils s'amusaient à faire la pipée en se cachant sous bois, et ils abattaient toujours quelques geais, des pies et quelquefois des oiseaux carnassiers.

Quand Joseph et Félix furent d'âge à être mis en pension interne à Paris, on quitta Villiers-le-Bel, qui laissa un souvenir agréable à toute la famille.

Avant de clore ce chapitre, il ne sera pas sans intérêt de connaître quelques particularités de l'existence que menaient les deux enfants dans cette campagne, sous la surveillance d'une jeune bonne et d'un jardinier également jeune et entreprenant.

On ne les surveillait pas du tout, ils faisaient ce qu'ils voulaient et vivaient comme des petits paysans.

Il y avait un troisième personnage qui venait partager leurs jeux : c'était la petite Julie, âgée de huit ans comme Joseph ; elle était la fille de la veuve Mme Champagne, brave femme qui habitait la maison mitoyenne, où elle tenait un petit commerce d'épicerie.

La petite Julie était très délurée ; c'était plutôt un garçon qu'une fille : elle montait aux arbres et grimpait sur les murs avec la plus grande aisance. Naturellement, Joseph en faisait autant ; mais Félix, qui n'avait que cinq ans, ne pouvait les suivre, ce qui faisait leur bonheur.

On faisait de belles dînettes et on jouait à cache-cache. Julie et Joseph se cachaient si bien que Félix ne les trouvait pas souvent; alors on entendait une voix pleurnicheuse qui criait dans toutes les allées du jardin : « Julie! Joseph! où êtes-vous? Je ne joue plus! »

Pascal, qui n'avait pas eu de succès auprès de la belle et sage Modesta, reprit une revanche éclatante avec la jeune et gigantesque Bourguignonne, qui était très gaie.

Pouvait-il en être autrement! Jeunes tous les deux, avec l'air fortifiant de la campagne, pas grand'chose à faire, pas de patrons dans les pieds, n'avoir à garder que deux mioches, que l'on ne voyait qu'aux heures des repas et que l'on couchait aussitôt la nuit arrivée, c'était le vrai paradis que Mahomet promet à ses élus.

Malheureusement ils ne se méfièrent pas assez de Joseph; il était malin comme un petit singe, comme le sont en général les enfants un peu délicats : il surprit le pot-aux-roses, en faisant semblant de dormir.

Dès le lendemain, il en informa sa petite camarade; ils se cachaient pour voir Pascal et sa Bourguignonne qui s'embrassaient comme du bon pain, ce qui les amusait beaucoup.

Pascal s'en douta, il prit mieux ses précautions; mais, à son tour, il surprit Joseph cueillant et mangeant avec Julie une superbe pêche que François s'était promis de manger le dimanche suivant. Il dénonça le coupable, lui fit recevoir un galop avec quelques claques à l'appui.

C'était maladroit, dans sa position irrégulière. Joseph se vengea; il fit la leçon à Julie, qui avait assisté tremblante au châtiment de son ami; elle partageait la colère de Joseph, et n'eut rien de plus pressé, le dimanche suivant, que de raconter à Madeleine que la grande Marie était la bonne amie de Pascal. Alors Pascal, furieux, accusa Joseph de prendre des bouteilles de vin à la cave pour faire la dînette dans des coins avec Julie ; c'était faux ! Joseph a protesté énergiquement et proteste encore aujourd'hui contre cette mauvaise pensée de Pascal.

Félix, trop jeune, ne comprenait rien à toutes ces choses.

Il y avait une balançoire et un puits dans le jardin. Lorsque Félix accaparait la balançoire, il ne voulait plus en descendre, ce qui ne faisait pas l'affaire de Julie et de Joseph ; alors celui-ci s'écriait : « Eh bien ! puisque tu ne veux pas que je me balance, je vais aller me jeter dans le puits ! » Et il se dirigeait de ce côté-là d'un pas résolu. Félix, prenant la chose au sérieux, se mettait à pleurer et courait après son frère, en disant : « Je ne veux pas que tu te jettes dans le puits ! » Mais Joseph, voyant que Félix était loin de la balançoire, se lançait comme un cerf et sautait dessus avant lui. Félix ne donna plus dans le panneau ; quand Joseph menaçait de se jeter dans le puits, il le laissait aller, le regardant d'un œil indifférent. Alors Joseph employait les grands moyens : il montait sur le puits (ayant soin de bien se tenir au montant en fer qui tenait la poulie), puis il criait de toutes ses forces : « Je me jette ! je me jette ! »

Félix, qui de loin voyait son frère vraiment sur le puits, avec une jambe en l'air, croyant que cette fois c'était sérieux, accourait en jetant des cris de feu : « Je ne veux pas ! je ne veux pas ! » Mais, dès qu'il était près du puits, Joseph sautait en bas et s'élançait vers la balançoire, en riant aux éclats. Félix arrivait au petit trot en disant : « Je le dirai à maman ! »

En effet, Joseph purgeait les dimanches toutes les fredaines de la semaine ; c'était son père et sa mère qui s'en chargeaient d'après les nombreux et accablants rapports qui leur étaient faits de toutes parts.

Pour distraire les deux enfants, Buondi n'avait rien trouvé de mieux que de les envoyer tous les jours sur la grande route, avec leurs petites brouettes, ramasser du crottin de cheval pour les fleurs et les plates-bandes.

Ils y allaient aux heures où les lourdes diligences à cinq chevaux gravissaient au pas la côte qui conduit à Écouen. Julie les accompagnait avec un balai et une pelle; ces trois enfants étaient ficelés comme quatre sous. Ils sautaient autour de la diligence en criant : « Bon voyage, Monsieur Dumolet! » Souvent des voyageurs généreux, les prenant pour des petits mendiants, leur jetaient des sous; ils les ramassaient et allaient acheter des friandises chez la mère Champagne.

Il est à présumer que, si l'on avait laissé longtemps ces enfants sous la haute direction de Buondi, leur éducation eût laissé à désirer.

LE MARIAGE DE CATHERINE

On m'a fait observer qu'en parlant de mes frères et sœurs, je m'écartais de mon sujet, qui est l'histoire de François Mellerio ; je réponds à cela qu'il serait regrettable de ne pas édifier mes lecteurs sur les enfants, les connaissances et amis de François, dans les circonstances où ils jouent un rôle quelconque. Ses enfants vivent avec lui ; leur éducation, leur mariage sont des actes importants, qui intéressent et préoccupent un père et une mère ; il est impossible de les passer sous silence. Mais il est bien convenu qu'après la mort de leur père, je n'en parlerai plus ; je laisse ce soin à leurs descendants, s'ils le jugent utile.

Catherine, en 1835, avait vingt et un ans ; elle était brune, d'une taille moyenne et bien faite ; sa physionomie italienne était expressive, et ces avantages étaient encore embellis par un caractère aimable et plein d'entrain.

Elle était, en plus, bonne musicienne et avait une voix agréable.

Dans la clientèle, et surtout dans le commerce, elle avait la réputation d'être très entendue aux affaires.

A cette époque, la maison était en pleine prospérité ; mais François avait huit enfants. On pensait bien que la dot qu'il donnerait à sa fille ne serait pas considérable ; il faut donc attribuer aux qualités de Catherine les demandes nombreuses et variées dont on dut s'occuper.

Je ne parlerai pas de celles qui étaient sans importance et qui furent rejetées sans examen, je ne citerai que les plus notables.

Il y eut Froment Meurice, gros bijoutier, dont les descendants jouissent aujourd'hui d'une réputation artistique qui est européenne. J'ignore pourquoi un si beau parti ne fut pas agréé; j'ai cru comprendre cependant que ce fut pour ne pas créer une concurrence formidable à la maison de commerce : résultat inévitable avec les capacités de Catherine.

Il y eut un jeune seigneur milanais, l'ingénieur Colombani, qui portait le titre de comte di Gonzaga.

Ce jeune homme avait été recommandé à François par le célèbre professeur et ingénieur Borgnis, beau-frère de l'oncle Jean-Jacques; c'était un patriote ardent et enthousiaste. Son père l'avait envoyé à Paris dans la crainte qu'il ne se compromît auprès du gouvernement détesté de l'Autriche.

Colombani éprouva une véritable passion pour Catherine. Il dînait les dimanches à la maison; il était très sympathique à la famille. Aussi fut-il considéré comme un adversaire très dangereux par les autres concurrents de moindre importance, qui lui écrivirent des lettres de menaces.

Catherine serait aujourd'hui comtesse di Gonzaga, si on n'avait découvert qu'il avait déjà eu des relations intimes avec la fille du professeur Calvi, de Pavie, qu'il épousa à son retour à Milan.

Il conserva toute sa vie un véritable culte pour Catherine, et ne négligea aucune occasion de le lui faire savoir.

Ensuite, il y eut un riche armateur, un Breton, âgé de trente-sept ans, qui avait sa résidence à Rennes. Il se nommait Villalon; c'était un client de la rue de la Paix; il ne voulait parler affaire qu'avec Catherine, et, comme il était extrêmement riche, il commandait des bijoux dont il n'avait pas besoin, simplement pour faire naître l'occasion de causer avec elle.

Tous les ans, il faisait des voyages aux pays lointains, et, lorsqu'il revenait en France, il accourait revoir son idéal et déposait à ses pieds des poignées de diamants et de perles fines qu'il avait rapportés de ses expéditions.

Enfin, cet armateur voulut savoir s'il serait agréé, et un matin on vit arriver au magasin, dans une calèche de gala, un personnage, représentant d'une puissance étrangère, qui demanda à parler à M. Mellerio père; il fut introduit dans le bureau, et, après avoir décliné ses titres, il expliqua qu'il était chargé par son ami Villalon de demander pour lui la main de Catherine.

François lui répondit qu'il était très flatté de l'honneur que l'on faisait à sa fille, mais qu'il la laissait entièrement libre de décider de son sort, et qu'il lui ferait part de cette démarche.

Ce fut tout un événement à la maison : chacun disait la sienne, on ne savait à quoi se résoudre; les millions ont toujours une bonne odeur; mais un incident imprévu vint fixer les esprits.

Madeleine avait bien écouté et n'avait encore rien dit, lorsque tout à coup elle prit la parole avec une animation et une fermeté dont on ne l'eut jamais crue capable; elle se tourna vers son mari et lui dit : « Comment! vous prétendriez marier Catherine avec un homme de trente-sept ans! Je sais ce que c'est que d'épouser un vieux, et je ne veux pas que ma fille en fasse autant! » François était confondu d'une telle sortie; il dit d'un ton sévère : « Maddalena! » Mais elle était lancée; elle continua en s'animant de plus en plus : « Après tout, est-ce que vous le connaissez, ce Villanon? (Elle estropiait son nom.) S'il a des diamants et des perles plein ses poches, est-ce que vous savez où il les a ramassés? C'est un individu qui est toujours en voyage; il abandonnera sa femme dans les Indes ou en Amérique; nous ne la reverrons jamais plus,

car il ne doit y avoir que des sauvages dans ces pays-là !
Non, je ne consentirai jamais à donner ma fille à un
pirate ! » (Grande sensation dans l'auditoire.)

Après cet émouvant discours, Madeleine, ayant épuisé
toute son énergie, se mit à pleurer. Alors, Catherine se
jeta à son cou et l'embrassa en lui disant : « Soyez tranquille, maman, je n'épouserai jamais ce monsieur. »

Les enfants l'entourèrent et l'embrassèrent, enthousiasmés par ce discours énergique. Jean disait : « C'est
une lionne à qui on veut enlever son petit ! » Et Jean-
Jacques, qui avait déjà beaucoup lu, s'écria : « Qui sait !
c'est peut-être un corsaire ? » On se regarda en frémissant.

Il fut décidé par toute la famille que l'on refuserait ce
riche parti.

On parla au grand-oncle de cette demande en mariage,
et on lui demanda son avis.

Le grand-oncle déclara que ce parti ne convenait pas
à Catherine; mais il se dit en lui-même que ce nabab
pourrait bien faire l'affaire de Pauline, quoiqu'elle n'eût
encore que dix-sept ans.

Ces événements se passaient au commencement de
l'année 1835, avant que le fils du général Agnel n'eût
fait sa demande.

Le grand-oncle dit à François : « Je serais bien aise
de connaître cet armateur, et, avant de lui donner réponse, invitez-le à passer la soirée à la maison. » C'est
ce que l'on fit.

M. Villalon arriva escorté de son ami le plénipoten-
tiaire, tellement chargé de décorations que toute la famille en fut éblouie.

Catherine, qui était bien décidée à refuser ce riche
prétendant, s'était habillée très simplement et se tenait
dans un coin auprès de sa mère, qui redressait sa petite

taille et se tenait sur la défensive, en disant à sa fille :
« S'il vient te parler, je suis là pour lui répondre, à ce
pigeon voyageur ! »

Mais l'oncle avait paré Pauline comme une châsse ;
il faisait l'aimable auprès de l'armateur et l'accaparait
avec ses façons aristocratiques.

Cependant Villalon paraissait inquiet ; il cherchait
Catherine. Il était très réservé avec Pauline, que l'on
mettait toujours en avant, lui faisant jouer du piano ; il
était très distrait et ne prêtait aucune attention à la musique ; il regardait toujours du côté de Catherine, modestement assise dans son coin, près de sa mère, qui faisait
bonne garde ; enfin, impatienté, il dit à son ami : « Il y a
erreur, vous vous serez mal expliqué ; celle que je désire,
c'est celle qui est assise auprès de sa mère. » Et, se levant,
il prit congé, ne voulant pas laisser croire qu'il était
venu pour Pauline.

Le lendemain, le diplomate revint pour dire qu'il y
avait erreur ; mais on lui donna son veux-tu-courir, avec
force révérences, en se confondant en remerciements
pour l'honneur que M. Villalon faisait à Catherine, qui
ne pouvait se résoudre à quitter sa famille.

On apprit quelque temps après que l'armateur, désespéré, avait fait voile pour les îles Canaries, et on ne le
revit plus.

La série des comtes et des Crésus étant épuisée, on
respira un peu ; on reprit la bonne petite vie tranquille.

La famille Guglielmazzi, dont les fils étaient les habitués de la maison, pensa mettre à profit ce moment de
calme, et aussitôt les deux frères se mirent sur les rangs.

Cette fois on était à son aise, c'était le pays qui entrait
en ligne : deux Craveggiesi ! d'une famille patricienne,
dont les ancêtres étaient bijoutiers à Paris depuis
Louis XIII, avec lesquels on était même parents, puis-

qu'en 1640 Jean-Marie Mellorio, un arrière-grand-père de Madeleine, avait épousé Maria Guglielmazzi, et d'autres alliances s'étaient encore faites depuis.

Lorsque l'on fit part à Madeleine de la proposition Guglielmazzi, elle s'écria : « Ah! ceux-là, au moins, on les connaît, ce sont des nôtres! »

Il était bien évident que, du jour où un prétendant sérieux du pays se présenterait, tous les autres seraient évincés.

Les deux frères Guglielmazzi ne se ressemblaient en rien.

L'aîné, Giacomo-Antonio, avait trente-deux ans ; il était grand, avait une figure sérieuse et un caractère grave. On l'appelait le grand Julmasse ; il était sympathique à François et à l'oncle Jean-Jacques, parce qu'il tenait avec eux des conversations intarissables sur le pays et la commune de Craveggia.

Le second, Francesco, avait vingt-six ans ; sa physionomie était souriante ; beau parleur, il était aimable avec les dames. On recherchait sa compagnie ; il se risquait même à chanter quelques morceaux avec les demoiselles. C'était un homme de société.

Ces avantages lui donnaient beaucoup de chances pour réussir, parce qu'il avait gagné la sympathie des jeunes.

Un soir, Catherine, prenant le petit Joseph sur ses genoux, lui demanda :

« Faut-il que je prenne le grand ou l'autre? »

Joseph lui répondit sans hésiter :

« Moi, j'aime mieux le petit ; il raconte toujours des histoires amusantes et il chante bien. »

Ce fut lui qui fut choisi. Le mariage eut lieu en 1836, à Villiers-le-Bel ; ce fut la vraie noce des anciens Lombards : c'était une réunion de parents, de compatriotes et des seuls intimes.

Madeleine jubilait; on n'entendait parler que Craveg-giese. Pas de gêne; c'était la vraie gaieté franche du pays.

Quelle différence avec la morgue de ces avocats que l'on ne connaissait pas, et ces vieux généraux de la grande armée, qui circulaient gravement à la noce Agnel !

Pour cette cérémonie, les habitants de Villiers-le-Bel eurent la satisfaction d'admirer les pittoresques coucous de la porte Saint-Denis, les guimbardes et les vastes calèches du temps de Louis-Philippe, bondées de joyeux invités qui arrivaient de Paris avec la certitude de bien s'amuser.

Cette journée laissa un souvenir agréable, parce que tout se passa suivant les mœurs et les habitudes simples des deux familles.

L'installation de la maison n° 5, rue de la Paix, ne variait guère de celle du numéro 22 pour le grandiose du logement de la famille; elle était même inférieure sur bien des points.

Jean et Antoine couchaient toujours l'un dans la bou-tique et l'autre dans la salle à manger, qui était der-rière.

François et Madeleine couchaient à l'entresol, qui était aussi bas que l'autre, avec la différence que leur chambre était plus petite.

Maria couchait dans une petite cabine qui avait vue sur la loge du concierge, et Joseph dans un cabinet noir qui servait de garde-robe; Félix couchait dans la chambre de père et mère.

Une installation pareille ne ressemblait en rien aux confortables appartements que se payent aujourd'hui des commerçants qui sont loin de gagner autant d'argent que n'en gagnait alors la maison Mellerio dit Meller, fournisseur de S. M. la reine des Français ; mais les temps sont changés : il faut être dans le mouvement.

Madeleine, se sentant chez elle, voulut réaliser un rêve qu'elle mûrissait depuis longtemps : celui d'avoir des poules à Paris, l'hiver, pour être certaine d'avoir des œufs frais.

Un jour, elle dit aux enfants : « Venez, nous allons aller acheter des cocottes ; » et, suivis de la cuisinière, qui portait deux paniers fermés, on se dirigea vers les quais où se trouvaient les marchands d'animaux de basse-cour. On acheta six poules et un coq, et on les installa dans une chambre en haut de la maison, voisine de celle où couchait Jean-Jacques, qui ne quittait pas les régions supérieures parce qu'il trouvait cela plus commode, désirant être libre.

Les poules attirèrent une armée de rats et de souris, qui dévoraient tout ce qu'on leur donnait ; aussi, loin de faire des œufs, elles devinrent étiques.

Les bonnes et les petites ouvrières qui couchaient en haut étaient réveillées à l'aube par le malheureux coq, qui mourait de faim et jetait des cris désespérés en voyant cette nuée de rongeurs qui expédiaient la pitance en un clin d'œil.

Jean-Jacques, malgré sa philosophie, ne voulut plus être réveillé d'aussi bonne heure ; il se plaignit à sa mère avec conviction.

Madeleine, qui ne récoltait aucun œuf, avait remarqué que les poules ne profitaient pas et qu'elles avaient la crête tombante et très pâle ; elle se dit : « Elles ont la pépie, il vaut mieux les manger. » Oh ! déception amère ! ces malheureuses bêtes, une fois plumées, ne paraissaient pas plus grosses qu'un geai, et tellement maigres qu'il fut impossible de les manger; c'était comme un paquet de fil de fer.

Le baron de Montmorency, client de la maison, avait présenté François à la reine Amélie, femme de Louis-Philippe et fille du roi de Naples.

Sa Majesté porta toujours beaucoup d'intérêt à François; elle était ravie de parler italien avec lui, cela lui rappelait sa patrie. Elle l'autorisa à prendre le titre de fournisseur de la reine des Français, et désira qu'il se présentât tous les jours au château.

Louis-Philippe causait familièrement avec François; il lui demanda un jour combien il avait d'enfants. Quand il apprit qu'il avait cinq garçons et trois filles, il s'écria : « C'est juste comme moi, Monsieur Meller; je vous en fais mon compliment! »

Catherine était partie au pays pour son voyage de noces et pour faire la connaissance de sa nouvelle famille; elle regrettait beaucoup que son père ne l'eût pas accompagnée, parce qu'il y avait très longtemps qu'il n'avait été au pays. Il est vrai que ses parents étaient morts, et, en plus, ses occupations ne lui avaient jamais permis de s'absenter de Paris.

Catherine voulait absolument attirer encore son père à Craveggia; elle profita de son voyage pour lui faire acheter la grande maison Acerro, qui appartenait à sa belle-mère.

Cette propriété était grevée d'une hypothèque prise par Mme Bolongari, de Stresa.

François, qui se voyait à la tête d'une nombreuse famille, se décida à faire l'acquisition de cette grande caserne pour la somme de quinze mille francs. Elle était encore rustique; elle fut, par la suite, rendue civile par les fils de François; et aujourd'hui, ce sont encore ses descendants qui l'habitent.

Il y a un personnage dont nous n'avons pas encore parlé, c'est le professeur d'italien, qui s'appelait don Giovanni; c'était un ami de la maison, comme l'était le maestro Barni; mais quel contraste entre ces deux individus! autant le maestro était simple dans ses manières et son accoutrement, autant don Giovanni était superbe, bel homme et tiré à quatre épingles. C'était l'homme aux manières élégantes; il était Romain, et parlait l'italien le plus pur.

Il disait que Barni déshonorait son pays en s'habillant si misérablement. Ce beau don Giovanni donna des leçons de français à Madeleine lorsqu'elle arriva à Paris; ensuite il donna des leçons d'italien aux enfants et à Mme Mozzanino.

En 1851, Joseph prit des leçons d'italien de cet aimable maître, qui était alors un beau vieillard, aux cheveux blancs et frisés comme ceux de l'oncle Jean-Jacques; il lui faisait traduire Télémaque.

Après dîner, les enfants restaient un peu au magasin, parce que le soir il venait peu de clients; ils jouaient sur le trottoir, devant la boutique; ils attendaient le passage des tambours et des trompettes qui partaient de la place Vendôme où était l'état-major, et tous les soirs parcouraient la rue de la Paix jusqu'au boulevard, et retournaient en arrière, en jouant toujours: c'était la retraite; c'était également, pour les enfants, le signal d'aller se coucher, car cette musique passait à huit heures du soir.

Très souvent, Antoine prenait le petit Joseph sur ses genoux et le faisait sauter en sifflant des airs de chasse;

Jean ne s'en occupait jamais, il était toujours à dessiner, à composer des parures, ou à ses conférences.

Lorsque Catherine revint du pays, elle installa le commerce de bijouterie de son mari dans la maison voisine de celle de son père, au numéro 7, aujourd'hui numéro 11, en appartement, au second sur la cour.

Cette maison avait une bonne clientèle aristocratique, et si Catherine eût été mieux secondée par son mari et son beau-frère, il est certain qu'avec son habileté elle l'eût rendue aussi importante que celle de Borgnis Gallanty.

Le petit Joseph avait des cheveux blonds tout frisés, et son père le faisait voir volontiers aux personnes qui venaient en visite.

Un jour du mois de juin de cette année, Joseph monta voir sa sœur Catherine ; la chaleur était suffocante, il était rouge comme un petit coq ; sa sœur lui dit : « Mon pauvre petit, tu dois étouffer avec tous ces cheveux ; je vais te les couper un peu, tu seras bien plus à ton aise. »

Elle le tondit comme un petit mouton : il n'avait plus de tête. Il redescendit tout léger à la maison ; il y avait justement une visite, et son père l'appela pour faire voir ses beaux cheveux à ces personnes. « Vous verrez, dit François, c'est merveilleux! » Joseph accourut tout joyeux, croyant qu'on allait lui donner quelque chose ; il arriva au petit galop ; François lui dit : « Retire ta casquette, mon petit. » Tableau ! on vit apparaître une petite tête de souris, il était affreux ! les visiteurs éclatèrent de rire ; mais François, stupéfait et très vexé, demanda à Joseph avec sévérité : « Qui est-ce qui s'est permis de t'arranger de la sorte ? » Mais celui-ci, voyant que ça se gâtait, se sauva plus vite qu'il n'était venu, en criant : « C'est Catherine ! » Les cheveux repoussèrent châtains et très peu frisés ; pas de veine !

En 1836, naissance de Paul Agnel.

Le restant de l'année s'écoula sans incident, la maison prospérait, et la clientèle prenait le chemin de la nouvelle maison en s'augmentant de plus en plus.

LE PERROQUET DE LA REINE

Tous les jours, vers les trois heures de l'après-midi, François, bien rasé, cravaté avec soin, revêtu de ses plus beaux habits, se dirigeait vers le château des Tuileries pour savoir si on avait besoin de ses services.

Il était de la maison : tout le monde connaissait M. Meller, le bijoutier de la rue de la Paix.

Un jour, la reine Amélie, devant se trouver à une grande réception diplomatique, voulut mettre ses diamants et sa plus belle parure.

Elle savait que François venait tous les jours prendre ses ordres; elle dit à sa femme de chambre : « Vous ferez attendre le bijoutier dans mon petit salon; je pourrais, des fois, avoir besoin de lui pour démonter ma grande parure. »

Quand François se présenta, on le fit entrer dans la pièce que la reine avait indiquée, en lui recommandant de rester là, à la disposition de Sa Majesté.

Dans ce boudoir se trouvait le perroquet favori de la reine.

François le connaissait bien; il ne manquait jamais de mettre un petit morceau de sucre dans sa poche pour lui.

Ce jour-là, François s'assit imprudemment trop près de son perchoir, sans prendre garde que la longueur de la chaîne permettrait à l'oiseau de lui sauter sur les épaules, si la fantaisie lui en prenait.

Il faut dire que François, après toutes les péripéties de son existence, avait perdu tous ses cheveux : il était obligé de porter perruque.

Une fois, il était entré un matin dans la chambre où

couchait Félix, qui avait trois ans, et il n'avait pas encore mis sa perruque ; quand cet enfant aperçut la tête de son père, il se mit à jeter des cris de feu, en disant : « Papa bobo. Papa bobo à tête ! » Et sa frayeur ne cessa qu'en revoyant son père avec sa perruque.

Quand François allait aux Tuileries, il ne manquait pas de mettre sa perruque de gala.

Il faisait chaud dans la pièce où François attendait, et une douce somnolence commençait à s'emparer de lui, lorsqu'il sentit quelque chose lui tomber sur la tête : c'était le perroquet qui était en bonne humeur ; il voulait que François lui fasse la causette.

Ce perroquet de cour était très savant, il commandait les exercices comme un sergent, et imitait parfaitement le tambour.

François tressaillit en sentant l'oiseau enfoncer ses pattes dans la perruque pour se maintenir en équilibre.

Son premier mouvement fut pour le chasser ; mais il n'en fit rien, dans la crainte qu'en s'envolant il n'emportât la perruque accrochée à ses pattes ; puis ce maudit oiseau pouvait se défendre, et lui crever un œil avec son bec.

Ces réflexions judicieuses vinrent à l'esprit du malheureux patient, qui se vit en présence d'une catastrophe il ne bougea pas.

Pendant ce temps, le perroquet fourrageait la perruque en criant : « Garde à vous ! portez armes ! plan, plan, rataplan, rataplan, plan, plan. » Et la perruque penchait tantôt à droite, tantôt à gauche, elle lui tombait sur les yeux, disparaissait en arrière, tantôt elle tournait sur elle-même, enfin elle avait l'air d'une petite folle.

François suivait tous ces mouvements avec terreur et une rage concentrée ; il eût été heureux d'étrangler ce satané perroquet ; mais les conséquences en eussent été terribles, c'était le favori de la reine ! Il voulut appeler un domestique, mais le cordon de sonnette était trop loin, la chaîne du perroquet le condamnait à l'immobilité ; il valait mieux sacrifier la perruque, pour éviter de plus grands malheurs.

Après un quart d'heure de transes, le perroquet se fatigua de rester sur la tête de François ; voyant qu'il ne lui adressait aucune parole aimable, il descendit sur son épaule, frotter sa huppe contre son oreille, en lui disant sur un ton plein d'intérêt : « As-tu déjeuné, Jacquot ? »

Ce fut le coup de grâce ! la perruque était tombée par terre, toute ébouriffée, méconnaissable, mais encore entière, ce qui prouvait sa bonne fabrication.

Le perroquet allait d'une épaule à l'autre, et commençait déjà à battre le rappel, lorsque François, qui voulait reprendre sa perruque, et qui craignait que ce maudit oiseau ne lui fasse quelque vilain cadeau sur son bel habit, prit une résolution subite : il saisit la chaîne, et donna vers le bas une secousse tellement violente, et à l'improviste, que le malheureux perroquet alla s'aplatir comme un paquet contre son perchoir ; il ne bougeait plus, il était là, sur le dos, tout étourdi et suffoqué de colère, de ce lèse-perroquet dont on n'avait jamais eu d'exemple dans ce palais, où il était si cajolé et flatté par les vils courtisans.

Finalement, il se redressa, le plumage hérissé de fureur, et se mit à crier : « Aux arrrmes ! aux arrrmes ! »

Mais François ne s'inquiétait déjà plus de cet animal : il avait ramassé sa perruque, qui avait l'air d'un hérisson, il la rapapillotait le mieux qu'il pouvait, et, se posant devant une glace, il la replaça sur sa tête ; il avait l'air tout frisé, ça lui donnait une physionomie étrange ; mais il n'avait pas envie de rire, car il pensait à la tête qu'il ferait en se présentant ainsi devant la reine.

A ce moment, une porte s'ouvrit, et la femme de chambre passa sa tête en disant : « Sa Majesté remercie M. Meller, elle pourra se passer de lui. » Et elle disparut.

O bonheur! la reine, ni personne au palais, ne se douterait de ce fâcheux incident!

François éprouva un grand soulagement; il enfonça son chapeau sur sa tête et sortit au plus vite.

Quand il arriva au magasin, on lui trouva la figure si décomposée, que l'on s'empressa autour de lui pour savoir ce qui lui était arrivé.

Il se laissa tomber sur une chaise d'un air navré, et retira son chapeau pour s'essuyer le front, qui ruisselait; ce fut alors un éclat de rire formidable, quand on aperçut la perruque toute crépée et bouffante comme le dos d'un chat en fureur.

En se regardant dans la glace, François ne put s'empêcher de rire aussi.

Quand on fut un peu calmé, il raconta sa mésaventure à la famille, qui se tordait et se tenait les côtes, en proie à un accès d'hilarité qui se faisait entendre dans toute la maison.

Chaque fois que François entrait dans le petit salon de la reine, le perroquet se changeait en porc-épic, il secouait la tête de haut en bas, comme s'il voulait dire : « Ah! te voilà, coquin! » Et il donnait des signes d'une fureur dont Sa Majesté ne put jamais se rendre compte.

A partir de ce jour, François garda les morceaux de sucre pour son café.

Jean-Jacques était sorti du collège depuis un an; il avait dix-huit ans en 1837 : c'était un jeune homme. Comme caractère, il ne ressemblait nullement à ses frères aînés : il n'aimait pas le commerce, il préférait la carrière libérale, et voulut être architecte.

La décision de Jean-Jacques étonna son père, mais elle ne le contraria pas; il avait déjà remarqué les velléités d'indépendance de ce garçon, et, au fond, il était flatté d'avoir un architecte dans la famille.

Jean-Jacques suivit les cours de l'École des beaux-arts, et, pour se perfectionner, il alla travailler chez un architecte distingué, nommé M. Calais. Il avait une existence toute différente de celle de la famille; la fréquentation du quartier Latin, cette vie d'étudiant, avec de gais compagnons, lui semblait plus agréable que l'intérieur un peu monotone que l'on avait à la maison.

Joseph avait comme une vague idée que Jean-Jacques ne s'ennuyait pas, il montait souvent le voir; ce beau désordre qui régnait dans cette chambre si près du ciel était un reposoir : on chantait, on sifflait, on riait fort; tout cela était défendu en bas; et puis, il apprenait les chansons de l'atelier que Jean-Jacques fredonnait toujours en travaillant, il s'en rappelle encore : « Les gueux, les gueux, sont des gens heureux qui s'aiment entre eux, vive les gueux! » C'était là le refrain. Et les Bohémiens parisiens! et Adieu, mon beau navire! Joseph les chante encore aujourd'hui avec plaisir.

Jean-Jacques dessinait admirablement, et ses enfants possèdent de lui des œuvres remarquables, comme exécution et patience.

Lorsque l'architecte Garnier fut chargé de l'exécution du grand Opéra, il vint trouver son ami Jean-Jacques, son camarade d'école aux Beaux-Arts, et lui proposa de l'associer à son gigantesque travail, parce qu'il connaissait son habileté dans les dessins; malheureusement, Jean-Jacques, qui n'était pas entreprenant, se méfia de ses forces et n'accepta pas; ce fut fâcheux, c'était le chemin de la gloire et de la fortune qui s'ouvrait devant lui.

Jean-Jacques était un chasseur adroit et patient, il

tirait très bien au vol et à la course; c'est son neveu Emmanuel qui lui ressemble le plus.

Il avait également la passion de la pêche, il fréquentait les bords de la Seine et de la Marne.

Une fois, il se fit conduire dans une petite île de la Seine, et, comme il avait emporté des provisions, il y resta toute la journée; il ne s'aperçut même pas que la nuit était arrivée, tant il y trouvait de plaisir. Lorsqu'il voulut revenir, il ne trouva plus le passeur, qui était déjà rentré chez lui, persuadé qu'à cette heure l'île était déserte. Jean-Jacques appela, siffla avec ses doigts, fit des signaux avec son mouchoir au bout de sa ligne; mais tout fut inutile, la nuit était complète; il dut se résigner et coucher à la belle étoile comme Robinson dans son île.

A la maison, on fut étonné de ne pas le voir à dîner; mais ça lui était déjà arrivé d'autres fois; on ne commença à s'inquiéter sérieusement que le lendemain, quand il ne vint pas non plus déjeûner; Madeleine monta à sa chambre : pas de Jean-Jacques. Ah! pour le coup, François, supposant que son fils devenait bambocheur, se prépara à le recevoir de la belle manière lorsqu'il rentrerait.

Il arriva pour dîner, et, comme il prévoyait une scène de famille, il eut la malice de se faire précéder par un énorme plat de friture de goujons et autres; on n'y comprenait rien; on appela la cuisinière, une Allemande, qui cria : « Chè monsi Chan-Chac qu'il a abordé ça; il a dit que ça était sa bêche. » Et on vit arriver derrière elle maître Jean-Jacques tout souriant.

François n'eut pas le temps de se mettre en colère : tout le monde riait; il fut désarmé lorsqu'il apprit la mésaventure de son fils; et Jean ne manqua pas de dire : « A tout pécheur miséricorde! » Ce qui répandit comme une odeur d'encens dans la salle.

Cette année 1837, naissance d'Antonio Guglielmazzi.

Il y avait à peine sept ans de différence entre Félix et Antonio; c'est ce qui explique les difficultés qui surgissaient fréquemment entre l'oncle, jaloux de son autorité, et le neveu, qui ne voulait à aucun prix la reconnaître; il se passait des scènes très amusantes à ce sujet.

Nous fûmes témoin, un jour de promenade, sur la route de Masera à Crevola, d'un incident dramatique entre ces deux enfants, où l'autorité de l'oncle fut, non seulement méconnue, mais gravement compromise; aussi le neveu ne dut-il son salut qu'à l'agilité de ses jambes.

En 1838, Joseph avait onze ans; il ne les paraissait pas; il était bien rétabli, mais on voyait qu'il avait beaucoup souffert.

L'abbé Magnani, son parrain, qui était alors aumônier de la reine Amélie, vint le voir; il s'informa de sa santé, et à quel point il en était de ses études; il fit la remarque que son filleul paraissait bien délicat, et qu'il était très en retard comme instruction.

Il dit à François : « Cet enfant n'est pas dépourvu d'intelligence, mais il ne sera jamais un sujet bien fameux, il sera toujours délicat, et trouvera difficilement à se marier; il serait préférable pour lui qu'il prît la carrière ecclésiastique. » François répondit : « Ah! ce serait pour moi une grande consolation! il resterait au pays, il n'aurait pas grand'chose à faire; après avoir dit sa messe, il pourrait aller à la chasse; c'est lui qui recevrait ses frères, parce que je lui laisserais tous mes biens d'Italie. »

Joseph écoutait tout cela avec beaucoup d'attention; cette perspective du *dolce far niente* lui souriait énormément, et, quand son père lui demanda s'il voulait se faire prêtre, il répondit sans hésiter : « Oh! oui, papa! »

Satisfaits de cette réponse enthousiaste, le père et le

parrain se concertèrent de suite pour le mettre dans une maison religieuse, pour le débrouiller un peu, avant de le mettre au séminaire.

On conduisit le jeune néophyte à Vaugirard, pour le présenter à l'abbé Poiloux, supérieur du grand collège qui fut dirigé depuis par les jésuites ; mais on ne voulut pas l'admettre : on lui trouva un air maladif qui promettait beaucoup plus d'infirmerie que d'étude ; cependant, eu égard à la recommandation de l'abbé Magnani, on lui donna une lettre pour l'abbé Vervost, qui élevait des jeunes gens de bonne famille, 20, rue du Regard.

C'est là que débuta Joseph ; il y avait fort peu d'élèves, on était très bien traité, mais on payait très cher.

L'abbé Poiloux s'était bien trompé sur la santé de Joseph ; le séjour de Villiers-le-Bel, cette existence de petit paysan toujours en plein air avait permis à son bon tempérament de prendre le dessus, et depuis cette époque il oublia d'être malade.

Catherine, étant mariée, laissa un grand vide dans la maison ; les clients la demandaient souvent ; fort heureusement Maria, qui avait accompli ses quinze ans, vint la remplacer ; elle avait, comme sa sœur, des manières aimables qui plaisaient aux clients ; elle avait reçu une bonne éducation, elle était musicienne, et, ce qui charmait surtout son père, c'est qu'elle avait, comme Catherine, une voix agréable ; elle allait prendre des leçons de chant, rue Basse-du-Rempart, chez la signora Tosca.

Maria accompagnait son père lorsqu'il désirait chanter quelque morceau d'opéra ou la chansonnette ; et souvent Catherine descendait jouer des morceaux à quatre mains et chanter des duos ; c'était l'époque des belles soirées de famille.

Combien de fois ces chères sœurs nous ont-elles dit

que, dans les moments de solitude ou de tristesse, leur piano fut souvent pour elles un ami, un confident et un consolateur !

Maria était très active ; elle était heureuse de travailler avec son père et ses frères : c'était l'enfant gâtée de la maison ; elle ne jouait du piano que le soir, des fois très tard, après que les opérations de la journée étaient bien enregistrées, quand les petits paquets de la fabrique et des clients étaient faits ; c'était presque toujours avec Antoine qu'elle travaillait ; Jean avait d'autres occupations.

On travaillait avec entrain et gaiement, tout en causant des événements du jour, et Antoine avait toujours un mot pour rire : c'était le bon temps.

Vers la fin de novembre, on attendait l'oncle Jean-Jacques qui revenait du pays, et le soir on veillait tard exprès pour l'embrasser à son arrivée ; on l'aimait tant !

Un soir, vers onze heures, un coup de sonnette se fit entendre ; on s'écria : « Voilà l'oncle ! » Et vite on se précipita à sa rencontre.

En effet, c'était bien lui, enveloppé dans un immense carrick, la figure cachée par un large cache-nez, et une quantité de paquets à la main et dans les bras ; on s'empressait de le débarrasser de tous ses bagages et on entrait dans la salle à manger ; on l'aidait à retirer son lourd carrick, il enlevait son cache-nez ; et qui est-ce que l'on voyait apparaître ? Ce farceur d'Antoine ! qui éclatait de rire en voyant la surprise générale, qui se terminait par de joyeuses exclamations.

Ce qu'il y a de plus fort, c'est que cette farce se renouvelait souvent dans d'autres conditions, mais avec le même succès. Ah ! on s'amusait bien ! On était nombreux et tous bien unis.

VOYAGE AU PAYS

Quelle consolation pour François d'être entouré de ses enfants, qui rivalisaient de zèle pour l'aider dans son commerce, afin qu'il puisse se reposer un peu et reprendre ses voyages au pays, lui qui en parlait sans cesse et qui n'y était plus retourné depuis 1824.

François, voyant que Maria était tout à fait au courant des affaires, n'hésita plus à entreprendre le voyage de Craveggia, avec Madeleine, Antoine et les deux enfants.

Catherine et son mari, avec le petit Antonio, se joignirent à eux ; il ne resta plus à Paris que l'oncle Jean-Jacques, Jean et Maria.

Notre architecte ne bougea pas non plus, il était dans les plans et les $a + b$ jusqu'au cou, disait-il.

On retira Joseph de chez l'abbé Vervost, et on se prépara à ce grand voyage.

On était huit partants, compris le petit Antonio, qui marchait seul, et en plus il y avait deux gros chiens de chasse.

Tout ce monde nécessitait de grands bagages ; aussi François dut-il louer une diligence entière pour sa famille.

L'embarquement fut imposant ; il eut lieu rue Notre-Dame-des-Victoires, aux messageries de Laffitte et Gaillard.

Une quantité de compatriotes étaient accourus pour dire adieu et pour charger les partants de lettres, d'argent, de petits cadeaux et d'une foule de recommandations et commissions pour leurs parents.

Les embrassades durèrent un temps infini, quelques-uns même pleuraient, on ne savait pas pourquoi.

Finalement, on se casa dans cette lourde machine bondée de bagages que cinq chevaux avaient de la peine à traîner.

Joseph et Félix étaient dans la rotonde avec les deux chiens ; on ne vit jamais deux faces plus heureuses et plus épanouies que celles de ces deux enfants. Ils allaient donc voir ce beau pays dont ils entendaient parler tous les jours, et qui leur promettait toutes les délices du paradis terrestre.

On partit au commencement de juin 1839. Quel voyage !

Le conducteur s'arrêtait où il voulait et quand il voulait, on était sa marchandise ; il s'entendait avec les hôteliers et il vous faisait remonter vite en voiture avant que l'on ait eu le temps de toucher au dessert ; mais les enfants la trouvèrent trop mauvaise, et ils prirent leurs précautions.

Dès qu'ils entendaient : « Messieurs les voyageurs, en voiture ! » ils sautaient sur le dessert, qui disparaissait dans un cabas et dans leurs poches. Une fois en voiture, la famille se partageait ce dessert, qu'on lui avait fait payer dans l'espérance qu'elle n'y toucherait pas ; ainsi, rien n'était perdu, parce que les chiens en avaient leur part.

Joseph avait déjà douze ans et Félix neuf ; on pouvait se fier à eux pour les morceaux de pain et de viande pour les chiens et pour l'expédition du dessert.

Quand il y avait de longues et dures montées, on descendait pour se dégourdir les jambes, on marchait derrière la diligence en tenant les chiens en laisse pour qu'ils puissent faire leurs opérations indispensables. On s'arrêtait quand on voulait ; un mylord ne voyageait pas plus commodément.

On arriva enfin à Genève ; on s'y arrêta deux jours pour aller rendre visite au cousin Joseph Mellerio, suivant la tradition. On repartit dans une diligence suisse, on côtoya le beau lac de Genève, et on entra dans le canton de Vaud pour gagner le Valais.

Quand on arriva à Saint-Maurice, François montra à ses enfants, terrifiés, l'endroit où la famille avait failli être engloutie dans le Rhône en 1824.

Joseph se rappelle toutes ces choses, tellement il en avait été impressionné.

La montée du Simplon se fit un peu à pied, un peu en voiture ; on tenait les chiens toujours attachés, sans cela ils se seraient mis à chasser dans la montagne et on les aurait perdus.

Enfin, on arriva à Domodossola après quinze jours de voyage ; il semblait aux enfants qu'ils étaient partis de Paris depuis six mois ; ils avaient vu tant de choses !

Ainsi on avait fait, en diligence et à petites journées, le trajet exact que faisaient les ancêtres, lorsqu'ils allaient de Paris à Craveggia à pied, sans oublier la pose traditionnelle chez les cousins de Genève.

En 1839, Craveggia n'avait pas l'aspect ni les rues larges d'aujourd'hui, c'était encore l'ancien pays de nos pères ; il ne faut pas le regretter.

Joseph arrivait pour la première fois au pays, à un âge bien plus avancé que ses frères aînés, en 1822 ; ils n'avaient que sept, cinq et même, Jean-Jacques, que trois ans, tandis que Joseph en avait douze en 1839 ; il est tout naturel qu'il ait conservé un souvenir précis des localités, des personnes et des événements qui se passèrent pendant ces belles vacances.

Domenica Maria, la mère de Madeleine, vivait encore ; elle avait quatre-vingts ans, encore très alerte, bonne et aimable avec tout le monde.

Ce fut cette année qu'un peintre habile, M. Molinari, fit son portrait, que son petit-fils Joseph a placé dans sa salle à manger, à Craveggia, entre celui de son père et de sa mère.

Elle avait trois servantes : Elisabetta, aussi vieille que sa maîtresse ; Carolina, qui mourut au service de Madeleine, et Rosa Bacchetta, qui était entrée chez la grand'mère à l'âge de douze ans et qui mourut au service de Joseph à quatre-vingts ans ; elle avait eu un œil emporté d'un coup de corne d'une vache à sa maîtresse.

La grand'mère était heureuse de voir ses petits-enfants ; elle les régalait toujours avec de la polenta et des saucisses, du sarrasin (ciet) avec de la bonne crème, du bon lait caillé (quadià), et des châtaignes cuites à l'eau, que l'on mangeait avec du lait ou du vin, et le plus souvent rôties dans la brascariola ; tout cela était excellent, et surtout nouveau pour nous.

Nous allions la trouver dans sa pittoresque métairie d'Eglio, où Madeleine était née ; elle nous montrait un endroit, sur le bord du vallon de Brialone, à l'ouest, au-dessus de Eglio, où François se postait pour charmer sa fiancée, au son de superbes fanfares.

Eglio appartient aujourd'hui à Joseph.

Nous avons dit que la grande maison Acerro, que Catherine avait fait acheter à son père, était encore rustique ; on y rentrait les récoltes de la campagne dans les chambres, les bûcherons y couchaient dans les feuilles, et les métayers y logeaient avec leurs bestiaux.

Madeleine trouva moyen de s'y installer avec les enfants ; elle s'organisa une chambre dans le haut, au bout du grand balcon, vers Craveggia. Elle fit la cuisine dans cette pièce, et dans une autre qui communiquait au nord, elle établit le dortoir : un lit pour elle et un autre pour les deux garçons.

Nous étions vraiment bien ; c'était primitif, mais nous étions si heureux ! au bon air, avec une vue superbe, sur cet immense balcon.

Nous avions, pour domestique à tout faire, un affreux petit bancal qui avait une mâchoire de gorille. Il s'appelait Gioanni da Gurro ; il couchait dans les feuilles, dans une autre pièce à côté.

On n'aurait jamais soupçonné que cette installation de bohémien faisait les délices de Mme Mellerio, propriétaire à Paris et femme du grand bijoutier de la rue de la Paix. C'était pourtant la vérité, et ses enfants eussent été moins heureux dans un palais de quelque grande ville ; ils avaient leur liberté, et l'air des montagnes qu'ils n'avaient jamais vues ; ils n'étaient pas plus ambitieux que leur mère, qui s'évertuait à leur faire de bons petits plats dont elle avait le secret, et puis on était chez soi et on faisait de belles parties de rire tous les trois.

Madeleine, dans ses montagnes, c'était le poisson dans l'eau ; et ce fut précisément cette existence simple et libre qui donna à ses enfants une santé robuste et ce grand amour du pays qu'ils conservèrent toute leur vie.

François et Antoine logeaient chez la tante Jean-Jacques ; nous allions souvent dîner avec eux.

Nos vrais camarades inséparables étaient les deux cousins, les fils de l'oncle Jean-Jacques. Nous étions bien partagés comme âge : Jean-Antoine avait l'âge de Joseph, et François l'âge de Félix ; on voit d'ici les parties que devaient faire ces quatre compères !

Jean-Antoine avait, comme Joseph, l'intention de se faire prêtre ; ces deux bons apôtres en causaient sérieusement, et, pour s'entretenir dans ces bonnes dispositions, ils s'habillaient tous les dimanches en enfants de chœur et figuraient aux offices.

Le jour de la Saint-Jacques, fête patronale de Craveggia, ce fut Joseph qui fut chargé de tenir le bâton pastoral, sorte de longue canne avec un gros pommeau doré ; il devait suivre partout le prêtre qui fait office de chantre et s'asseoir à côté de lui.

Pendant le sermon, qui était très long, Joseph, qui n'y comprenait rien, se balançait sur son tabouret en regardant les belles peintures de la voûte. Tout à coup on entendit un grand fracas : le tabouret avait glissé en arrière et Joseph était étalé par terre, à plat ventre, les bras élargis, pendant que son bâton pastoral, lancé avec force, traversait le chœur comme une flèche et allait se bosseler contre le mur en face, en faisant le bruit d'un coup de pistolet.

Ce fut un scandale, le prédicateur s'arrêta, et on entendit des rires mal contenus, surtout du côté des gamins.

Joseph, avant de se relever, avait regardé du côté de son père, qui était assis sur le premier banc, à droite ; il vit son regard sévère et en fut épouvanté ; il recula à quatre pattes jusqu'à une porte de sacristie qui était derrière lui, et ne reparut plus.

A partir de ce jour, Joseph ne s'habilla plus en enfant de chœur.

Antoine et d'autres jeunes gens organisèrent une pièce de théâtre : *Esther et Aman*, qui devait se jouer devant le public de Craveggia ; les costumes étaient superbes et la mise en scène assez réussie ; Antoine remplissait le rôle d'Assuérus, Joseph et Félix soutenaient l'immense robe à queue d'Esther, ils en avaient leur charge, car c'était un tapis.

Il y eut un incident comique qui vint égayer ce spectacle.

Le fils aîné de l'oncle Jean-Jacques, Gioanni, avait le rôle de Mardochée ; il voulait toujours parler avant son

tour, il faisait le désespoir du souffleur, qui lui dit :
« Taisez-vous, Mardochée. » Gioanni, oubliant son rôle,
s'élance menaçant sur Aman, et lui dit d'une voix de
Stentor : « Taisez-vous, taisez-vous, Mardochée ! (*tacete,
tacete, Mardocheo !*) Ce fut un tonnerre de rires et d'ap-
plaudissements, les acteurs se sauvèrent dans les cou-
lisses pour se tenir les côtes ; on eut bien de la peine à
continuer la pièce, qui du reste eut un succès fou d'hilarité.

Antoine allait souvent à la chasse, mais son père ne
lui permettait pas toujours de prendre ses chiens ; alors
il allait chez Charles Gubetta, le père de notre ami
Jacques, le docteur, et ils organisaient des parties ensemble.

Un beau matin, François, voyant que le temps était
propice, dit à Antoine : « Va demander aux Gubetta
s'ils veulent venir, nous irions relancer ce lièvre qui
nous a échappé l'autre jour. » La partie s'organisa et ils
partirent tous les quatre avec Rondeau, un superbe chien
que François avait amené de Paris et qui figure sur son
portrait, fait cette même année.

Au lieu d'un lièvre, ce fut un renard que l'on débusqua
du côté d'Anchett, et qui prit la direction du Teiedo, où
il y a des carrières de dalles (piode) pour pavage et pour
couverture des toits.

Le renard s'enfonça au milieu de ces pierres amon-
celées en désordre, et disparut au fond ; Rondeau le
sentait et faisait de grands efforts pour pénétrer dans
ce trou, mais il était trop gros.

François excitait son chien, remuait les pierres, four-
gonnait avec un long bâton, et se mit dans une telle
transpiration qu'il était obligé à chaque instant de se
découvrir pour s'éponger le front. Les Gubetta et Antoine arrivèrent à son aide, ils se mirent aussi à remuer

les dalles et à exciter le chien, en regardant s'ils voyaient remuer quelque chose; tout à coup Antoine s'écria : « Il le tient, je vois son poil rougeâtre, il le tire par la queue ! » En effet, on distinguait vaguement que Rondeau secouait quelque chose en grognant; alors tous s'écrièrent : « Attrappe ! attrappe ! Rondeau ! bravo ! apporte ! apporte ! » Et le chien, excité par tous ces encouragements, remonta à reculons en secouant toujours la tête avec énergie, sans lâcher sa prise. Finalement, il sortit péniblement de ce trou, tenant dans sa gueule la perruque de François ! elle était tombée dans le trou sans qu'il s'en aperçût, quand il s'essuyait le front en retirant son chapeau. Ce fut un éclat de rire formidable; mais François ne riait pas, la perruque était écharpée et hors de service; il eut même beaucoup de peine à la retirer de la gueule du chien, qui s'y acharnait avec fureur.

Cette aventure fit le tour du pays, et les chasseurs en rient encore.

Le second chien que François avait amené cette année avec Rondeau s'appelait Mouton; il était moitié griffon, moitié caniche; mais ce qu'il était surtout, c'était voleur et mangeur de poules.

Dans ses chasses, François revoyait avec plaisir tous les endroits qu'il avait parcourus dans sa jeunesse, et qui lui réveillaient bien des souvenirs; il sortait des fois du territoire de Craveggia et allait explorer les montagnes de Toceno et Vocogno; mais, quand il rentrait à la maison, il était forcé de descendre jusqu'au bas du torrent qui sépare Vocogno de Craveggia, et de le traverser en sautant d'une pierre à l'autre; et puis, il fallait remonter, en plein midi, sous un soleil ardent ou une pluie torrentielle, ce qui était très pénible quand on avait marché depuis trois heures du matin; aussi François voulut-il épargner cette fatigue à ses compatriotes en laissant, par testament, une somme de huit mille francs pour engager la commune à construire le superbe pont, véritable œuvre d'art, qui unit Craveggia et Vocogno; on voit, à l'entrée du pont, vers Craveggia, une plaque en marbre qui rappelle cet acte de patriotisme et de philanthropie.

Nous avons entendu François jouer du cor de chasse; c'était merveilleux! il connaissait les bons endroits, et il allait réveiller les échos qui lui avaient si souvent répondu pendant son jeune temps; c'était au motto della torre, petit monticule en face de Craveggia, qui appartient à son fils Joseph, où il produisait ses plus beaux effets.

A l'époque des vendanges, toute la famille alla à Rivorio.

Le chaudronnier de 1824 vivait encore; c'était un ancien soldat de Napoléon Ier; il racontait ses campagnes à Joseph, et, quand il voyait passer Antoine, il riait, en disant : « Voilà un de ceux qui carillonnaient sur mes chaudrons ! »

La saison des vendanges ne fut qu'une série de farces et de folies, où les quatre cousins se divertirent comme de jeunes fous.

Enfin, on se rembarqua pour la France, avec des provisions de châtaignes, de champignons séchés, même de fromages, ce qui augmenta les bagages dans de grandes proportions, mais on y était habitué.

Nous avons eu rarement occasion de parler de Félix; la raison en est bien simple : il n'était encore qu'un petit enfant; il n'avait, jusqu'ici, pris aucune part active dans les événements de famille; il avait à peine neuf ans en 1839.

Il fut le Benjamin de Madeleine, c'était le dernier, et ce qui le rendait encore plus intéressant pour elle, c'est qu'il avait parfois des convulsions terribles, et on avait bien défendu à Joseph de le contrarier; ces convulsions provenaient d'une frayeur que Madeleine avait eue à l'époque de la révolution de 1830; mais elles cessèrent à l'âge de sept ans.

Félix fut le compagnon inséparable de Joseph; il le suivit partout, à Villiers-le-Bel, au petit séminaire, à Gentilly, à Milan, à Turin, et finalement au pays, où ils firent de grands travaux.

Il eut toujours une conduite rangée; il était généreux avec ses amis; doué d'un tempérament calme, il ne connut pas les entraînements de la jeunesse.

Aussitôt arrivée à Paris, Madeleine s'occupa du trousseau de Joseph, qui devait entrer au petit séminaire.

Au mois de décembre, Madeleine et Joseph se rendirent rue de Pontoise, au petit séminaire de Saint-Nicolas-du-Chardonnet, et demandèrent à parler au supérieur.

Ce fut l'abbé Dupanloup, le futur et célèbre évêque d'Orléans, qui les reçut; il était alors supérieur du petit séminaire de Paris. Madeleine lui expliqua avec timidité que Joseph désirait se faire prêtre, et qu'elle serait très heureuse s'il voulait l'accepter dans sa maison.

Madeleine, avec sa simplicité et sa sincérité d'une autre époque, intéressa l'abbé Dupanloup; il reconnut de suite, à son accent, qu'elle était Italienne, et s'informa dans quelle partie de l'Italie elle était née; elle répondit : dans le Piémont. « Mais alors nous sommes compatriotes ! s'écria l'abbé Dupanloup, moi je suis Savoisien. »

Il s'informa dans quelle pension Joseph avait déjà été, et, lorsqu'il apprit qu'il n'avait encore fréquenté que la maison de l'abbé Vervost, il parut très content.

Il recommanda à Madeleine d'amener le petit Joseph le plus tôt possible, afin que les camarades de sa classe ne prennent pas trop d'avance sur lui.

Huit jours après, Joseph était séminariste.

M. MOIANA

M. Moiana était Florentin, il avait une tournure distinguée et des manières de gentilhomme; c'était un des plus gros marchands de diamants de l'époque.

Il fit pour des millions d'affaires avec François, et toujours avec une correction parfaite de part et d'autre.

Il connaissait la grande probité et ponctualité de François, aussi avait-il pour lui la plus grande considération.

Il avait des chasses superbes du côté de la forêt de Sénart, et il invitait souvent François à venir chasser avec lui.

Ah ! cette forêt de Sénart, que de souvenirs elle évoquait ! il en connaissait les moindres détours ; chaque endroit marquait un exploit de son enfance.

Il revit Boissy-Saint-Léger avec plaisir, mais ses amis de 1784 étaient morts ; tout était changé, agrandi, embelli, il ne s'y reconnaissait plus.

Aujourd'hui, c'est son petit-fils, Emmanuel, fils de Jean, qui fréquente ces parages, avec la réputation d'un chasseur émérite ; il est probable qu'avec lui le fameux émouchet qui illustra le premier et dernier coup de fusil de Jean eût passé un mauvais quart d'heure ! Comme les événements sont parfois étranges : en 1784, c'est le grand-père ; en 1893, c'est le petit-fils ; tous deux, passionnés pour la chasse, trouvant leurs délices dans la même forêt ! A cent neuf ans de distance !

M. Moiana offrait souvent des billets de spectacle et de concert aux demoiselles et dames Mellerio, et leur donnait de superbes sacs de bonbons au jour de l'an.

Les successeurs de François continuèrent les rapports de commerce avec M. Moiana.

Il laissa, par testament, un million à l'assistance publique pour construire un hôpital. En 1879, on décida que ce million serait employé à créer à l'hôpital Saint-Antoine, une annexe de cinq cents lits, sur de vastes terrains que possède cet hôpital.

En 1840, arriva la triste nouvelle de la mort de Domenica-Maria, la mère de Madeleine, à quatre-vingt-un ans ; ce fut un grand chagrin pour sa fille et pour tous ; elle était la mère des pauvres, ce fut une grande perte pour eux ; on parle encore aujourd'hui avec vénération de la « Dmendia chi dcianten ».

Jean était un jeune homme de vingt-cinq ans, partageant son temps entre le travail et les œuvres de piété ; on s'accordait à dire qu'il ne se marierait pas, et que l'on pouvait le considérer comme un oncle à héritage.

Antoine avait vingt-trois ans ; il était vigoureux, chasseur intrépide comme son père ; il n'avait aucune des idées exaltées de Jean, aucune poésie ; c'était l'homme positif, ne s'occupant que de son commerce, comme son père et son oncle Jean-Jacques. Il n'eut jamais de dispositions pour la musique ni pour le dessin, aucun talent d'agrément ; mais en revanche, autant Jean s'isolait de la famille, autant Antoine était de bonne compagnie pour ses frères et sœurs ; il organisait toujours de belles parties et s'y amusait de tout cœur ; en dehors des affaires, c'était un joyeux compagnon.

Jean-Jacques avait vingt et un ans, il était dans le feu de ses études ; il ne couchait plus dans les combles, il avait une chambre à l'entresol, dans l'aile sur la cour.

Le comte Jacques Mellerio, dont nous parlerons plus loin, lui commanda un projet de collège pour Domadossola; ce projet ne fut pas exécuté, mais en compensation Jean-Jacques reçut du comte Mellerio un magnifique ouvrage sur l'histoire de Milan, par Carlo de Rosmini, qui avait dédié cet ouvrage au comte Mellerio en 1820.

Maria avait dix-sept ans ; elle se consacrait aux affaires avec une ardeur qui émerveillait son père et ses frères ; elle avait l'œil aux moindres détails, parce que ses frères étaient souvent obligés de s'absenter; et le soir, avant de se mettre au piano, elle mettait en ordre toutes les opérations de la journée.

Comment n'aurait-elle pas prospéré, cette maison, avec des aides aussi intelligents et dévoués aux intérêts de la famille !

François trouvait dans ses enfants la juste récompense d'une vie honnête et laborieuse.

Naissance de Lucie Guglihelmazzi.

PREMIERE COMMUNION

En 1841, Félix entra au petit séminaire; il alla tout droit à la succursale, à Gentilly, au bon air, où Joseph était déjà depuis un an.

Cette année devait avoir lieu la première communion de douze élèves. Joseph en faisait partie, il s'y prépara avec ardeur; il avait de la facilité pour rédiger les analyses, il y mettait toute son âme; il remporta le livre d'or, que l'abbé Dupanloup lui décerna avec une dédicace de sa main.

Joseph était alors dans la plénitude de sa vocation ecclésiastique, il écrivait à son père des lettres pleines d'onction; François en était dans l'enthousiasme : il voyait déjà son fils archiprêtre de Craveggia, il montrait ses lettres aux parents et amis, et l'abbé Magnani était fier de son filleul; il venait à Gentilly pour le féliciter et l'encourager.

Enfin arriva le grand jour; la cérémonie eut lieu à Gentilly, dans la petite chapelle de la maison, le 20 mai 1841.

Les douze enfants avaient été préparés avec un soin tout particulier par M. l'abbé Dupanloup, supérieur du petit séminaire; par M. l'abbé Debeauvais, directeur de Gentilly, qui devint plus tard curé de Saint-Thomas-d'Aquin; par M. l'abbé Millault, directeur du petit séminaire, qui est encore présentement curé de Saint-Roch.

On voit que ces douze enfants étaient en bonnes mains.

Les lettres de Joseph avaient tellement édifié la famille que Madeleine, Maria, Jean et Antoine voulurent assister à sa première communion, et ils se transportèrent de bonne heure à Gentilly.

Gentilly est situé à un quart d'heure des fortifications, en dehors de la barrière d'Italie; c'était un ancien bourg du département de la Seine, sur la Bièvre; il est depuis 1860 annexé à Paris.

C'était une ancienne résidence des rois de France de la première et de la deuxième race. Saint Éloi y avait fondé un monastère; Pépin y avait un château, qui est détruit aujourd'hui.

La messe fut célébrée par l'abbé Millault; il y eut une allocution touchante du futur évêque d'Orléans, l'abbé Dupanloup.

Beaucoup de parents, et Jean entre autres, firent aussi la communion.

Après la cérémonie, les douze enfants et leurs parents allèrent au réfectoire pour prendre une petite collation; ensuite Madeleine et Maria s'en retournèrent à Paris, Jean et Antoine passèrent la journée à Gentilly.

Après déjeuner, le supérieur autorisa les communiants à jouer dans le potager, pour que ce jour-là ils soient séparés de leurs camarades.

On joua à cache-cache, et Jean et Antoine furent de la partie. Jean était un adversaire terrible, il courait comme un cerf et faisait des zigzags qui le rendaient imprenable; il se baissait, se doublait et vous glissait des mains comme une couleuvre.

Antoine n'était redoutable que dans les lignes droites, et dès qu'il avait l'espace nécessaire pour bien développer ses jambes, c'était comme un train de chemin de fer qui vous arrivait sur le dos à toute vapeur; aussi se lançait-on vite dans une allée de traverse, ce qui le déroutait complètement.

Enfin, nous passâmes un après-midi délicieux, et les frères s'en rappelèrent toute leur vie.

Après les vêpres et le salut, Jean et Antoine retournèrent à Paris.

CINQUANTE ANS APRÈS !

Le 1ᵉʳ janvier 1891, Joseph recevait une carte de visite sur laquelle étaient écrits ces mots : « Il y aura cinquante ans, le 20 mai 1891, que nous avons fait ensemble notre première communion, combien en reste-t-il ? » Le marquis de Gerbéviller.

Ce fut un trait de lumière !

Ce marquis de Gerbéviller était, à Gentilly, l'ami préféré de Joseph, et, depuis, ils avaient conservé quelques relations ensemble ; il s'appelait, en 1841, Ernest de Lambertye, et après la mort de son père, en qualité de fils aîné, il avait pris le titre et le majorat de Gerbéviller. — Combien en reste-t-il ? Joseph se mit en devoir de le savoir ; il avait heureusement conservé le nom des douze élèves qui avaient fait leur première communion avec lui en 1841.

Mais cinquante années sont bien longues ! Dans cet intervalle il y avait eu des révolutions, des guerres et des changements de gouvernement ; la plupart de ces enfants appartenaient à la vieille aristocratie française ; quelle avait été leur destinée ?

Joseph alla s'informer au petit séminaire, rue Notre-Dame-des-Champs ; on avait perdu de vue ces élèves ; des générations de séminaristes étaient passées dans la maison depuis 1841 ; on ne savait rien.

Il alla trouver son ancien condisciple, Son Eminence le cardinal Foulon, archevêque de Lyon, qui était de passage à Paris. Celui-ci lui dit : « Mon cher Joseph, vos recherches n'aboutiront à rien ; vos camarades, s'ils sont encore vivants, sont dispersés dans la France, vous ne parviendrez pas à les découvrir; je puis cependant vous donner l'adresse d'un, qui demeure à Paris : c'est le comte Fernand de Buisseret, le seul que je connaisse. Mais, demanda-t-il, dans quel but cherchez-vous à retrouver vos camarades ?

— C'est pour faire avec eux la cinquantaine de notre première communion.

— Ah ! mon cher enfant, que ce serait beau ! s'écria-t-il, on n'aurait jamais eu d'exemple d'une cérémonie aussi touchante ! Malheureusement, il est impossible de réaliser ce beau rêve; tenez-moi toujours au courant de ce que vous aurez fait. »

Tout cela n'était pas bien encourageant.

Joseph alla trouver M. l'abbé Millault, curé de Saint-Roch, celui qui avait dit la messe, en 1841, à Gentilly, âgé aujourd'hui de quatre-vingt-quatre ans. Lorsqu'il se fut nommé, ce vénérable ecclésiastique le reconnut et lui témoigna beaucoup d'amitié; mais, lorsqu'il apprit quels étaient ses projets, il ne put maîtriser son émotion, et, lui prenant les mains, il lui dit : « Ah ! que je serais heureux, de donner encore la communion à ces chers enfants ! Je vous promets, si Dieu ne m'appelle pas avant, de venir dire la messe à Gentilly le 20 mai prochain, si vous parvenez à retrouver vos camarades, que je n'ai plus revus depuis tant d'années ! »

Joseph alla à Gentilly : il retrouva la petite maison, avec son parc, son potager et sa petite chapelle; quel bonheur !

Cette chère petite chapelle, si simple en apparence, mais si riche en souvenirs !

Il demanda à parler à la supérieure; se présenta comme ancien élève de Mgr Dupanloup, ayant fait sa première communion à Gentilly, et désireux de faire la cinquantaine avec ses camarades d'autrefois, dans la même chapelle, puisqu'il avait eu le bonheur de retrouver le même prêtre qui avait dit la messe en 1841.

Lorsque la supérieure entendit ces choses, elle s'écria : « Ah ! que c'est touchant ! » Elle appela toutes les sœurs, elle les mit au courant, et ne cessait de dire : « Mes sœurs, cette cérémonie portera bonheur à notre maison. » Puis elle ajouta : « Non seulement nous mettons notre chapelle à votre disposition, mais nous l'ornerons de notre mieux; et, après la messe, nous vous donnerons à déjeuner; laissez-nous faire, nous nous chargeons de tout. » Elle lui apprit que, pendant la guerre de 1870, la chapelle avait été transformée en écurie, que tous les arbres du parc avaient été brûlés, et finalement que l'archevêché avait vendu cette propriété aux sœurs de Saint-Vincent-de-Paul, qui avaient restauré la chapelle en lui rendant son aspect primitif.

Joseph s'en retourna à Paris en se disant : « Ça débute bien, voilà deux choses heureuses, bien acquises, le concours inespéré et providentiel de l'abbé Millault, et notre chère petite chapelle; il n'y a plus qu'à retrouver les camarades. »

Les camarades? n'était-ce pas une idée un peu extravagante que de supposer que les camarades seraient si bien disposés à faire la cinquantaine; avaient-ils seulement conservé le souvenir de Gentilly et les bons principes qu'ils y avaient reçus? Comment accueilleraient-ils la proposition?

Toutes ces réflexions affluaient et jetaient le trouble et le doute dans l'esprit de Joseph.

Mais les débuts étaient si heureux qu'il reprit confiance et résolut d'aller jusqu'au bout; il était enthousiasmé par l'idée de cette messe d'or.

Il réussit, c'est vrai, mais après de grandes difficultés,

attendu qu'il dut chercher ses camarades dans les dépar-
tements les plus opposés de la France :

1. Le marquis Henri de Champagne, à Paris ;
2. Adolphe Duroy de Suduiraut, dans la Gironde ;
3. Henri Portalès, avocat, à Nogent-sur-Marne ;
4. Le vicomte Aynard de Courtivron, dans la Saône-et-Loire ;
5. Le général, vicomte Olivier de Quelen, dans le Calvados ;
6. Le comte Fernand de Buisseret, à Paris;
7. Le marquis Ernest de Gerbéviller, dans la Meurthe-et-Moselle.

On voit qu'ils ne se touchaient pas ; cela faisait donc, avec Joseph, huit sur douze de retrouvés ; les autres étaient morts ou disparus.

Joseph conserve précieusement les lettres charmantes qu'il reçut de ses camarades ; tous promirent de se trouver au rendez-vous, le jour et à l'heure qu'il fixerait.

Qu'il nous soit permis de faire une réflexion :

Voici des hommes qui avaient atteint un âge respectable, le plus jeune n'ayant pas moins de soixante-deux ans ; ils avaient des noms et une fortune qui les classaient parmi les heureux de la terre ; eh bien ! sans hésiter un instant, sur l'invitation du plus humble d'entre eux, dont ils avaient probablement conservé un bon souvenir, ils quittent leurs châteaux, leurs familles, leurs plaisirs et leurs occupations, et pleins de confiance en sa parole, ils parcourent des centaines de kilomètres pour se rendre au rendez-vous qu'il leur a fixé.

N'est-ce pas admirable !

Joseph fit une visite à Henri de Champagne, et lui fit comprendre qu'en sa qualité d'ancien président de caté-chisme à Gentilly, c'était à lui qu'incombait l'honneur d'aller chercher le curé de Saint-Roch, afin qu'à son âge et par respect il ne vînt pas seul à Gentilly ; cela fut accepté.

Le 20 *mai* 1891, à neuf heures du matin, les huit camarades étaient réunis dans la cour de la maison de Gentilly.

L'abbé Millault était également arrivé dans l'équipage d'Henri de Champagne.

Il fut impossible de se reconnaître, chacun dut se nommer, cela se comprend après cinquante années de séparation !

A chaque nom qui était prononcé, c'étaient des exclamations de joie et de surprise, avec de chaleureuses poignées de main.

L'abbé Millault, se sentant rajeuni par le bonheur qu'il éprouvait, voulut conduire lui-même ses anciens élèves dans la maison, pour leur faire revoir le dortoir, l'étude et le réfectoire, où chacun reconnut la place qu'il occupait autrefois ; ce fut pour nous de continuelles et charmantes émotions.

Ensuite on se rendit à la chapelle, et, instinctivement, tous reprirent la même place que le jour de leur première communion.

La messe fut servie par Paul Agnel, ancien élève de Gentilly, qui s'en acquitta dans la perfection.

C'était le mois de Marie, la chapelle était garnie de fleurs et parée comme aux jours de grande fête.

Les bonnes sœurs eurent la délicatesse de chanter les anciens cantiques du catéchisme, et aussitôt on entendit les voix encore fermes des huit sexagénaires qui accompagnèrent ces chants avec une ardeur toute juvénile.

Avant de commencer la messe, l'abbé Millault, tout ému, se retourna vers ces vieux camarades et leur dit : « Mes chers enfants, il y a cinquante ans vous étiez age-nouillés devant cet autel, prêts à faire votre première communion; comment vous exprimer l'immense joie qui envahit mon âme en vous retrouvant aujourd'hui, dans cette même chapelle, disposés à renouveler avec ferveur ce grand acte de votre enfance! Dieu a voulu couronner mon long ministère par ce spectacle touchant de votre piété et par le témoignage éclatant que vous donnez de la foi que vous avez conservée dans vos cœurs, malgré toutes les vicissitudes de la vie, par lesquelles certainement chacun de vous a dû passer; que Dieu fasse descendre sur vous et sur vos familles ses plus abondantes bénédictions, et vous fasse la grâce de persévérer dans la bonne voie jusqu'à la fin de vos jours. »

L'émotion l'étouffait, ce vénérable prêtre, et les camarades versaient également de bien douces larmes.

Cette messe d'or, où tous renouvelèrent leur première communion, se termina au chant des cantiques.

Ensuite on passa dans le réfectoire, et on s'assit sur les bancs d'autrefois; le déjeuner fut somptueux, ce furent des lazaristes qui servirent, désireux de contribuer en quelque chose à cette belle cérémonie ; les bonnes sœurs s'étaient surpassées.

Les histoires du jeune temps firent les frais de la conversation : nous avions cinquante ans de moins.

Le comte de Buisseret porta un toast au vénérable abbé Millault qui était rayonnant, et le général de Quelen proposa de boire à la santé de Joseph Mellerio, l'initiateur et l'organisateur de cette charmante fête.

Ensuite les sœurs vinrent demander au curé de Saint-Roch de leur donner sa bénédiction.

Les huit camarades, ainsi que Paul Agnel, offrirent à la chapelle de Gentilly un superbe calice, en dessous duquel furent gravés les noms des amis, celui de Paul Agnel et de l'abbé Millault, avec la date de la messe d'or; ce fut ce calice qui servit pour la messe, ayant été consacré la veille. Puis on se sépara en se donnant rendez-vous pour la messe de diamant, dans vingt-cinq ans !

Le lendemain, les camarades de Joseph vinrent le remercier de la belle matinée qu'il leur avait procurée, et ils retournèrent dans leurs provinces, se demandant si ces trois heures passées à Gentilly n'étaient pas un rêve.

J'avoue que cette fois je me suis écarté un peu de mon sujet; mais j'ai pensé que plus tard, mes petits-enfants ne seront pas fâchés de connaître cette anecdote de la vie de leur grand-père.

DISTRACTIONS DE LA FAMILLE

Nous avons vu que la chasse fut toujours la plus grande distraction de François; il chassait en Italie et en France, et il y apportait tous les soins et le raffinement d'un véritable amateur.

A son époque, les fusils se chargeant par la culasse étaient encore inconnus ; il fallait emporter tout un attirail de poire à poudre, de sac à plombs, et charger son fusil avec une baguette en bois ou en fer.

Avec ces fusils primitifs, il fallait tout un travail pour décharger son arme lorsque l'on rentrait à la maison, et cette opération était souvent dangereuse, comme on va le voir.

François était dans sa chambre, occupé à ranger avec soin tous ses ustensiles de chasse ; il avait auprès de lui la petite Maria, qui trottinait dans la pièce ; il prit son fusil pour le décharger, mais il l'accrocha après quelque chose et le coup partit : toute la charge alla dans la glace qui fut brisée en mille morceaux; et, si le canon eût dévié d'un centimètre, il eût tué sa petite fille, qui se trouvait devant lui ! Ce pauvre François racontait souvent, en frémissant, qu'il avait manqué de tuer sa petite Mimi.

La musique fut également un véritable plaisir et une grande distraction pour François; nous l'avons vu, à Milan, fréquentant assidûment le théâtre de la Scala ; et, à Paris, il recherchait les endroits où l'on faisait de la bonne musique.

Il y avait un nommé François Borgnis, bijoutier à Caen, qui avait épousé une sœur de la première femme de

François. Ce parent était un amateur de première force sur la flûte, et, lorsqu'il venait à la maison, c'était une véritable fête : on organisait un concert avec Catherine et Maria, et on passait des soirées délicieuses.

François aimait beaucoup les chants d'église, il y prenait part avec entrain ; c'était surtout à Craveggia où il éprouvait le plus de bonheur, parce que les airs sont si beaux, et le peuple chante encore comme du temps des premiers chrétiens.

Il ne manquait jamais les offices de Saint-Roch, où la maîtrise est excellente ; il était ravi par les jolies voix des enfants de chœur.

Son cor de chasse joua souvent un grand rôle dans son existence ; nous l'avons vu servir dans des circonstances bien émouvantes ; ce fut une de ses grandes distractions.

En somme, après le travail et les occupations sérieuses, François ne connut d'autres plaisirs que la chasse et la musique.

Madeleine ne prit jamais de distractions bruyantes ; elle avait les goûts simples : elle se plaisait aux occupations du ménage, et n'était vraiment heureuse qu'à la campagne, où elle s'occupait du jardin comme du temps de sa jeunesse ; nous allons nous en convaincre en lisant une lettre qu'elle écrivit à Pauline vers la fin de 1848.

Craveggia, le 30 décembre 1848.

Ma chère fille,

J'ai reçu par mon gendre Julmasse ta lettre, qui m'a fait le plus grand plaisir ; je regrette de ne pouvoir te souhaiter la bonne année comme les autres années, et je fais des vœux pour que Dieu te maintienne saine, ainsi que tes chers enfants.

J'ai passé les fêtes de Noël avec Catherine et sa famille ; jusqu'à présent, je ne me suis pas ennuyée, et recommence mes petites occupations comme dans mon jeune temps.

Il y a deux mois que je n'ai vu Maria, elle m'a écrit qu'elle se porte bien ; quand les jours seront plus beaux, vers le mois prochain, j'irai la voir, et de là, j'irai à Turin, voir tes frères Joseph et Félix.

Quand tu écriras à l'oncle et à la tante, n'oublie pas de bien les saluer de ma part ; en attendant, ma chère fille, je t'embrasse de tout mon cœur, ainsi que mon petit Paul et Émilie, que je trouverai bien grandie, quand je retournerai à Paris, Ne m'oublie pas non plus auprès de ton mari, et crois moi pour la vie

Ta mère affectionnée,

MADELEINE MELLERIO

P. S. — Catherine et son mari, ainsi que ses deux enfants, sont retournés à Masera ; ils sont restés ici pour les fêtes ; ils se portent bien et te saluent de cœur.

Les Guglielmazzi avaient quitté les affaires pendant la révolution de 1848, et restèrent définitivement en Italie.

Madeleine ne mit les pieds dans un théâtre qu'une seule fois dans sa vie, lorsqu'elle arriva à Paris pour la première fois, en 1813 ; elle ne connaissait absolument rien des choses du monde, n'ayant jamais quitté ses montagnes.

On voit, par la lettre que nous venons de lire, qu'elle s'était bien familiarisée avec la langue française, grâce aux leçons de don Gioanni, et qu'elle s'exprimait avec facilité.

Lorsque François voulut conduire au théâtre sa jeune femme, qui n'avait que vingt-trois ans, elle comprenait peu et parlait mal le français ; il n'est pas étonnant qu'elle n'ait pas bien saisi les beautés de la touchante tragédie de Roméo et Juliette, de Shakespeare.

Madeleine ouvrait de grands yeux étonnés, elle ne manifestait aucune émotion, cherchant à comprendre. François lui demandait de temps en temps : « Eh bien, Madeleine, t'amuses-tu ? » Elle répondait oui, sans ajouter un mot, toute concentrée en elle-même ; mais à la fin, lorsqu'elle vit Juliette tomber morte, elle saisit le bras de son mari en lui disant : « François, disons un *De Profundis* pour cette pauvre femme ! »

François devint cramoisi ; il regarda autour de lui si quelqu'un avait entendu, et, se penchant à l'oreille de sa femme, il lui dit : « Madeleine, je ne te conduirai jamais plus au théâtre ! » Et il tint parole ; mais ce ne fut pas une privation pour elle. Elle avait cru que Juliette venait d'avoir un coup d'apoplexie.

Madeleine ne s'enthousiasmait pas facilement ; ses idées n'étaient pas tournées vers la poésie ; elle ne désirait pas beaucoup voir du nouveau.

Une année, Jean, désirant faire une excursion au Havre avec Joseph, était parvenu, après bien des pourparlers, à décider sa mère à les accompagner.

Lorsqu'elle arriva sur le bord de la mer, qui était calme ce jour-là, elle plongea son regard dans l'immensité, puis regarda tout autour d'elle et dit : « Ce n'est que ça, la mer ? Eh bien, ce n'est pas plus beau que le lac de Genève ! » Elle retourna en arrière, comme si on avait voulu la mystifier, et reprit de suite le chemin de Paris, laissant sur le rivage ses deux fils ébahis.

Le lac de Genève était la première grande nappe d'eau qu'elle eût vue en quittant ses montagnes ; cette impression lui était restée. La mer lui produisit moins d'effet, ce qui prouve que les premières impressions sont toujours les plus fortes.

Au reste, Madeleine avait le caractère de toutes nos grand'mères : elles n'aimaient pas beaucoup les voyages, la gêne de la ville, et rien de ce qui était nouveau ; les hommes émigraient volontiers, mais les femmes restaient au pays, gardiennes du foyer et des traditions.

L'oncle Jean-Jacques n'était pas plus entreprenant que sa belle-sœur Madeleine. Il ne fit jamais d'autre voyage

que celui de Craveggia à Paris, et *vice versa*, toujours
par le même chemin, Genève et le Simplon ; mais il le fit
souvent, par tous les temps, et Dieu sait si ce voyage était
long et fatigant !

Si l'oncle faisait de si fréquents voyages au pays, c'est
qu'il y avait sa femme et ses enfants, tandis que François
avait toute sa famille à Paris.

Maria-Francesca, la femme de l'oncle, ne voulut
jamais quitter le pays ; c'était la femme aux mœurs anti-
ques, charitable et hospitalière, dont le type est complètement disparu aujourd'hui.

L'oncle n'allait jamais au théâtre ; il montait dans sa
chambre, après la fermeture du magasin, vers les neuf
heures, et on l'entendait s'y promenant en récitant ses
prières tout haut.

Il aimait bien jouer au billard ; il allait faire sa partie
chez son cousin Mozzanino, rue Basse-du-Rempart.

Joseph l'accompagnait souvent, ça lui procurait le
plaisir de voir sa marraine et ses petites cousines Pauline et Maria.

Une de ses grandes distractions, après les offices du
dimanche terminés, était d'aller aux Champs-Élysées
voir jouer aux boules ; il y restait des heures, les mains
derrière le dos.

Au pays, il allait parfois à la chasse, mais il n'y alla
jamais en France.

Jean ne prenait pas beaucoup de distractions ; il était
absorbé par ses dessins, ses livres d'anglais et ses conférences de Saint-Vincent-de-Paul ; on ne savait jamais
où il était.

Il n'avait aucun talent de société ; il prenait une part
distraite aux soirées et fêtes de famille.

C'était un voyageur intrépide. Il alla à Rome en 1842 ;

ce fut pour lui un véritable pèlerinage ; il eut une audience du pape.

Il alla en Angleterre et en Espagne ; il voyageait en véritable artiste, étudiant les monuments, s'extasiant devant les chefs-d'œuvre qu'il savait découvrir dans les villes qu'il visitait. Il profitait beaucoup de ses voyages.

Le seul exercice corporel, auquel il se livrât avec plaisir, ce fut la natation ; il nageait comme un poisson, et s'en allait très loin en mer.

Antoine aimait bien aller dans le monde, il s'y amusait et savait amuser les autres. Quand il donnait des soirées, il trouvait moyen de distraire les grands et les petits, il dansait avec plaisir toutes les danses, excepté la valse.

Il n'avait pas de petits talents de société, ni chant ni musique, mais il aimait beaucoup à entendre les autres.

Il allait volontiers au théâtre et s'y amusait beaucoup.

La chasse était son grand exercice, et pour celui-là il n'épargnait rien.

Jean-Jacques était calme comme les calculateurs ; cependant il avait une prédilection pour la valse, il dansait selon les principes, avec méthode.

C'était un chasseur adroit et patient comme un trappeur. C'était surtout à la pêche où il avait occasion d'exercer sa grande patience ; il était rayonnant de bonheur lorsqu'il rapportait une ou deux truites à la maison.

Il faillit avoir un talent de société : le cornet à piston ; ce malheureux instrument était la terreur des locataires de la maison ; il eut sur la conscience bien des migraines et crises de nerfs de ses voisins, qui étaient condamnés à entendre, pendant des heures entières, les mêmes exercices et les mêmes gammes ; il s'époumonait sans jamais arriver à un résultat à peu près passable.

Ce fut surtout à Craveggia, sous la direction du maëstro Ambrosetti, chef d'orchestre des orphéonistes, qu'il s'en donna à cœur joie, avec le concours du cousin Jean-Antoine, second fils de l'oncle Jean-Jacques, qui jouait de la flûte, et de l'ancien secrétaire Cornelli Faustino, qui jouait de la clarinette.

On ne peut se faire une idée du bon sang que se faisaient Maria et Joseph en assistant, le soir à la maison, aux concerts que donnaient ces virtuoses! Ils déployaient tous leurs moyens à exécuter un charivari inédit, avec un aplomb et une persévérance dignes d'un meilleur résultat ; on croyait entendre l'orchestre des théâtres en plein vent à la foire au pain d'épice.

Catherine et Maria nous charmaient avec le chant et le piano ; elles furent les fauvettes de la famille.

Pauline jouait du piano et faisait de la peinture ; on retrouve de ses œuvres chez plusieurs membres de la famille, sur des cache-pots, des écrans, des presse-papiers, et une quantité de petits objets d'intérieur.

Joseph et Félix prenaient les distractions de leur âge, comme on va en juger par une longue lettre que Catherine avait reçue en 1841 de Gentilly, et qu'elle nous a rendue.

Gentilly, décembre 1841.

Ma chère Catherine,

J'ai pensé te faire plaisir en t'écrivant une longue lettre ; je sais que l'année dernière je t'en avais écrit une dont tu as été contente.

Je te dirai que je me porte bien, c'est parce que je suis en plein air, et que, quand nous sommes en étude, nous avons un bon poêle et les fenêtres fermées, tandis qu'au petit séminaire on ouvrait toutes les fenêtres, et il n'y avait pas de poêle comme à présent.

Mes yeux ne souffrent pas du tout du froid, je ne suis pas même enrhumé, parce que j'ai une calotte. Mon professeur m'a dit que je faisais des progrès cette année: l'année dernière je n'ai jamais été le premier ; cette année, je l'ai été plusieurs fois, aussi je me présentais avec fierté devant papa quand je sortais, parce que l'année dernière il me disait qu'il me ferait chiffonnier parce que j'avais de mauvaises notes.

J'ai manqué d'avoir le grand cachet à mon catéchisme de persévérance ; j'ai eu une belle image ; du reste, j'ai gagné un beau livre pour avoir récité vingt-deux chapitres de latin sans fautes ; j'avais des adversaires, mais ils ont été tous battus ; ils m'ont fait gagner des images superbes, entre autres, une magnifique arabesque qui représente la multiplication des pains, mais admirable ; je serais charmé de pouvoir la donner à mon petit neveu Antonio, comme souvenir, il la mettra dans son beau livre de messe, que tu lui as acheté et qu'il me montre toujours.

Quand Félix voit que j'en gagne de si belles, il me dit : « Si tu travailles comme cela, tu iras dans l'autre classe, et tu n'en auras plus, là ! » Mais si je me casse la tête à étudier mes leçons, c'est bien pour avancer et ne pas rester à la même place.

A chaque fois que je reviens de classe, Félix tousse exprès pour que je me retourne de son côté, et alors il me demande : « As-tu des images ? » Et sans attendre la réponse il dit : « Donne, donne, que je les regarde ! Oh ! comment, tu ne veux pas les montrer à ton frère qui t'aime et qui te montre toujours ce qu'il a ! » Et je voudrais bien les lui montrer, mais c'est impossible, parce que le président d'étude me marquerait ; je les lui montre en récréation. Il faut dire qu'il est très enrhumé, Félix, et, quand il tousse, il s'y met pour longtemps, et il m'a grondé une fois, parce que j'avais écrit à maman qu'il allait mieux, mais on est bien content de lui, aussi il a le ruban de second dans ce moment.

Nous pourrons rester quatre jours à la maison au jour de l'an ; j'espère que mon oncle Jean-Jacques sera arrivé de Craveggia ; dis-lui que quand nous sortions, nous remarquions sa longue absence, et qu'il manquait quelqu'un à la maison quand il n'était pas là.

Je vais passer un examen devant M. Dupanloup, le supérieur de Paris ; j'espère le bien passer.

Je crois qu'Antonio doit s'ennuyer de voir que nous sommes si longtemps à venir, il doit être jaloux de sa petite sœur ; elle doit déjà rire.

J'apprends la musique. On a essayé tous ceux qui ont la voix juste : je suis du nombre, je sais mes notes et chante de beaux cantiques.

Félix a des crevasses dans les mains, je lui ai donné mes gants, car il n'en avait pas, il gelait de froid. Si cela te fait plaisir, tu auras la bonté de dire à maman de m'envoyer mes gants rouges.

Décidément, on est très content de Félix, on vient de lui donner une magnifique gravure, parce qu'il a dit son verbe *um* très bien ; à moi, on m'en a donné deux : une pour le catéchisme et une pour la leçon.

J'espère que mon cher petit neveu Antonio se porte bien, qu'il n'est plus enrhumé, et toi non plus ; je te prie de ne pas le mener me voir, parce qu'il fait trop froid ; dis-lui que son oncle Félix va bientôt venir le voir.

Je ne t'avais pas dit que ce printemps, le jour de ma fête, toute la maison de Gentilly me l'a souhaitée, surtout ma classe ; le directeur, M. de Beauvais, a fait faire un compliment à Félix ; il le lui a fait lire au réfectoire, à la place du livre qu'on lit ordinairement ; on l'a beaucoup applaudi.

J'ai reçu un coup de poing sur l'œil qui était devenu rouge ; n'en dis rien à maman pour ne pas l'inquiéter.

Je suis encore tout étonné de ce que Jean m'a dit : que les lectures que j'avais faites pendant les vacances m'avaient échauffé la tête. Il croit peut-être que je suis si peu intelligent de n'avoir pas compris que ce n'était que des bêtises, tous ces Paul de Cock ; si j'ai lu ces livres, c'était simplement pour voir comme c'était bien écrit.

Tu vois que je n'ai pas de secrets avec toi : entre frère et sœur il faut parler franchement, c'est le moyen de faire bien comprendre ce que l'on veut dire ; les lettres de Félix peuvent servir de modèle, et certainement il ne dit que ce qu'il pense, ça se voit tout de suite à son style.

Je pense que tu sais que la première communion de Félix sera le 1er mai prochain ; je pense que maman aura bien rangé mes habits parce que je renouvellerai la mienne ; demande à Jean et à Antoine comme c'était beau ! comme ils se sont amusés !

Félix commence à s'ennuyer de ne pas voir Nono, et moi idem ; s'il venait me voir je lui ferais voir l'épervier qui est dans mon jardin ; en ce moment je ne cultive que des fleurs, mais plus tard je cultiverai les âmes ; tu me comprends, n'est-ce pas ? Tu vois que je mets en pratique, autant que possible, les bons conseils que tu me donnes sur ma vocation, et si Dieu me donne celle de prêtre, je serais heureux de m'y préparer dignement, pour être la consolation de papa.

L'autre jour, on nous avait promis de faire venir des ânes, mais on n'a pu en trouver qu'un, et encore c'était une ânesse grosse comme un tonneau qui pouvait à peine se tenir ; on la tapait comme sur du plâtre, Félix en pleurait de chagrin ; aussi, quand j'ai vu cela, ai-je pris sa défense, en allongeant coups de pied et coups de poing à ceux qui la tapaient si rudement, et je suis parvenu ainsi à la débarrasser de ses bourreaux ; alors je suis vite monté dessus ; nous avons appris qu'elle était pleine, et, pour me remercier, elle s'est mise à aller aussi vite qu'elle pouvait (au pas), car son état ne lui permettait pas de se livrer en ma faveur à toute la fougue qu'elle aurait voulu pour me témoigner sa reconnaissance.

A la fin de la récréation, je l'ai rendue au portier, en lui disant:
« Emmenez-la vite! si vous ne voulez pas qu'elle crève au milieu
de nous. » Car elle commençait à saigner.

Je suis à court d'argent, il faut que je donne 5 francs à la Pro-
pagation de la Foi, et je t'assure que 5 francs encore ne feraient
pas de mal; ça ne vaut rien de n'avoir pas le sou, on ne sait ce qui
peut arriver. La lettre que tu as écrite à Félix m'a été bien sensible,
et je te dirai que Félix en avait les larmes aux yeux, quand il me
l'a montrée, il me disait : « Elle est joliment touchante, va! » Je
lui ai répondu que ça ne m'étonnait pas de ta part.

Tu diras bien des choses à papa, maman, mes frères et à Maria
qui devrait bien venir nous voir, ça lui ferait une belle promenade.

N'oublie pas mon oncle, ni M. Jalmasse.

Ton frère qui t'aime bien,

JOSEPH.

Tous les écoliers se reconnaîtront dans cette lettre.
Nous voilà édifiés sur les distractions des plus jeunes
enfants de François.

MARIAGE DE MARIA

Nous voici arrivés à l'année 1843 ; tout allait bien, dans la famille comme dans le commerce, on était en pleine prospérité.

L'oncle Jean-Jacques ayant été au pays l'année précédente, ce fut au tour de François d'y aller ; son dernier voyage ayant eu lieu en 1841, ce fut ce motif qui l'empêcha d'assister à la première communion de Joseph. Ce fut cette même année qu'il emporta la fameuse cassette en fer, aux trois serrures, qui contenait les privilèges, et les parchemins accordés aux anciens Lombards, nos aïeux, par les rois de France ; il remit cette cassette entre les mains des conseillers municipaux de Craveggia, le 28 septembre 1841, et nous avons vu avec quelle solennité cette cassette fut ouverte.

A son dernier voyage, on lui avait parlé d'un parti pour Maria ; il l'engagea à venir avec lui, afin qu'elle puisse se rendre compte elle-même de la valeur de la proposition qui l'intéressait tout particulièrement.

Antoine, qui aimait beaucoup sa sœur, voulut également voir de quoi il s'agissait, avant d'encourager Maria à quitter Paris pour s'enfermer dans un petit pays dont on n'avait jamais entendu parler jusqu'alors, et il partit avec elle.

Maria avait vingt ans, elle était brune, d'une taille moyenne et bien faite ; elle avait une chevelure d'ébène et très abondante, elle avait également de belles couleurs et un sourire très gracieux ; tout cela faisait présumer que les prétendants ne se feraient pas attendre.

Catherine et son mari, ayant comme un pressentiment

qu'il allait se passer quelque événement important, se décidèrent également à partir pour l'Italie avec leurs deux enfants.

Madeleine dut rester à Paris, ne pouvant laisser seuls les deux petits qui étaient à Gentilly.

Jean resta pour aider l'oncle Jean-Jacques au commerce, et ils n'étaient pas trop de deux, pour une maison aussi importante.

Notre architecte fit compagnie à sa mère, et passa les vacances avec ses deux jeunes frères ; il travaillait toujours avec M. Calais.

Lorsque François fut arrivé au pays, il reprit ses habitudes et ses chasses, comme par le passé, malgré ses soixante et onze ans ; il se faisait presque toujours accompagner par Antoine.

Ils habitaient la maison Acerro, qui avait été arrangée suffisamment pour y loger à l'aise.

C'était la famille Protasi, dont on avait parlé à François ; elle habitait Piedimulera, petit pays de l'Ossola inférieure, à l'embouchure de la Valle Anzasca.

Le père, Giuglio Protasi, avait à peu près l'âge de François ; il était veuf, et faisait le commerce des denrées coloniales en gros.

Il avait quatre garçons et une fille.

La fille, déjà d'un certain âge, n'était pas mariée ; elle s'appelait Antonia (Tognina), et vivait avec son père.

Deux des fils étaient prêtres : un était jésuite, et l'autre curé à Cuzago, petit pays également de l'Ossola.

Les deux autres fils travaillaient dans le commerce de leur père.

L'aîné s'appelait Battista (Battistino), déjà d'un certain âge et encore célibataire.

Le dernier, le plus jeune, s'appelait Gioanni ; il approchait de la trentaine ; il était grand, mince, la figure presque imberbe, douce et sympathique, il avait l'air très comme il faut.

C'était en faveur de celui-ci que les parents et amis s'intéressaient en le proposant à Maria.

La famille Protasi avait une grande réputation d'ho-norabilité dans toute la province ; ils étaient d'une haute stature, peu bruyants, ayant conservé les mœurs anti-ques.

Un prêtre, nommé don Luigi Rigoni, originaire de Rè, où se trouve le sanctuaire, dans la Valle Vigezzo, mais résidant à Piedimulera, était le familier de la maison Protasi ; il prenait ses repas chez eux, et le soir, lorsque le ménage était rangé, on se réunissait dans la cuisine, autour de la grande cheminée, où brûlait un bon feu, et don Luigi récitait le rosaire, auquel toute la famille et les serviteurs répondaient avec dévotion.

Nous avons assisté souvent à ces rosaires, lorsque la famille Protasi était encore au grand complet ; cela nous donnait une idée des mœurs patriarcales des premiers chrétiens, et nous en étions profondément édifiés.

La maison d'habitation est grande, avec galeries intérieures ; elle avait été construite, dans le temps, par une famille de seigneurs espagnols, dont les membres appartenaient, pour la plupart, au clergé ; aussi conserve-t-elle un peu l'aspect d'un cloître.

Tout cela était très bien, mais pas très gai pour une jeune fille élevée à Paris, vivant au milieu d'une nombreuse famille pleine d'entrain et de jeunesse.

Quelle perspective ! vivre dans un petit pays où l'on ne connaissait personne, dans un intérieur composé de gens graves, préoccupés de leurs affaires, dans une maison à l'aspect sévère ; tout cela n'était pas séduisant !

François avait pris ses informations ; Maria avait vu le

jeune homme en différentes circonstances; on lui avait bien dépeint le caractère des personnes avec lesquelles il fallait vivre; il n'y avait donc pas de surprise.

François était favorable aux Protasi; leur caractère loyal lui plaisait; il trouvait qu'ils avaient la trempe des anciens; leurs mœurs austères lui rappelaient celles de ses ancêtres; mais il se garda bien d'influencer sa fille: il éprouvait assez de chagrin de s'en séparer; il lui fit même remarquer qu'elle était également recherchée par d'autres jeunes gens du pays, des premières familles, et qu'elle serait plus rapprochée des siens.

Antoine ne manquait pas, de son côté, de faire ses observations à sa sœur, de sorte qu'elle eut tout le temps de peser le pour et le contre; ce fut donc après mûre réflexion qu'elle se décida pour Gioanni Protasi.

Le mariage eut lieu à l'automne, à Masera, dans la jolie maison des Guglielmazzi, dans laquelle se trouve une chapelle, comme dans les habitations féodales. Ce fut dans ce charmant petit oratoire que l'abbé Guglielmazzi, l'oncle du mari de Catherine, donna la bénédiction nuptiale à Maria.

Il y eut un grand concours de parents et d'amis des deux familles; les parents les plus proches étaient assis dans la chapelle, d'autres dans la sacristie, et la plus grande partie des assistants se tenaient à côté, dans l'immense salon.

Ce fut une vraie noce de château, dans un endroit pittoresque, au milieu des vignes, avec une vue splendide sur la vallée de l'Ossola; cette cérémonie, essentiellement italienne, eût inspiré un poète!

Après la messe, tout le monde partit pour Piedimulera où devait avoir lieu le dîner de noces.

Une longue file de voitures et de chars à bancs traversa la ville de Domodossola, et les habitants saluèrent avec respect ces deux familles bien connues, qui représentaient l'honorabilité et le travail.

Les Protasi firent admirablement les choses, et la gaieté la plus cordiale régna parmi les convives.

Lorsque le festin fut terminé, on se rendit dans le salon, où se passa une scène bien touchante.

François s'assit dans un grand fauteuil au milieu du salon, ayant à ses côtés Catherine et Antoine, puis Maria se mettant à genoux, lui demanda sa bénédiction.

Cet acte de piété filiale avait du grandiose, il rappelait les temps antiques. Un peu en arrière de ce groupe, se tenaient les Protasi, dominant cette scène de leur haute stature. Tous les assistants étaient émus et édifiés par ce spectacle touchant; ils comprenaient que les mêmes sentiments et la même foi animaient ces deux familles.

François et Antoine restèrent à Piedimulera, ayant l'intention d'accompagner Maria sur le lac Majeur.

Après avoir visité les îles Borromées, Antoine retourna directement à Paris, et François revint à Masera où l'attendait Catherine.

Pendant le dîner, François dit à sa fille : « Avant de retourner à Craveggia faire mes malles, je voudrais faire un tour, demain matin, au-dessus de Masera, où il doit y avoir certainement quelque lièvre à tirer. — Mon cher père, répondit Catherine, cela ne serait pas raisonnable; depuis quelque temps vous êtes toujours en mouvement, il serait plus prudent de bien vous reposer demain matin, afin d'être tout dispos pour retourner à Craveggia dans l'après-midi. — Je t'en prie, Catherine, laisse-moi encore faire cette petite chasse, ce sera la dernière de cette année, ensuite je ne m'occuperai plus que de mon voyage à Paris. »

Catherine ne voulut pas le contrarier davantage, voyant

combien il tenait à faire cette dernière petite tournée matinale, d'autant plus qu'il connaissait parfaitement ces endroits, où il avait chassé tant de fois.

Le lendemain matin, avant le jour, François gravissait la montagne au-dessus de Rivorio, pour gagner l'endroit où il espérait faire lever un lièvre ; il faisait encore sombre et il distinguait à peine où il mettait ses pieds, même avec ses lunettes ; de sorte qu'il s'écarta un instant du sentier, et ne vit pas un de ces petits puits pleins d'eau, dans lesquels les paysans font pourrir le chanvre (pozzo del canape), et il tomba dedans de tout son long, en se donnant un coup terrible dans le côté.

Il se releva avec peine ; il ressentit alors une grande douleur intérieure ; il retourna lentement chez Catherine et lui dit : « Je suis tombé, je veux aller de suite à Craveggia. » Catherine, lui voyant les traits altérés, en fut très inquiète et lui conseilla de voir un médecin, que l'on ferait venir de Domodossola. « Non, répondit-il, ce médecin ne connaîtrait pas mon mal ; je me ferai visiter à Paris. »

Il partit pour Craveggia sur un char à banc non suspendu, dont les cahots le firent horriblement souffrir ; ce voyage n'en finissait pas ; enfin il arriva chez lui n'en pouvant plus. Le lendemain il eut le courage de se relever et de commencer sa malle. Il était en train de brosser son habit en compagnie de son ami Charles Gubetta, lorsqu'il fut pris de ces douleurs atroces que l'on nomme le miséréré, il comprit alors qu'il était perdu.

On envoya un exprès à Catherine pour lui dire de venir de suite parce que son père ne se sentait pas bien.

Elle arriva le jour même, et trouva son père dans un état désespéré, elle lui fit donner les derniers sacrements qu'il reçut avec une grande piété et beaucoup de résignation, et, après qu'il eut fait son testament par-devant notaire, il rendit sa belle âme à Dieu, dans les bras de sa chère fille, le 19 novembre 1843.

Tout cela se passa comme un coup de foudre, quelques jours après le mariage de Maria, dont je n'essayerai pas de dépeindre le désespoir.

Elle apprit cet affreux malheur à Campiglia, la propriété du cousin de son mari, l'ingénieur Gioanni-Domenico Protasi, que nous retrouverons bientôt à Novare, où il était maire.

Ainsi, en peu de jours, Maria passa de la joie à la tristesse la plus profonde ; elle eut besoin de recourir à tous ses sentiments religieux, pour ne pas se laisser accabler par son immense douleur.

Et à Paris, quel coup terrible pour cette pauvre Madeleine ! Elle se reprochait de ne l'avoir pas accompagné au pays.

Et Antoine, qui venait de quitter son père en pleine santé, tout heureux d'avoir si bien marié sa dernière fille ! enfin, pour toute la famille désolée, qui espérait le voir arriver d'un jour à l'autre.

Ce fut Jean qui vint à Gentilly annoncer la triste nouvelle à Joseph et à Félix ; ces pauvres enfants en furent bien attristés et demandèrent à sortir pour aller consoler leur mère.

Après les péripéties d'une existence si bien remplie, il était dans la destinée de François de mourir dans sa patrie, dans son cher Craveggia, qu'il aimait tant et dont il fut un des bienfaiteurs.

Il repose dans le pays de ses ancêtres, dans une chapelle souterraine de l'église Sainte-Marthe, que la piété de ses enfants fit décorer avec soin.

Inutile de faire l'éloge de ce grand patriote, de ce bon père de famille, de ce commerçant intègre : les actes de sa vie parlent suffisamment en sa faveur.

SITUATION DE LA FAMILLE EN 1843

L'oncle Jean-Jacques avait . . . . 59 ans.
Madeleine . . . . 53 ans.

Catherine	29 ans.	Jean-Jacques	24 ans.
Jean	27 »	Maria	20 »
Antoine	26 »	Joseph	16 »
Pauline	25 »	Félix	13 »

Antonio Guglielmazzi.	6 ans.	Lucie Guglielmazzi .	3 ans.
Paul Agnel	7 »	Emilie Agnel	2 »

(Ses quatre seuls petits-enfants en 1843.)

LES SOBRIQUETS D|E LA FAMILLE

Le premier sobriquet connu fut donné en 1735 à notre aïeul Francesco, à cause de sa petite taille ; on l'appela : le Roitelet, « il Taragnolino ».

Ses deux fils et ses deux petits-fils, François et Jean-Jacques, endossèrent le sobriquet de leurs pères ; pour les distinguer des autres branches Mellerio, on les appelait : « Chi d'taragneul ».

Les fils de François et de Jean-Jacques étaient : « I Taragnolitt, » et en général : « I Chouri Malèri, I Malèri da Soura et I Malèri da Soutt ».

Catherine était : « la choura Maria Cattalina, chi doul. Prinzi ».

Jean était appelé : « Gioanni-di-Dio ».

Joseph était pour les uns : « Oul chour Isep », pour d'autres, « l'Isep di Malèri » et familièrement : « Isep ».

Le père de Madeleine s'appelait : « Chi d'cianten ».

Son grand-père Jean-Marie : « Chi doul greuss ».

L'oncle Joseph : « Tarapatara ».

Le grand-oncle Jean-Baptiste : « Oul mylord ».

LES COMTES MELLERIO

Vers le milieu du dix-huitième siècle, le royaume lombard-vénitien et le duché de Mantoue étaient sous la domi-
nation de l'Autriche, et il faut reconnaître que l'empereur
Joseph II et Marie-Thérèse gouvernaient avec beaucoup
de douceur, au point de faire regretter leur règne après
tous les gouvernements autrichiens qui leur succédèrent,
jusqu'en 1859.

A cette époque, l'Autriche avait beaucoup de peine à
faire entrer l'argent dans les caisses gouvernementales
de la Lombardie, à cause de la contrebande qui se faisait
sur une grande échelle.

Ce fut alors que les frères Charles et Jacques Mellerio,
riches banquiers, et leur cousin Jean-Baptiste Mellerio,
également gros financier, originaires de Malesco,
dans la vallée Vigezzo, proposèrent au gouvernement
autrichien de prendre à leur charge le monopole des
douanes et de la gabelle du royaume de Lombardie et
Vénétie, ainsi que du duché de Mantoue, offrant de
donner à l'État, chaque année, une quantité de millions
dont le chiffre serait fixé.

La combinaison fut acceptée. Les trois associés, deve-
nus fermiers généraux, firent marcher leur entreprise à
la satisfaction générale.

En 1772, l'empereur d'Autriche voulut récompenser ces
trois Lombards qui remplissaient leurs engagements avec
honnêteté et régularité, et leur octroya des titres de
noblesse.

Avant de signer les décrets, le souverain désira connaître la famille et les ancêtres de ces personnages, afin

d'être assuré qu'ils étaient dignes de l'honneur qu'il voulait leur faire.

Les frères Mellerio connaissaient leur origine et l'honorabilité de leurs ancêtres, partis de Craveggia en 1200, et n'hésitèrent pas un instant à faire appel à la loyauté de leurs compatriotes pour qu'ils manifestassent leur opinion sur leur famille.

Pour éviter toute cabale, corruption ou flatterie, on décida de réunir en séance extraordinaire et publique les délégués de toutes les communes de la vallée.

Cette assemblée eut lieu à Sainte-Marie-Majeure, le chef-lieu, dans la grande salle de justice, sous la présidence du préteur Laurenti, le 27 septembre 1772.

Voici les noms des communes et des délégués :

1. Craveggia. — Giacomo Maria Borgnis, fu Pietro e Antonio Accerro, fu altro.

2. Malesco. — Carlo Polino, fu Giammaria, deputato e Gioanni Pietro Salati, fu Giacomo, console.

3. Druogno. — Bartolomeo Antonioli, fu Domenico, e Giuseppe Baratta fu Gioanni Battista, console.

4. Buttogno. — Pietro-Antonio Mellerio, fu Gioan-Battista, speziale e console.

5. Toceno. — Carlo Zanoli, fu Gioan-Battista, console.

6. Coïmo. — Gioanni-Antonio Zanoletti, di Antonio, console.

7. Crana. — Gioan-Pietro Genari, fu altro, e Carlo-Giuseppe de Ambrosis, fu Gioanni Antonio, console.

8. Villette. — Gabriele Azari, fu Maurizio.

9. Vocogno e Prestinone. — Pietro Antonio Lupetti, notaio, fu Giacomo-Antonio, console.

10. Ré. — Gioan-Giacomo Guerra, console

11. Dissimo. — Gioanni-Pietro Balassi, fu Gioan-Battista, console.

12 Olgia. — Lo Stesso Balassi, per delegazione.

13. Finero. — Peretti, Giuseppe-Maria, di Rocco, console.

14. Zornasco. — Gioanni Antonio Ortis, fu altro, console.

15. Folsogno. — Gabriele Azari, console.

Toutes les communes de la vallée de Vigezzo se trouvaient représentées par leurs habitants les plus marquants.

Les délégués prêtèrent serment, et voici la déclaration qu'ils firent : « Nous déclarons et certifions que la famille Mellerio a toujours été connue et considérée, depuis des siècles, comme étant une des plus distinguées et importantes de notre vallée ; qu'elle a toujours conservé sa dignité, et qu'elle a bien mérité de ses concitoyens pour les services qu'elle a rendus de tout temps à sa patrie ; nous déclarons en plus que nous n'exprimons pas seulement ce qui est à notre connaissance personnelle, mais que telle est aussi la tradition que nous tenons de nos ancêtres. »

Tous les délégués signèrent le procès-verbal, ainsi que le préteur, Joseph-Antoine Laurenti, et le gérant général de la vallée, Jean-Pierre-Marie de Magistris, et Borgnis, secrétaire.

Aux flancs de l'acte, on lit : Vu, pour le tabellion, etc., à Domodossola, le 22 octobre 1772, Roggiero Pietro, délégué, et docteur Charles-Joseph Mellerio, chef de l'enregistrement royal du bourg de Domodossola, volume V des actes consulaires généraux, page 92.

On en fit une copie authentique, et on envoya à Milan un délégué pour la remettre aux Mellerio.

Il est évident que ce document, unique dans les annales du pays, édifia suffisamment S. M. I. R. l'empereur d'Autriche sur la famille Mellerio, puisque, quelque temps après, on apprenait que les frères Charles et Jacques Mellerio et leur cousin et associé Jean-Baptiste Mellerio avaient été créés comtes, en récompense des services rendus à l'État.

Quand les trois fermiers généraux cessèrent leurs entreprises, ils se partagèrent douze millions chacun.

En 1782, le comte Jacques Mellerio mourut sans enfants et laissa sa fortune à son cousin et ancien associé, Jean-Baptiste Mellerio, qui avait été nommé conseiller d'État, et qui se trouva ainsi à la tête d'une fortune énorme.

La Lombardie ne jouissait plus du gouvernement paternel de Marie-Thérèse, et le nouvel empereur d'Autriche tenait ces populations sous un régime de fer; aussi était-il détesté.

Une année, il visita ces pays, mais il se fit accompagner par une escorte nombreuse, et par une nuée de sbires qui le précédaient partout où il devait s'arrêter.

Arrivé aux portes de Milan, il attendit le rapport de ses espions avant de se risquer dans les rues étroites de cette capitale.

Le comte Jean-Baptiste Mellerio, en sa qualité de conseiller d'État, alla au-devant du souverain; il avait commandé pour la circonstance un carrosse dont le cercle des roues et les ornements étaient en or massif, ainsi que la garniture des harnais.

Ce splendide équipage était mêlé au cortège des hauts fonctionnaires de la ville qui allaient présenter leurs hommages à l'empereur.

L'entrée du souverain fut lugubre : tous les Milanais s'étaient entendus pour transformer la ville en un vaste cimetière; personne dans les rues, tous les magasins et les fenêtres fermés; c'était sinistre, et surtout bien significatif.

Le comte Mellerio n'avait pas d'enfants; il avait un frère, Charles-Joseph, que nous avons vu figurer comme chef de l'enregistrement royal, à Domodossola, dans l'acte consulaire.

Ce Mellerio avait épousé Rosa Sbaraglini, une Vigezzine; ils avaient trois enfants: Clara et Francesca Maddaléna, et un garçon Giacomo Benedetto.

Charles-Joseph mourut en 1779, et son petit garçon n'était âgé que de deux ans.

La veuve avait une position modeste et trois enfants à élever; elle supporta chrétiennement la douleur de cette perte irréparable, et se consacra entièrement à ses enfants.

Le comte Mellerio était le parrain du petit Jacques, et il tenait en grande estime sa belle-sœur Rosa; il la fit venir à Milan et l'installa dans son palais avec ses enfants.

Les deux filles, qui étaient plus âgées, furent placées dans le couvent des Salesiane, à Arona, sur le lac Majeur, et le petit garçon resta à Milan, auprès de son oncle.

En 1787, le petit Jacques ayant atteint ses dix ans, on oncle, qui avait surveillé ses premières études, le mit dans le fameux collège Tolomei, à Sienne, où il resta jusqu'en 1795.

Il avait dix-huit ans lorsqu'il sortit du collège, et le comte Mellerio lui organisa un appartement non loin du sien, afin de ne pas le perdre de vue et le diriger dans le perfectionnement des études des langues vivantes et des arts.

Ce fut ainsi que Jacques Mellerio devint un jeune homme accompli.

Il était d'une tournure fort distinguée; il passait pour être un des plus élégants de la jeunesse milanaise.

Le comte Jean-Baptiste, fier de son neveu, qu'il avait

façonné à sa guise, appréciant son caractère sérieux et plein de franchise, lui confia la gérance de ses immenses propriétés, ce dont il s'acquitta avec zèle ; et bientôt il fut considéré comme un administrateur accompli.

Il fit un voyage, il parcourut la France et l'Allemagne ; il se mit alors en relations avec les hommes les plus en vue de ces pays, ce qui lui fut fort utile plus tard.

A l'âge de vingt-six ans, Jacques Mellerio jouissait déjà de la considération et de l'estime de ses concitoyens.

En 1803, son oncle lui fit contracter un superbe mariage avec la comtesse Elisabetta di Castelbarco, famille princière de la Lombardie.

L'année suivante, sa sœur Francesca-Maddalena épousait le comte Gian Luca della Somaglia, illustre architecte, de la première noblesse milanaise.

Jacques Mellerio prit une part active aux grandes fêtes qui eurent lieu en Lombardie à l'occasion du couronnement de Bonaparte comme roi d'Italie ; il fut alors l'objet des prévenances du vice-roi Eugène de Beauharnais, qui reconnut en lui un homme très populaire et très influent, qu'il était bon de s'attacher.

Il y avait à peine cinq ans qu'il était marié, et il avait déjà perdu trois enfants. Pour surcroît de malheur, sa jeune femme, sa chère Elisabetta, succomba également de la même maladie de poitrine, à l'âge de vingt-quatre ans, en donnant le jour à une belle petite fille.

En 1808, n'ayant encore que trente et un ans, le voilà déjà veuf, avec une frêle créature qu'il craignait sans cesse de perdre.

La même année, il perdit sa mère, Rosa Sbaraglini, d'un coup d'apoplexie, à l'âge de soixante-trois ans ; elle fut enterrée dans l'oratoire de la Madonna della neve, à Domodossola.

L'année suivante, 1809, il eut également la douleur de perdre son bienfaiteur, son cher oncle, le comte Jean-Baptiste Mellerio, qui lui laissa toute sa fortune.

Il était vraiment à plaindre, ce millionnaire : il avait vu disparaître en peu de temps tous ceux qui lui étaient chers. Aussi, à partir de cette époque, son existence ne fut-elle que tristesse et solitude.

Il eut la bonne fortune, au milieu de sa désolation, d'avoir pour ami et confident le célèbre abbé Antonio Rosmini, fondateur de l'Ordre, très important aujourd'hui, des Rosminiens et Rosminiennes, qui se consacrent à l'éducation de la jeunesse, et dont les collèges, répandus dans tous lès pays, rivalisent avantageusement avec ceux des Jésuites.

Cet homme illustre fut le soutien moral de Jacques Mellerio ; il lui fit comprendre qu'au lieu de s'abandonner à sa tristesse, il devait se dévouer à sa patrie et employer tout son crédit en faveur de ses malheureux compatriotes.

Le vice-roi Eugène de Beauharnais, appréciant les grandes qualités de Mellerio, le pria d'accepter les charges di Savio e di Magistrato centrale di Sanità.

En même temps, il était nommé conseiller général du département, et, en 1810, il devint membre de la Congrégation générale de Charité, à Milan.

En remplissant ces charges avec zèle et clairvoyance, il s'acquit une telle réputation qu'il fut élevé à la dignité suprême de membre de la Régence et grand-chancelier du Royaume lombard-vénitien.

Après la chute de Napoléon, il se forma trois partis en Lombardie : le français, l'italien et l'autrichien.

Le premier était détesté ; le second, ténébreux et mystérieux, n'était soutenu que par les fameux agitateurs de l'époque.

Le troisième était celui qui comptait le plus de partisans ; il se présentait sous forme d'un royaume lombard indépendant, sous le protectorat de l'Autriche.

Ce parti s'illusionnait beaucoup; il espérait retrouver le règne paternel de Joseph II et de Marie-Thérèse.

Jacques Mellerio était très partisan de l'Autriche, et, comme il fut nommé membre du gouvernement provisoire, il n'eut d'autre préoccupation, ainsi que ses collègues, que de placer le royaume sous l'empire d'Autriche, en évitant la révolution et les désastres qui en sont la conséquence.

Aussitôt, l'empereur d'Autriche éleva Jacques Mellerio à la dignité de vice-gouverneur de Milan, conseiller intime et grand-chancelier du royaume lombard-vénitien auprès de la cour de Vienne, où il devait résider pour représenter et défendre les intérêts de ses compatriotes.

Mais l'Autriche ne maintenait aucune de ses promesses : le peuple était écrasé d'impôts, l'espionnage et l'inquisition régnaient avec férocité.

Ce fut vers cette époque néfaste que Confalonieri, Maroncelli et Silvio Pellico furent enfermés au Spielberg.

En 1816, la misère était à son comble : la famine et les fièvres pernicieuses décimaient les provinces italiennes.

A cette époque, l'empereur d'Autriche visita ces pays désolés; mais sa présence, loin d'être un soulagement, ne fit qu'irriter les esprits, à tel point que l'Autriche se crut en devoir d'augmenter de rigueur.

Jacques Mellerio possédait dans la Brianza une grande propriété; il fut ému de la misère de ce pays, considéré comme un des plus fertiles du royaume. Il résolut de soulager ces malheureux en leur donnant des secours et du travail.

Il conçut le noble dessein de dépenser un million dans ce but ; il fit abaisser toute une colline pour faciliter les irrigations et donner ainsi une plus-value énorme à ce territoire.

Non content de cela, il tourna ses regards vers la province de l'Ossola, et envoya des sommes importantes à l'hôpital de S. Biagio, à Domodossola ; il fit distribuer du grain aux pauvres, fonda des écoles de jeunes filles et quatre bourses pour les jeunes gens qui désireraient entrer au séminaire.

Il fit ériger un grand édifice pour y établir un collège qui porte son nom, dirigé par les Rosminiens ; en un mot, il mérita le titre de bienfaiteur de sa patrie.

Une si noble conduite eut son retentissement jusqu'à la cour d'Autriche ; aussi, en récompense de tant de services rendus à l'État et à ses concitoyens, l'empereur d'Autriche lui conféra, comme à ses parents, le titre de comte, par décret que Sa Majesté impériale royale apostolique signa à Vienne, le 20 septembre 1817.

Ce titre devait être héréditaire et passer à ses descendants des deux sexes.

Le 29 décembre 1817, un second décret l'exonérait de l'impôt de sept mille florins qu'il payait à l'État.

Le comte Jacques Mellerio, désespéré de voir que le gouvernement autrichien, au lieu de soulager ses compatriotes, les abreuvait de persécutions, fit d'énergiques protestations et rappela au souverain les promesses qui avaient été faites au gouvernement provisoire ; mais, voyant qu'il n'obtenait rien, il déclara à l'empereur qu'il ne voulait plus servir un gouvernement qui ne maintenait pas sa parole, et donna la démission de tous ses emplois en 1820.

A partir de cette époque, il ne voulut plus être mêlé aux affaires publiques ; il partagea son temps entre Milan et sa superbe propriété del Gernetto, qu'il avait fait décorer par les premiers artistes de l'époque.

Sa fille Giannina, si belle, si chérie, sa seule consolation, venait d'avoir ses dix-sept ans lorsqu'elle fut atteinte de la même maladie que sa mère, et s'éteignit doucement dans les bras de son père; il faillit devenir fou de douleur, complètement anéanti par ce nouveau malheur.

Les témoignages de sincère affection qu'il reçut de ses parents et de ses amis purent seuls l'aider à surmonter un peu son chagrin, mais sa vie était brisée, languissante et sans consolation possible.

Pour se distraire, il entreprit un voyage en Italie, en compagnie de Charles Rosmini, le frère du célèbre abbé; mais, malgré cela, il se consumait lentement.

Il se consacra aux bonnes œuvres; il répandit l'argent à pleines mains, et se donna tout entier à la religion.

Il était commandeur de l'Ordre impérial royal de Léopold, chevalier de première classe de la Couronne de fer, grand'croix de l'Ordre de Saint-Grégoire et des Saints-Maurice et Lazare, etc., etc.

En 1846, le comte Mellerio, se sentant de plus en plus faible, ne voulut pas mourir avant d'avoir visité la vallée de Vigezzo; il se rendit à Malesco, berceau de ses ancêtres, où il laissa des marques de sa générosité, et aujourd'hui la rue principale de ce pays se nomme : via del conte Mellerio.

Il fit le pèlerinage à la Madonna di Rè, et il lui sembla que l'air pur des montagnes améliorait sa santé ébranlée.

De retour à Milan, il reprit son existence claustrale, enfermé au fond de son immense palais, tout seul, vivant simplement et se désintéressant de tout ce qui se passait dans le monde, où il avait pourtant tenu une si grande place.

Ce fut à la fin de 1846 que Joseph Mellerio, fils de François, âgé de dix-neuf ans, étudiant à Milan, alla rendre visite au comte Jacques Mellerio; celui-ci reçut son jeune compatriote avec beaucoup de bonté. Il lui parla de la vallée de Vigezzo, qu'il venait de visiter, et lui rappela qu'il avait bien connu son père, François Mellerio, ce bon patriote, qu'il allait trouver rue de la Paix, chaque fois qu'il allait à Paris, et auquel il recommandait les personnes qui allaient se réfugier en France pour échapper à la police soupçonneuse de l'Autriche.

Il demanda à Joseph ce qu'il faisait à Milan. Celui-ci lui répondit qu'ayant fait ses études en France, il était venu à Milan suivre les cours de l'établissement Racheli pour se perfectionner dans la langue italienne; que la ville lui plaisait beaucoup; mais ce qui l'agaçait, c'était de voir partout de ces affreux Croates, de ces Autrichiens arrogants, qu'il serait bientôt temps de chasser hors de l'Italie !

A peine ces paroles étaient-elles prononcées, que le comte se dressait comme mû par un ressort, et, serrant vivement le bras de Joseph, il lui dit à voix basse : « Malheureux enfant, taisez-vous ! Ici les murs ont des oreilles; je ne suis même pas sûr de mes gens. Faites comme moi, refoulez vos aspirations patriotiques au fond de votre cœur, et ne parlez jamais politique, si vous ne voulez disparaître comme tant d'autres dont on n'entend plus parler. »

Ensuite il se dirigea vers une armoire, en sortit un petit livre de messe qu'il donna à Joseph, en lui disant : « Priez souvent le bon Dieu, et soyez prudent. » Alors il sonna et donna ordre de le reconduire.

Une fois dehors, Joseph, un peu déconcerté, retournait machinalement le livre de messe entre ses mains en se disant : « Comme il est ramolli, ce pauvre comte !

Voilà donc les effets de cette politique ténébreuse et mé-
fiante de l'Autriche! Cet homme qui avait été si puissant,
qui ne craignait pas de défendre ouvertement les intérêts de son pays, le voilà à présent qu'il tremble dans
son palais! »

Mais ce que Joseph avait dit au comte Mellerio, c'était
le sentiment de tous les Lombards, c'était le cri qui
s'échappait de tous les cœurs : « Chassons l'étranger de
notre patrie! » Et nous allons voir comment ce désir se
changea bientôt en réalité.

Dix-huit mois après cette visite, au commencement de
l'année 1848, les Milanais, surexcités par les vexations
de toute sorte que la police autrichienne leur faisait
subir, et poussés par le désespoir, se décidèrent, aux
risques de tous les périls, à secouer le joug infâme de
leurs oppresseurs : ils se soulevèrent d'un commun accord, sans hésitation, sans qu'aucune trahison ne vînt
déjouer la conspiration.

Au jour et à l'heure fixés, les magasins, les ateliers
furent fermés, et la population tout entière se trouva
armée dans les rues; la foule se précipita vers la citadelle où résidait le fameux général Radeski : la garnison
fut surprise et le peuple s'empara de la forteresse. En-
couragés par ce succès inespéré, les rues se hérissèrent
de barricades et tous les postes de police furent enlevés
avec furie.

Alors commença cette célèbre révolution *delle cinque
giornate;* pendant cinq jours, les Milanais résistèrent
avec courage aux soldats et aux sbires de l'Autriche, et
finalement, après une lutte acharnée dans tous les quartiers, ils forcèrent les Autrichiens à sortir de la ville et
à se replier sur la forteresse de Mantoue.

La nouvelle de la révolution de Milan fut acclamée
avec enthousiasme dans toute l'Italie, et spécialement

dans le Piémont. Turin était dans une effervescence indescriptible : toute la jeunesse parcourait la ville avec des drapeaux, en chantant des airs patriotiques ; la foule se porta vers la résidence royale en demandant des armes et réclamant des enrôlements de volontaires pour s'élancer de suite au secours des Milanais, et donner ainsi le temps à l'armée régulière de se former pour attaquer les Autrichiens qui se concentraient dans le quadrilatère.

Jour et nuit, des bandes d'étudiants se groupaient sur les places et les promenades publiques pour chanter l'hymne national :

> Fratelli d'Italia, l'Italia s'è desta
> Dell' elmo di Scipio s'è cinta la testa, etc.

On s'était confectionné des costumes des siècles passés : pantalons noirs, jaquettes courtes auxquelles on adaptait un poignard, un manteau vénitien et un chapeau à larges bords surmonté d'une plume superbe, ayant comme agrafe une cocarde tricolore, avec la croix de Savoie au centre ; les couleurs de ces costumes variaient beaucoup.

Parmi les plus flambants de ces jeunes enthousiastes se trouvaient François, fils de Jean-Jacques Mellerio, et son cousin Joseph, qui avait quitté Milan depuis un an. Ces deux étudiants étaient très préoccupés du sort de leurs familles, parce que Félix, frère de Joseph, et la mère, ainsi que les deux frères de François, se trouvaient renfermés à Milan, où la révolution durait depuis quatre jours ; ils résolurent d'aller les rejoindre.

L'entreprise était dangereuse ; mais les esprits étaient échauffés, et rien ne put les arrêter.

Ils étaient habillés à l'italienne, comme les autres ; ils allèrent au Gheto, grand quartier isolé qui servait dans ce temps-là à parquer les juifs. Ils achetèrent deux gros fusils de la garde nationale, à pierre, munis d'une baïonnette formidable ; ils se mirent à la ceinture deux grands coutelas, en guise de poignards.

Ainsi armés, ils parcoururent la ville en chantant :

> O giovani ardenti, d'Italico amore ;
> Serbate il valore pel di del pugnar, etc.

Quand les amis, étonnés de les voir armés de la sorte, leur demandaient des explications, ils répondaient qu'ils allaient à Milan, au secours de leurs parents. Ils eurent une escorte triomphale jusqu'aux bureaux de la diligence dei fratelli Motta ; et là, étant montés sur l'impériale avec leurs gigantesques fusils devant eux, ils dirent adieu aux amis, qui n'étaient pas sans inquiétude sur l'issue de cette campagne, mais qui les saluaient néanmoins par des vivats frénétiques.

Parmi les assistants se trouvait un certain Ranzoni, courtier en laines, qui était de Piedimulera ; c'était l'ami des Protasi et de ces deux jeunes gens. Il se dit, avec raison : « Ces deux écervelés vont se faire fusiller par quelque patrouille autrichienne qui n'aura aucun égard pour leurs superbes costumes ; ils périront misérablement et sans gloire. » Il télégraphia au maire de Novare, qui était le commandeur ingénieur Gioanni-Domenico Protasi, qui connaissait très bien nos deux volontaires.

En effet, arrivés à Novare, ils y trouvèrent l'ingénieur Protasi qui les attendait au bureau de la diligence ; il fit l'étonné et sourit en voyant les costumes des deux voyageurs. Il les aida à descendre de l'impériale ; mais auparavant il confia les deux fusils à son domestique, et conduisit les deux jeunes gens chez lui, où leur couvert était déjà mis.

Les fusils furent confisqués ; l'ingénieur Protasi déclara qu'il ne savait pas où on les avait déposés, et aujourd'hui ils doivent faire le plus bel ornement de l'arsenal de Novare.

· Pendant le dîner, Protasi s'informa du but de leur expédition; il ne la désapprouva pas, au contraire, il les félicita, mais les engagea à ne pas brusquer les choses. Il leur dit qu'il partageait leur inquiétude, parce qu'il avait aussi sa fille en pension à Milan, et il ajouta qu'il les emmènerait avec lui dans sa voiture dès que les dépêches qu'il recevait à tous moments lui feraient savoir qu'une porte de la ville était libre.

Les dépêches arrivaient de plus en plus rassurantes : les Autrichiens étaient refoulés hors de la ville, et la porte Sempione était dégagée.

Il était minuit; l'ingénieur Protasi fit aussitôt atteler sa voiture et monter à côté de lui ses deux amis, qui n'avaient plus que leurs coutelas comme armes, et ils partirent emportés par deux excellents trotteurs.

Il faisait à peine jour lorsqu'ils arrivèrent devant la porte Sempione; on entendait encore quelques coups de fusil et le bruit lointain du canon.

Le maire de Novare se fit reconnaître des autorités provisoires, qui étaient de sa connaissance; il se fit donner le mot d'ordre, qui était : *Coraggio e cuore*. Et tous les trois pénétrèrent dans la ville.

Quel spectacle terrifiant s'offrit à leurs regards, lorsqu'ils eurent dépassé la première barricade ! Ils débouchèrent sur la place d'Armes, à l'extrémité de laquelle se trouve la citadelle; c'est à cet endroit qu'eurent lieu les combats les plus meurtriers, à cause des efforts incessants que faisaient les Autrichiens pour reprendre cette forteresse.

La place d'Armes était encombrée de débris de toute sorte : des caissons d'artillerie, des fourgons, des charrettes renversées, des chevaux morts, et tous les arbres abattus mis en travers pour empêcher la circulation.

Des ambulanciers improvisés, presque tous des étudiants en médecine, parcouraient la place, à la recherche des morts et des blessés; l'air était saturé d'odeur de poudre, les hommes avaient la figure noircie et les habits déchirés, mais ils rayonnaient de fierté; et, certes, ils en avaient bien le droit! Avoir chassé ces féroces oppresseurs, après cinq jours d'une lutte acharnée, par la force du désespoir, puisqu'ils étaient presque sans armes, il y avait de quoi être fiers! Aussi, cette révolution sublime *delle cinque giornate* restera-t-elle une gloire impérissable pour le peuple milanais.

Mais la vue de ces trois hommes qui pénétraient dans la place, ces costumes italiens, cette cocarde tricolore avec la croix de Savoie les stupéfiait! c'était une apparition magique qui semblait sortir de sous terre! la capitale était encore fumante! on se battait aux portes de la ville, et déjà l'Italie accourait pour les féliciter, les encourager et partager leurs dangers!

Ils entourèrent ces Piémontais, les *premiers* entrés dans la capitale; ils les interrogèrent; d'où venaient-ils? comment étaient-ils déjà ici? Le maire de Novare s'empressa de satisfaire leur curiosité, et les deux étudiants leur annoncèrent qu'à Turin et dans le Novarais, de nombreuses bandes de volontaires s'organisaient, qu'ils arriveraient dans la journée et que bientôt Victor Emmanuel, à la tête de son armée, allait s'élancer à la poursuite des Autrichiens. A cette nouvelle, ce fut un frémissement de joie, un enthousiasme général; tous s'écrièrent: *Evviva l'armata piemontese! Evviva Vittorio! Evviva l'Italia!* Ils ne pensaient déjà plus aux dangers et aux fatigues endurées pendant ces cinq longues journées.

Le maire de Novare quitta alors ses deux amis, et se

dirigea vers le couvent où se trouvait sa fille. Les deux cousins, guidés par un garde national qui s'offrit gracieusement, cherchèrent alors à s'orienter et pénétrèrent dans l'intérieur de la ville; ils durent passer par mille obstacles, ramper sous les barricades qui obstruaient toutes les rues, au milieu desquelles on voyait les voitures du vice-roi, l'archiduc Raineri; il fallait dire le mot d'ordre à tous moments; partout ils semaient la bonne nouvelle des secours qui arrivaient; on leur serrait les mains, on les embrassait, on les aurait portés en triomphe si on avait pu faire deux pas sans encombre.

La ville restait en armes, chacun gardait ses positions, parce que les sbires et les espions autrichiens n'avaient pas tous suivi l'armée qui battait en retraite, beaucoup s'étaient déguisés et se cachaient dans les maisons: c'était ce dernier nettoyage que l'on opérait, et tous ceux que l'on découvrait étaient massacrés.

Les deux jeunes gens, après des détours sans nombre, arrivèrent finalement sur la place Saint-Joseph, où demeuraient leurs parents. Quand ils furent sous les fenêtres de la maison, ils se placèrent sur le trottoir d'en face et se mirent à jeter de grands cris, à gesticuler, à secouer leurs chapeaux en l'air pour attirer l'attention et se faire reconnaître des leurs; mais ils ne remarquèrent aucun mouvement, les persiennes restèrent fermées, ainsi que celles des voisins; toutes les maisons étaient silencieuses comme des tombeaux, car ces démonstrations bruyantes étaient plutôt faites pour donner de la méfiance, à cause des costumes singuliers des deux jeunes gens.

Ne pouvant parvenir à se faire reconnaître, ils remercièrent leur guide et entrèrent dans la maison; ils s'élancèrent dans l'escalier comme deux fous, pour aller frapper au second étage où logeait leur famille.

Ils étaient à peine arrivés au premier étage, que deux coups de feu retentirent dans l'escalier et deux balles sifflèrent à leurs oreilles; ils se retournèrent vivement, et virent le concierge qui se préparait à recommencer; ils interpellèrent cet homme, qui les connaissait pourtant très bien, mais qui les avait pris pour deux espions qui venaient se cacher dans la maison ; ce brave homme resta anéanti lorsqu'il reconnut sous leur accoutrement les fils Mellerio, qui étaient venus plusieurs fois dans la maison passer les fêtes chez leurs parents.

Les deux cousins apprirent par le concierge que tous les leurs étaient bien portants, et de nouveau ils s'élancèrent gaiement dans l'escalier, ne réfléchissant pas que leur expédition avait failli échouer piteusement par le fait d'un modeste portier ! mais ils étaient si surexcités par **tous** les événements par lesquels ils venaient de passer depuis vingt-quatre heures, que rien ne pouvait plus les émouvoir.

Au second étage, chez les Mellerio, on se félicitait de ne pas avoir ouvert la fenêtre; ils étaient persuadés que l'on venait de tuer les deux sbires qui gesticulaient sur le trottoir.

Arrivés à la porte de l'appartement, ils sonnèrent vigoureusement à plusieurs reprises, mais personne ne répondit. A l'étage supérieur, on vit apparaître des têtes de voisins curieux, qui regardaient par-dessus la rampe et qui rentraient précipitamment dès qu'ils apercevaient les costumes bizarres des individus qui carillonnaient à la porte des Mellerio.

Alors Joseph colla sa bouche au trou de la serrure et cria : « Ouvrez, ouvrez, c'est nous, Franceschino e Giuseppe ! nous arrivons de Turin ! » Mais, au lieu d'ouvrir, on entendit que l'on plaçait des meubles contre la porte et que l'on se barricadait avec soin.

Ce n'était vraiment pas de chance ! avoir tout risqué
pour être reçus de la sorte ! on avait imprudemment
remercié le garde national qui était la sauve-garde, on
risquait d'être pris pour des espions et de recevoir encore
un coup de pistolet de quelque voisin méfiant : en ce
moment, les costumes à l'italienne inconnus à Milan
devenaient gênants et même dangereux.

Enfin François se jeta à plat ventre, et, par dessous la
porte mal jointe, il appela sa mère et ses frères par leur
nom, se nomma, les supplia d'ouvrir, de ne pas avoir
peur ; rien ne bougeait : c'était désolant, c'était faire
naufrage au port.

L'émotion était grande dans l'intérieur de l'appartement, les conciliabules étaient animés, l'inquiétude et le
doute les envahissaient, ils se disaient : « La ressemblance
de la voix est frappante, mais à cette heure matinale, et
avec les routes interceptées, ils n'ont pas bougé de Turin,
et, du reste, toutes les portes de Milan sont gardées mili-
tairement; ça ne peut être qu'un piège, méfions-nous et
n'ouvrons pas. »

Enfin François, désespéré, ne s'adressa plus qu'à sa
mère, et l'appela par les noms les plus tendres, il lui dit
des choses que son fils seul pouvait connaître, et cette voix
persuasive arriva au cœur de cette sainte femme; elle se
baissa et, parlant sous la porte, elle dit : « Est-ce bien
toi, mon cher fils ? — Oui, mammina cura, répondit François, je suis avec Joseph, nous sommes arrivés cette nuit;
pour l'amour de Dieu ouvrez-nous ! »

On entendit un grand mouvement derrière la porte,
des meubles déplacés et des hommes qui se rapprochaient,
la porte s'entre-bâilla prudemment et un œil apparut,
scrutateur, méfiant : c'était celui du frère aîné de François, un solide gaillard, qui aurait étranglé tout individu
malintentionné qui lui serait tombé sous la main ; mais,

à sa vue, François s'écria : « Caro Giovanni ! » Et il lui empoigna la tête, qu'il couvrit de baisers. Tout cela se passa en une seconde, et la porte s'ouvrit plus grande. Alors François sauta au cou de sa mère, qui pleurait d'émotion; pendant ce temps-là, Giovanni tenait Joseph dans ses bras, on se repassait ces deux pauvres enfants, éreintés, affamés, qui semblaient tomber du ciel.

Après ces effusions vinrent les explications et la narration complète de tout ce qui s'était passé; et, lorsqu'ils racontèrent qu'ils avaient failli être tués dans l'escalier, l'émotion fut à son comble et les embrassades recommencèrent.

Les arrivants donnèrent des nouvelles toutes fraîches de la ville qu'ils venaient de traverser si péniblement, et ils enthousiasmèrent tellement leurs auditeurs que tous se sentirent animés d'un esprit guerrier, et, dans la crainte d'un retour offensif de la part des Autrichiens, ils se décidèrent à faire l'exercice dans l'appartement.

Ils n'avaient qu'un seul fusil à pierre, aussi primitif que les deux carcans qui étaient restés à Novare; il fut confié au domestique, Domenico Ferrari (Buandi), qui avait été soldat et qui fit l'office d'instructeur.

C'était ce même Buandi que nous avons déjà vu à Villiers-le-Bel, en 1835, se sauvant avec une cargaison de vieux chapeaux.

Depuis 1846, il était l'unique commis du cousin Gioanni dans sa maison de bijouterie de Milan; mais, s'il était monté en grade, il n'avait pas pour cela changé sa tête, et il ressemblait toujours à l'homme des bois, les cheveux et la barbe rouges et incultes : un véritable repoussoir pour la clientèle.

Il y avait encore dans la maison deux fusils de chasse; on les donna aux deux frères aînés de François.

François et Joseph ne voulurent pas rester en arrière,

ils fixèrent leurs coutelas au bout des bâtons qui tenaient les rideaux et s'en firent des lances; Félix en fit autant.

Alors commencèrent les exercices, avec marches et contremarches, dans tout l'appartement; c'était électrisant !

L'instructeur voulut laisser souffler un instant ses hommes, et commanda : Halte! pied arme! Mais il frappa le parquet avec une telle violence avec son flingot qui était chargé à balle que le coup partit, et le projectile, traversant le plafond, pénétra chez le locataire du dessus. Stupéfaction générale! on se regarda sans souffler mot, et, voyant que personne n'était mort, on écouta si on entendait du bruit au dessus; silence partout !

Au même instant, on vit apparaître, au bas de la porte qui donnait dans la pièce à côté, une tête effarée : c'était cette pauvre tante Jean-Jacques qui se traînait sur les genoux, n'ayant pas la force de se tenir debout, dans l'angoisse où elle était de savoir si un de nous avait été atteint par la balle.

Dès qu'elle fut aperçue, on se précipita vers elle en criant : « Nous n'avons rien ! » On la releva, on la couvrit de baisers et on la déposa doucement sur un fauteuil pour qu'elle puisse bien se remettre de son émotion.

La tante dit à ces jeunes gens : « Mes enfants, mettez-vous à genoux et remercions la sainte Vierge, qui vient de nous protéger. » Elle récita des prières et, à la fin, elle fit promettre à tous de ne plus faire l'exercice, ce qui lui fut accordé sans peine.

A midi, les Milanais commencèrent à sortir de leurs maisons; ils débarrassèrent les rues, et la circulation se rétablit promptement.

Dans la journée, la foule se dirigea vers le Lazareto, où étaient déposés les cadavres des braves qui n'avaient pas encore été reconnus; c'était navrant ! presque tous étaient de jeunes hommes; bien heureusement, nous n'en connaissions aucun.

De là, Joseph se dirigea vers le palais du comte Mellerio, mais il trouva tout fermé; ce ne fut plus le beau suisse de 1846 qui le reçut, mais un simple gardien.

Celui-ci lui apprit que son maître était mort depuis six mois, le 10 décembre 1847, à Milan, à l'âge de soixante-dix ans.

Il avait laissé toute sa fortune à sa sœur, la comtesse della Somaglia, avec charge de distribuer plus de deux millions de legs en bienfaisances.

Ainsi cet homme de cœur, ce grand patriote, n'eut pas la consolation de voir l'affranchissement de son pays; la première phase de l'unité italienne!

Le soir, il y eut grande illumination dans toute la ville : les Milanais reprenaient leur gaieté habituelle.

Les volontaires arrivaient de toutes parts, on leur faisait des ovations.

Les costumes à l'italienne circulaient déjà en grand nombre, il y en avait de toutes les nuances, et la ville en fut bientôt bariolée.

Deux jours après, le général Lamarmora, à la tête d'un superbe régiment de Bersaglieri, qu'il avait organisé lui-même, fit son entrée à Milan, escorté par toute la population enthousiasmée; il alla camper hors de la ville, dans la direction de Mantoue : c'était l'avant-garde de l'armée piémontaise.

Les événements qui se succédèrent appartiennent à l'histoire.

Les deux cousins restèrent huit jours à Milan; ils prirent part à toutes les manifestations, et reprirent ensuite le chemin de Turin, très satisfaits de leur expédition.

CONCLUSION

Madeleine ne survécut que huit ans à son mari; elle mourut à Paris, dans sa maison de la rue de la Paix, d'un cancer à l'estomac, le 15 janvier 1851, à l'âge de soixante et un ans; ce fut son fils Joseph qui lui ferma les yeux.

Elle repose à Craveggia, auprès de son mari, dans la chapelle, sous l'église Sainte-Marthe.

L'oncle Jean-Jacques quitta les affaires à la suite de la révolution de 1848; il se retira au pays, et mourut à Rivorio, chez lui, comme un patriarche, entouré de sa femme et de ses enfants, en 1856, à l'âge de soixante-douze ans,

Mes chers enfants, j'ai maintenu la promesse que je vous avais faite : je vous ai raconté l'existence de vos grands-parents, année par année, pendant près d'un siècle; je serais heureux si cette lecture vous avait laissé une salutaire impression.

Quels beaux exemples à suivre dans la vie de votre grand-père François Mellerio !

Son ardeur au travail, sa grande probité dans les relations qu'il eut avec les petits et les grands de la terre, sa piété filiale, sa générosité envers son frère, son horreur de l'ingratitude, l'amour inaltérable de sa patrie et de sa famille, deux sentiments qui marchent difficilement l'un sans l'autre; sa foi dans le secours providentiel et sa fidélité à la religion de ses pères.

Donnez ce livre à lire à vos enfants : c'est de la morale en action qui peut les entraîner à imiter les vertus de leurs aïeux.

TABLE DES MATIÈRES

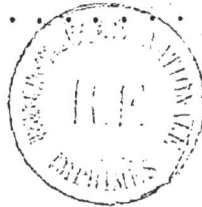

FIN

Imprimerie D. Dumoulin et Cie, Paris.

DUMOULIN ET C.IE
AGE-QUOD-AGIS
RUE DES GRANDS AUGUSTINS, 5
IMPRIMEURS
PARIS   PARIS